한국어로 내려온
New Bible

새로운
성 경

제84권

6부 | 총10부

하얀마음

하나님 말씀 중에서

1. 사랑의 하나님

- 세상을 창조하신 하나님은 모두를 사랑하신다. 인간만 특별히 더 사랑하지 않고, 우주 만물을 다 똑같이 사랑하신다. 그러니 하나님이 창조하신 천지 만물과 화친하고, 미물까지도 소중히 대하라.

- 하나님은 특정 종파나 민족만을 더 사랑하지 않으신다. 자기 자신만 구원받겠다는 욕심을 버리고, 자기 종파만 구원받는다는 편협한 교리에서 벗어나야 한다. 종파를 초월해서, 모두를 사랑하라.

- 원수까지 사랑하라 했으니, 이 세상에 사랑하지 못할 자가 누가 있겠는가? 종파가 다르다고 해서 부모 형제와 원수처럼 지내는 자는 인간의 근본을 모르는 자다. 가장 가까운 가족부터 사랑할 때 남도 진심으로 사랑할 수 있다.

- 한 사람을 원수같이 생각하던 마음에서 사랑하는 마음으로 돌리면, 자기 자신의 마음이 가장 기쁘고 행복하다. 하나님께서는 인간의 마음속에 무거움이 없이 기쁘고 행복한 삶을 살기를 바라신다.

- 이웃을 "내 몸처럼" 사랑하라 했으니, 마지막 한 장 남은 천국의 티켓도 이웃에게 양보하라. 자기 중심적인 신앙에서 벗어나서 남을 위해 살아야 한다.

- 독초도, 약초도, 이단도 사탄도 천사도 다 필요하기에 존재한다. 독초일지라도 극소량을 사용해서 생명을 살릴 수 있고, 약초라 하더라도 남용하면 생명을 잃을 수 있다.

- 세상 모든 것을 명약으로 활용하는 것은 인간의 지혜에 달렸다. 어떤 것이든 어떤 사람이든 적재적소에 꼭 필요한 명약으로 승화시키라.

- 사탄도 이단도 천사도 모두 하나님의 주관하에 존재한다. 진정한 하나님의 백성은 사탄과 마귀까지도 감화시켜서 천사로 거듭나게 한다.

2. 기도

- 하나님은 인간의 생각까지 모두를 다 알고 계신다. 우리의 소원도 이미 알고 계시기에, 소원의 기도를 할 필요가 없다. 우리가 받을 자격이 되면 내려 주신다.

- 죄를 짓고 아무리 회개를 해도 용서받지 못한다. 도둑질한 자는 용서해 달라고 기도하고, 도둑맞은 자는 도둑을 잡게 해 달라고 기도하면, 공의의 하나님은 누구의 편에 서시겠는가?

- 자기가 잘못한 것은 그 사람에게 직접 갚고 용서를 구하라. 그가 용서하면 하나님도 용서하신다. 땅에서 매면 하늘에서도 매이고, 땅에서 풀리면 하늘에서도 풀리는 이치다.

- "회당에서 기도하지 말고 골방에서 기도하라" 했다. 눈에 보이는 골방이 아니라, 골방과 같이 고요한 마음이다. 잡념을 버리고 하나님을 향해 마음을 집중하며, 사랑하고 용서하는 아름다운 생각만 나오도록 하라.

- "두드리면 열릴 것이다." 하는 것은 육의 소원을 위해 두드리라는 것이 아니라, 진리의 깨달음을 얻기 위해 두드리라는 것이다.

- 기도하는 방법: 생활 속에서 수시로 기도하는 삶을 살아야 한다.

- "저의 죄를 용서하여 주옵소서." 하는 회개의 기도를 하라.
- 범사에 "하나님! 감사합니다." 하라. 현재 가진 것에 감사하며, 과욕하지 말라. 자기 노력 이상의 것을 더 갖고자 기도하는 것은 도둑놈심보다. 공의의 하나님은 각자 노력한 만큼 주신다.
- "하나님 뜻대로 살아가겠나이다." 하며 마음의 각오를 다지라.

- 기도는 하나님의 말씀을 받아서 "행하는 것"이다. 하나님이 계심을 굳건히 믿고, 하늘을 향하여 한 점 부끄럼 없이 사는 삶 자체가 가장 위대한 기도이며, 삶이 곧 예배다.

3. 지도자

- 똑같이 사랑한다는 말을 해도, 순수하게 하는 말은 천사의 말이지만, 사기 쳐서 재산을 가로채려고 하는 말은 사탄의 말이다.

- 종교 지도자가 아무리 훌륭한 설교를 해도, 신도의 재물을 거둬서 더 큰 교회를 짓고 자기의 부귀영화를 바라며 설교하면 사탄의 가르침이 된다.

- "저희 교회는 만원사례요, 믿음은 다 같으니 이웃의 개척 교회에 가서 예배를 드리시오." 하며, 이웃 교회의 부흥을 먼저 생각하여 제 신도를 보내는 종교 지도자가 있다면 그를 따르라. 그가 하나님의 사랑을 실천하는 자다.

- "부자가 천국에 들어가는 것은 낙타가 바늘구멍을 통과하는 것보다 더 힘들다" 하였거늘, 지금의 교회에서는 부자가 되기만을 기도하고 소원하니, 이는 곧 천국을 포기하고 지옥 행 열차의 티켓을 사는 것과 같다.

- 예수는 빈손이었다. 종교 지도자가 예수보다 더 호화롭고 편안하게 살아간다면 잘못된 것이다. 부귀영화와 명예를 바라는 자는 절대로 갈 수 없는 좁고 협착한 길이 종교 지도자의 길이다.

- 종교 지도자는 유리로 비춰 봐 한 점의 부끄러움이 없이 살아야 한다. 의식주도 직접 일해서 해결하고, 예수의 가르침과 행함을 그대로 따라야 한다.

- 종말은 없다. 지금의 잘못 가는 종교 집단에게만 종말이 있다. 보이지 않는 하나님은 보이는 육의 종말은 관여하지 않으신다. 환경 파괴로 인간이 스스로 멸망을 자초하는 것이다. 종파끼리 싸우기 전에, 무너진 인성을 바로잡고 지구의 몸살을 해결하는 데 뜻을 모으는 게 급선무다.

4. 성전이란

- 이 세상 자체가 하나님께서 만드신 성전이다. 자연보다 더 아름다운 성전이 있는가? 보이는 건물이 성전이 아니라, 성스러운 마음가짐이 성전이다.

- 반석 위에 교회를 지으라 했다. 지상의 단단한 돌은 인간이 쪼갤 수 있으나, 마음속의 굳은 결의는 세상 무엇으로도 쪼갤 수 없다. 바르고 굳건한 믿음으로 성경의 가르침을 실천하는 것이 마음의 반석 위에 교회를 짓는 것이다.

- 손으로 지은 건물의 교회에 모여서 복음을 전하는 것이 아니라, 교회를 개인과 가정에 심어 주어야 한다. 무너지고 부서지는 건물을 짓지 말고, 마음속에 영원히 불변하는 참진리의 교회를 지으라.

5. 십계명

- 십계명은 인간이 죽어서 반드시 통과해야만 하는 열 개의 관문이다.

- 부모를 공경하지 아니한 자는 "네 부모를 공경하라." 하는 제5계명의 관문이 열리지 않으니 구원받을 수 없다.
- 살인, 간음, 거짓, 우상 등의 나머지 계명도 마찬가지다.

- 십계명은 하나님의 친필이다. 모기소리만 한 하나님의 음성이라도 들어 보겠다고 여기저기 찾아 헤매지 말고, 십계명부터 암송하고 지키라.

- 십계명은 영혼을 구원하는 양식이며, 십계명을 지키는 것이 구원을 받는 길이다. 인간이기에 지키고자 노력하고 또 노력한다면 지킬 수 있다.

- 십계명을 지키고 천사처럼 아름답게 살아가는 그 마음 하나면 세상에 이루어지지 않는 것이 없다.

6. 보물

- 하나님은 재물이 아니라 우리의 마음을 받으신다. 사랑을 실천하며 천사처럼 변하는 마음이 하나님께 바치는 보물이다.

- 보이지 않는 하나님께 재물을 바치려 하지 말고, 너희를 길러 준 부모에게 용돈 드리고, 찾아뵙고, 효성을 다하라. 그것이 하나님께 효도하는 것이다.

- 하늘에는 선과 악의 창고가 있다. 자기 창고에 선이 많으면 천국으로 구원을 받고, 악이 많으면 심판받아 지옥으로 간다. 그것이 바로 "선한 일을 행한 자는 생명의 부활로, 악한 일을 행한 자는 심판의 부활로" 나오는 것이다.

- "선악과를 따먹지 말라"는 것은 양심을 지키라는 것이다. 선과 악을 구분할 수 있는 양심을 최초에 인간에게 주셨다. 선한 열매는 취하고, 악한 열매는 버리며, 양심에 비추어 부끄럼 없는 삶을 살아가라.

- 가장 작은 거짓말을 하지 않고, 가장 작은 죄를 짓지 않으며, 가장 작은 선행을 하고, 가장 작은 악행을 멀리하는 것이 율법의 일점 일획도 빠뜨리지 말고 다 지키는 삶을 사는 것이다.

7. 우상

- 박물관에 있는 불상은 하나의 예술품이다. 그 조각품에 대고 제 소원을 빌 때 우상숭배가 된다. 십자가라 하여도 그 앞에서 소원을 빈다면 우상숭배하는 것이며, 하나님께 소원을 빈다면 하나님을 우상으로 전락시키는 것이다.

- 지금 기복신앙에 젖어 있는 모든 사람이 우상 앞에 절을 하고 있다. 조각품을 우상이라며 파괴하지 말고, 네 마음속에 있는 욕심의 우상을 무너트리라.

- 생수를 약초가 먹으면 약을 만들고 독사가 먹으면 독을 만든다. 같은 성경을 봐도 선한 지도자는 신도를 천사로 만드는 데 활용한다. 그러나 욕심이 가득한 지도자는 재물을 거두어들여 제가 부귀영화를 누리는 데 악용한다. 그가 바로 성경을 우상숭배의 도구로 전락시키는 거짓 선지자다.

- 성경을 한 획도 빼거나 더하지 말라는 것은, 그 가르침을 빠트리지 말고 온전히 지키라는 것이다. 성경 속에서 자기에게 유리한 구절만 보는 것은, 자기에게 불리한 구절들을 빼 버리는 것이다. 믿음이 제일이요, 행함은 구원과는 관계없다는 것은 자신에게 유리한 쪽으로 성경을 악용하는 것이다.

- 진정한 종교 지도자는 종파에 관계없이 어떤 종파든 어떤 책이든 접하고 보고 깨우쳐 견문을 넓히도록 인도한다. 참진리를 모르고 자신이 없는 자가 남을 이단이라며 배척하고, 신도들의 눈과 귀를 가린다.

8. 예수

- 예수의 재림은 없다. 예수가 다시 온다 해도, 과연 누가 그를 예수라고 믿겠는가? 예수와 같은 삶의 행함이 곧 예수의 재림이다. 각자 모두가 “재림 예수”가 되는, 차원 높은 믿음으로 가야 한다.

- 예수는 “주여 주여 하지 말고, 아버지의 뜻대로 행하라”고 했다. 예수가 전한 하나님의 뜻이 곧 “길이요, 진리요, 생명”이며, 그 가르침이 예수의 보혈처럼 소중한 것이다. 예수를 믿는 것은, 예수의 가르침을 믿고 따르는 것이다.

- 예수는 낮은 자로서 만백성을 섬기고자 했다. 만나는 모든 사람을 다 하나님이라 생각하라. 돈을 벌수록 겸손하고, 높은 지위를 얻을수록 낮아지라.

▪ 예수는 종파를 만들지 않았다. 인간이 만든 종교와 인간의 교리를 따르지 말고, 예수를 통해 전한 하나님의 참진리를 연구하고 따르라.

▪ 예수가 2천 년 전에 만백성을 위해 죽었으니, 지금 이 땅에는 예수의 가르침대로 사는 천사만 존재해야 한다. 예수가 죽어 가면서 바란 것은 만백성이 천사가 되어 예수의 자리를 채워 주는 것이지, 지금과 같이 재물을 바치면서 중언부언 제 소원만을 비는 백성들을 바란 것이 아니다.

9. 구원

▪ 천사가 사는 천국에는 천사만 갈 수 있으니, 천사 같은 마음을 길러야 한다.

- "천국 열쇠를 네게 주리니 땅에서 무엇이든지 매면 하늘에서도 매일 것이라" 했다. 땅에서 천사같이 사는 자가 하늘에서도 천사가 되어 천국에 들어간다. 모든 사람에게 천사같다는 말을 듣는 삶을 살아야 한다.

▪ 천사의 곱고 아름다운 마음은 부모를 공경하고 어른을 어른으로 대접하는 데에서 출발한다. 효도하는 자는 형제와 화목하게 지내기에 가정이 화목해지고, 이웃과 화목해지고, 국가가 화목해지고, 온 인류가 화목해진다.

- 그러므로 지상의 아름다운 소왕국은 가정에서부터 이루어야 한다.

▪ 선택된 14만 명만 구원받는 것이 아니라, 천사처럼 변하고자 하는 14만 명을 기초로 온 인류가 천사처럼 거듭나는 영적인 개혁이 시작되는 것이다.

▪ 천 년에 걸쳐서 하늘에서 이루어진 것같이 이 세상을 낙원으로 만들어, 만백성이 지상의 천국에서 살다가 죽어서 그대로 하늘의 천국으로 들어가는, 영원한 지상 낙원을 건설하는 것이 하나님의 계획이다.

- **이것이 구약과 신약에 이어 "새로운 성경"으로 역사하시는 하나님의 창조의 완성이다.**

▪ 지금의 믿음으로 구원받을 수 있다면 그 길을 가라. 그러나 자신이 없다면 하나님께서 직접 내리신 160권의 "새로운 성경"을 읽고 구원의 길을 보라!

하나님 머리말씀

이 새로운 성경을 읽는 너희 모두는
이 율법에 따라 행하면 영원히 구원받을 것이니라.

너희 인간이 수년, 수십 년, 평생
성서를 공부하고 기도하는 것은
하늘나라 나의 곁으로 오고 싶은 소망일진대,

몇천 년 전의 너희 인성과 생각이
지금의 너희와는 판이하게 다르니,

꺾여 가고 병들어 가는 너희를 고칠 수 있는 길은,
오늘 내가 선지자에게 내리는 새로운 성경과 같이
너희가 변화되는 것뿐이니라.

나의 예수가 태어난 것처럼
내가 아들 선지자를 선택하여
나의 새로운 성경을 온 세계에 전하고자 하니,

묵은 것은 버리고 새로운 것은 취하여,
너희 모두는
'여호와 하나님! 저의 죄를 용서하여 주옵소서.'
하는 기도문으로 기도하고, 죄를 뉘우치라.

이 새로운 성경은
수천 년간 내려온 성서를 요약한 것이니,
너희는 이 책을 정독하여 쉽게 깨달음을 얻고,
이대로 실천하여 하늘에 오르라.

대역자 머리말

■ 하나님의 율법을 지키는 선지자로 선택을 받도다.

저는 남들처럼 그저 열심히 살아온 평범한 사람이었습니다. 그러나 50대 중반에 사업에 실패하여 많은 부채에 시달렸으며, 건강도 악화되어 눈이 잘 안 보이고, 걷기도 어렵고, 두통이 심해서 잠을 이룰 수 없는 고통의 나날을 보냈습니다. 그때 제가 선택할 수 있는 것은 육의 삶을 끝내는 길뿐이었습니다.

죽기 직전에 그동안에 죄를 지은 이들에게 용서를 빌고 인생을 끝내기로 작정하였습니다. 어려서부터 지은 죄를 빌고 빌다 보니 끝이 없었고, 죽음으로도 그 많은 죄를 용서받을 길이 없다는 생각에 하염없이 눈물이 흘렀습니다. 그 순간 '재래식 화장실의 구더기는 죄를 짓지 않는데, 나는 인간으로서 구더기만도 못한 삶을 살았구나.' 하는 생각이 들면서 괴로움에 몸부림칠 때, 갑자기 하나님의 음성이 들렸습니다.

"나는 여호와 하나님이니라. 너는 십계명을 암송하고 내가 내려 주는 메시지를 받아 책으로 만들어 만백성을 구하라." 하시며, 제 눈을 손으로 문지르게 하시고, 아픈 머리와 다리를 손으로 두드리게 하셨습니다. 그러고 나니 눈도 잘 보이고 걸을 수 있었으며 머리의 통증도 말끔히 낫게 되었습니다. 그때부터 십계명을 암송하고 나면 들려주시는 말씀을 기록하였고, 1999년 8월부터 2004년 7월까지 권당 288쪽, 총 160권을 받아서 "새로운 성경"이라는 책으로 펴내게 되었습니다.

그러한 저에게 죽기보다도 힘든 길이 시작되었습니다. 모든 교인들이 저에게 사탄이요, 이단이요, 악마요, 마지막 시대에 온 거짓 선지자라 하면서 공격하였고, 저를 짐승을 보듯이 대하는가 하면, 편협한 종교 지도자들의 선동으로 신도들이 이 책을 직접 읽어보고 평가할 기회마저 막아 버렸습니다. 그래서 하나님의 말씀을 세상에 내는 데 많은 어려움을 겪으며, 피를 토하는 심정으로 책을 전하고 있습니다.

그러나 아무리 인간의 힘으로 막으려 해도, 하나님의 뜻이 세상에 전해지는 위대한 역사는 계속될 것입니다. 책으로 전해지는 "하나님의 말씀"은 세상 끝날까지 항상 우리와 함께하실 것입니다. 사람은 죽어도, 책에 기록된 말씀은 영원히 남으니까요.

■ 따뜻한 실천

하나님께서는 어려운 사람들에게 삶의 터전을 마련해 주고, 미래를 열어 주는 것을 기뻐하십니다. 어려운 이웃이 스스로 자립할 수 있도록 이끌어 주는 것이 진정으로 이웃을 돕는 것이라고 말씀하셨습니다. 그래서 일자리가 없는 제자들에게 작은 사업장을 만들어 주는 "달란트 사업"을 하고 있습니다. 식당, 반찬 가게 등을 차려 주고, 기존의 어려운 사업장이 자립할 수 있도록 돕고 있습니다(커피숍, 미용실, 의상실 등).

하나님께서는 교회에 나와서 모든 시간과 재물을 쏟기를 원하지 않으시고, 그 시간과 재물을 교육에 투자하여 스스로 미래를 열어 가기를 원하십니다. 그래서 제때 공부하지 못한 제자들에게 학업을 이어 가도록 하였습니다. 중화요리 주방장을 하며 초등학교 검정고시부터 공부하여 2012년에 방통대를 졸업한 36세 남성, 만학도들의 2년제 중학교에 입학해서 2007년에 명지대학을 졸업한 38세 여성, 중학교 검정고시를 시작으로 숭의여자대학을 졸업한 47세 여성 등이 있습니다. 그밖에도 많은 제자들에게 나이를 초월하여 배우고 깨우쳐서 사회 속의 당당한 일원이 되도록 인도하고 있습니다.

학자금 대출로 힘겨워하는 젊은이들을 위해 "따뜻한 바람 장학회"를 발족하여(2016년 12월) 대출받은 학자금 전액을 매월 갚아 주고 있습니다. 또한, 다문화 가정을 위해 "다문화 가족 랜드"를 조성하여, 각종 시설을 무료로 활용하도록 하고 있습니다.

이러한 따뜻한 실천이 아직은 미약합니다. 그러나 책의 수입이 늘고, 저와 뜻을 같이하는 분들이 늘어나면 계속 확대할 것입니다. 지도자로서 신도의 재물을 헌금으로 거둬들여 착복하는 것이 아니라, 하나님께서 기뻐하시는 일에 사용하도록 중매 역할만 하며 살아가고자 합니다. 이런 제가 과연 사탄이고 이단인가요? 하나님께서 기뻐하시는 일이라면, 저에게 사탄이라 하든 거짓 선지자라 하든 굽히지 않고 실천해 나갈 것입니다.

끝으로, 일상의 삶 속에서 "지금 내가 하는 행동이 과연 하나님께서 기뻐하실까, 슬퍼하실까?" 생각하고, 매사에 하나님께서 기뻐하시는 길을 택하기 바랍니다. 교회에 모여서 집단적으로 예배 드리는 것이 아니라, 개인이나 가정 단위로 새로운 성경을 읽어 스스로 깨우치고 그대로 행하면 충분합니다. 그것이 마음속에 성전을 짓고, 신령과 진정으로 예배 드리는 길입니다. 그러면 천국의 문에 들어서게 됩니다.

2017. 2. 1.

하나님 말씀 대역자 김용철

차 례

십 계 명

이 책은 십계명을 암송하고 나면 내려 주시는 "하나님의 음성"을 듣고 그대로 받아쓴 기록입니다. 하나님께서 십계명을 모세에게 내려 주셨지만, 그것은 만백성에게 내려 주신 것입니다. 마찬가지로 이 책의 모든 말씀도 저에게 내려 주셨지만, 만백성 각자에게 들려주시는 말씀입니다. 여러분도 이 책을 접할 때마다 십계명을 암송하고 나서 정독해 주시기 바랍니다.

제일은, 너는 나 외에는 다른 신들을 네게 있게 말지니라.
제이는, 너를 위하여 새긴 우상을 만들지 말고, 또 위로 하늘에 있는 것이나, 아래로 땅에 있는 것이나, 땅 아래 물 속에 있는 것의 아무 형상이든지 만들지 말며, 그것들에게 절하지 말며, 그것들을 섬기지 말라.
제삼은, 너는 너의 하나님 여호와의 이름을 망령되이 일컫지 말라.
제사는, 안식일을 기억하여 거룩히 지키라.
제오는, 네 부모를 공경하라.
제육은, 살인하지 말지니라.
제칠은, 간음하지 말지니라.
제팔은, 도적질하지 말지니라.
제구는, 네 이웃에 대하여 거짓 증거하지 말지니라.
제십은, 네 이웃의 집을 탐내지 말지니라.

나 여호와가 존재함을 믿는 그 자체가 구원의 길에 들어서는 기본이요, 근본이며, 나의 새로운 성경을 가슴에 안고 정독하는 자, 반석 위에 서서 하늘에 오르는 찬란한 빛을 보게 되는 영광을 얻게 됨이니라. 진정 나를 따르고 믿는 자는 감히 사탄이나 마귀도 근접하지 못하느니라.

〈하나님 말씀〉

2003년 5월

6,136 번째 하나님 말씀

2003년 5월 9일 23시 04분

1 사랑하는 나의 아들아!
2 "네, 아버님! 말씀하옵소서."
3 내가 이 세상의 만백성을 구하기 위하
여 역사함은 오로지 한 사람을 선택하
여 나의 성령으로써 그를 임하게 함이
니, 그리하여 선택된 자만이 나의 뜻
을 전하며 만백성을 구하는 그 역사를
이룰 수 있다 내가 그리 말하였음이니
라.
4 그리하여 하늘의 뜻을 그를 통하여 내
리며, 만백성이 소원하고 기도함을 또
한 그를 통하여 내가 하늘에 거둬들인
다 그리하였음이니,
5 그와 같이 나로부터 성령을 받아 선택
된 백성은 이 지상에 단 한 사람이니,
그와 같은 나로부터 선택된 나의 아들
이요, 또 만백성의 목자인 그가 과연
살아가는 것은 어찌 살아가며 어찌 행
해야 하겠는가?
6 모두를 나의 뜻을 따라 전하는 단 한
사람이라면 그는 이 세상에서 그 누구
도 갈 수 없는 길이요, 그 누구도 역사
할 수 없는 그 길을 자신 있고 당당하
게 어떠한 어렵고 힘든 고난도 헤쳐나
갈 수 있는 그와 같은 자여야 할 것이
며,
7 그와 같은 삶이요, 그와 같은 행함이
중요함을 너는 알아야 할 것이니라.
8 그것이 네가 가야 할 길이며, 네가 역
사할 길이며, 네가 해야 할 임무라는
것을 너 스스로 알고 있을 것이니라.
9 그러니 너 자신이 얼마나 아름다워야
하며, 네가 살아가는 자세가 얼마나
곧아야 하며, 네가 행하는 것이 얼마
나 발라야 할 것이며, 네가 하는 말이
얼마나 아름다워야 할 것인가?
10 그것을 너는 알아야 할 것이니라.
11 그를 행하여 네가 노력하느냐, 노력하
지 않느냐에 따라서 내가 너로부터 모
든 마음을 놓을 수 있는 그 기간이 단
축되며, 그렇지 못하면 그 세월은 길
어짐이니라.
12 그러니 네가 가야 할 길이며 네가 행
해야 할 길이라 하면, 너 자신이 마음
을 다스려, 나 여호와가 너로부터 맺
을 수 있는 그 마음의 시간을 단축하
는 것이 아들로서, 자식으로서 부모에
게 행하는 그 도리가 아니겠는가?
13 어쨌든 너는 이 길을 가야 함이니라.
14 내가 너를 통하여 160권의 나의 새로
운 성경이요, 만백성을 구하는 법전을
세상에 내려보냄이니,
15 네가 죽을 때까지 다 끝이 안 나는, 끝
을 낼 수 없는 나의 진리요, 나의 뜻을
세상에 책으로 만들어 만백성을 구하
여 새로운 천 년의 역사를 이룬 그 뒤
에도 그를 기본으로 하여 살아갈 수
있는 그 모든 기틀을 역사할 것이 너
이며,
16 이제 내가 두 번 다시 그러한 일이 있
을 수 없으며 이것이 마지막 역사한다

하지 아니하였던가?
17 마지막 역사하면서 마지막 선택된 나
의 아들인 네가 그 모두를 이루는 것
은 어쩔 수 없는 길이니라.
18 그러니 빠른 시간 내에 너 자신이 변
하여 네가 역사하고자 하는 그 노력이
얼마나 소중한 것인가를 네가 알아야
할 것이니,
19 그를 네가 깨달았다 하면 1초를 다투
어 네가 변하는 그와 같은 삶을 살아
야 할 것이며,
20 바르고 곧은 그 삶에서 어긋나는 삶이
란 네가 감히 생각할 수도 없으며,
21 그와 같은 것은 네 주변에 역사할 수
없다는 것을 깊이 깨달아 행하는 그와
같은 나의 아들로서 네가 한 점의 부
끄럼이 없이 바로 서도록 그리해야
할 것이니 잊지 말라.
22 네가 나의 뜻을 깨닫지 못하며 내가
이루고자 하는 그 역사를 모르며 네가
계속 지금부터 왔던 시간을 끌며 네가
완벽히 변하지 못하는 그와 같은 삶을
산다 하면,
23 그는 네가 나에게 고통의 시간을 더
연장해 주는 것이니, 이와 같은 나의
깊은 뜻을 네가 알아야 할 것이니 그
리 알라, 사랑하는 나의 아들아!
24 네가 어찌하겠는가?
25 네가 그 배를 탔다 하면 그 배가 목적
지까지 흘러 네가 갈 수 있는 그곳에
네가 내릴 수 있으며 거기서 배에서
내릴 수 있는 것이 아니던가?
26 그 넓은 바다에 하나의 배 위에 네 몸
을 싣고 있다면, 네가 아무리 거기서
육지를 가고자 하며 내리고자 발버둥
쳐도 너는 그 배가 육지에 닿아 네 발
로 흙을 짚을 수 있는 그곳까지 태워
다 주지 아니하며 너를 실어다 주지
아니하면 내릴 수 없는 것이 네 운명
이 아니던가?
27 그와 같은 것이 너이니라.
28 하나의 배 위에 타고 있는 네가 그 바
다에서 그 배가 육지에 너를 실어다
주지 아니하는 것, 바다에 떠 있는 배
위에 너 자신이 있어 네가 내릴 수 없
는 것이요,
29 그 배가 흘러 육지에 닿았을 때 네가
내리는 그와 같은 것보다 더 정밀하
게, 더 세심하게, 그보다 더 완벽하게
네가 중간에 떠날 수 없으며 등 돌릴
수 없으며 포기할 수 없는 것이 너라
는 것을 잊어서는 아니 될 것이니라.
30 창조주 나 여호와가 너를 통하여 160
권의 법전을 내리는 그 역사를 이루
며, 네가 죽을 때까지 나의 피조물 만
백성이 쉽게 깨우쳐야 할 내가 내리는
그 모두를 기록하여 전하는 그 길을
너는 가야 한다는 것을 잊지 말라.
31 그러니 네가 어찌해야 할 것인가를
너 스스로 평가하고 생각하여 나 여호
와가 너에게 기쁨을 얻을 수 있는 그
와 같은 네가 되기를 나 여호와가 이
깊은 밤 바라는 마음을 너에게 전함이
니 이를 명심하도록 그리하라.

6,137 번째 하나님 말씀

2003년 5월 9일 23시 08분

1 사랑하는 나의 아들아!
2 "네, 아버님! 말씀하옵소서."

3 내가 너에게 일찍이 깨우치기를 인간
너희의 한계가 무엇인가를 내가 깨우
쳐 전하지 아니하였던가?
4 나로부터 선택된 백성 너희가 아무리
배우며 머리가 좋다 하며, 그리고 세
상 것 이치를 다 안다 하여도,
5 지적인 능력과 지도력과 모두를 다 갖
춘 자라 하여 만백성을 끌고 갈 수 있
는 그와 같은 자질이 뛰어난 자라 하
여도,
6 너희가 그 지도력과 창의력과 모두를
이끌어 가는 그 모두는 인간의 한계를
벗어날 수 없다 내가 그리하지 아니
하였던가?
7 그리하여 성령이 임하지 아니하는 자
는 정녕 나의 피조물 만백성을 구하여
하늘에 오르게 하는 인도자가 될 수
없으며 그들은 그와 같이 구원자의 역
할을 할 수 없다 내가 너희에게 일찍
이 깨우쳐 주지 아니하였더냐?
8 창조주 나 여호와가 이루고자 하는,
내가 역사하고자 하는 것을 그들은 지
휘 감독할 수 없는 자이니라.
9 그들은 내 뜻을 알 수 없으며 하늘에
서 역사하고자 하는 것을 알지 못하기
때문이니라.
10 나 여호와가 역사하고자 하는 것을 모
르며 내 뜻을 모르는 백성이 어찌 감
독관이 되며 지휘자가 될 수 있다고
말하던가?
11 감독관이요, 지휘자는 알아야 할 것이
니라.
12 그러니 지금의 모든 종교 집단이 잘못
되었으며, 엉터리 지도자로서 그저 생
계 수단이요, 살아가기 위한 이용의
방법으로써 나의 피조물 만백성을 이
끌어 가며 우롱하며 살아가는 것이 너
희의 한계의 끝이라 내가 그리 가르치
지 아니하였던가?
13 그런 집단과 지도자에게 너희의 가장
소중한 구원이요, 다시 태어나는 생명
을 얻는 그와 같은 위대함을 너희가
함부로 넘겨주며 그를 맡겨서는 아니
된다 내가 그리 말하였음이니라.
14 지금의 모든 종교 집단에 가 구원을
받았다 말하는 신도라는 사랑하는 나
의 백성 너희가 더 이상 그곳에 재물
을 바치며 너희 자신을 그곳에 희생해
서는 아니 될 것이니,
15 너희 자신을 되찾아 나오는 자, 하늘
에 오르는 그 이치를 알게 될 것이며,
16 그곳에서 나의 법전을 읽고 뛰쳐나오
는 자, 나의 법전을 가슴에 안고 정독
하고 깨우쳤을 때 인간의 한계가 무엇
이며, 하늘에 오르는 것이 무엇이며,
나 여호와가 역사하고자 하는 것이 무
엇이며, 내가 이루고자 하는 것이 무
엇인지를 알게 됨이니,
17 내 뜻을 아는 자, 내가 원하는 것을 아
는 자만이 내가 역사하는 그 모든 지
휘 감독관으로서 자리를 지킬 수 있다
는 것을 잊지 말라, 사랑하는 나의 아
들딸들아!

6,138 번째 하나님 말씀

2003년 5월 9일 23시 17분

1 사랑하는 나의 아들아!
2 "네, 아버님! 말씀하옵소서."
3 나 여호와가 모든 가르침이요, 참진리

를 전달하는 것은 나의 선택된 백성을
통하여 만백성에게 전하여지며, 그를
통하여 구원의 역사가 이루어지며 그
모두가 시작된다 내가 너희에게 전하
였음이니라.
4 그 시대의 변화를 이루고자 할 때, 내
가 역사하고자 할 때, 또 한 시대의 계
획을 바꿔야 할 때, 변화가 필요로 할
때,
5 나의 성령의 메시지를 한 인간을 선택
하여 그를 통하여 모두가 전달됨이니
라.
6 그리하여 너희가 바꾸고자, 역사하고
자 하여도 이루어질 수 없는 것이 나
의 성령이요, 나의 뜻임을 알아야 할
것이니라.
7 너희가 나로부터 성령을 받고자 나로
부터 아무리 몸부림치고 발버둥친다
하여도 그것은 이루어질 수 없음을
알아야 할 것이니라.
8 그 시대의 필요에 따라서 필요할 때
나 여호와만이 선택하여 만백성을 구
원할 수 있는 그 길을 역사할 수 있다
는 것을 너희는 잊지 말아야 할 것이
니라.
9 내가 둘을 통하여 모두를 역사하는
것이 아니요, 내가 두 사람으로 하여
금 글을 쓰는 것이 아니요, 나 여호와
가 한 사람을 통하여 그 모든 역사를
한다는 것을,
10 그리하여 나의 성령을 받지 못하며 선
택되지 않은 백성은 결코 지도자가 될
수 없으며, 나 여호와를 대변하는 대
변자가 될 수 없음을 너희는 알아야
할 것이니라.
11 그러나 지금의 모든 종교 집단이요,
지도자 그들은, 나로부터 성령을 받지
못하며 나로부터 명을 받지 못한 자들
이 하늘에 오르는 길의 인도자요, 만
백성을 구하는 것이요, 나 여호와의
성령과 나 여호와를 대변하는 것처럼
그리 행하고 있음이니,
12 그곳에서 너희가 정녕 구원을 받을
수 없다는 것이 나 여호와의 뜻이니라.
13 나 여호와의 성령으로 환란의 시대가
시작되는 그때에도 너희는 축복과 영
광이라는 그와 같은 생각을 해야 할
것이며,
14 또한 어떠한 역사의 축복과 영광이 이
루어지는 것도 또한 나의 성령이 임하
는 것이며 그때 감사함을 알 수 있는
그와 같은 백성의 마음으로 변해서 살
아가야 하는 것이 너희가 가야 할 길
이라는 것을 알아야 할 것이니라.
15 나 여호와의 성령은 환란의 시대에도
내려지며 축복과 영광의 시대에도 내
려짐이니,
16 나의 성령이 너희에게 내려지는 것은
어떠한 고통과 환란의 역사가 이루어
진 그 자체가 너희에게 영광이요, 또
한 축복과 행복이 지속하는 그 속에도
나의 성령이 내려진다 하여도 그것 또
한 축복과 영광이라는 것을,
17 고통과 시련 속에 내려오는 그 모든
것이 다 축복과 영광인 것이 나의 성
령이라는 것을 너희는 알아야 할 것
이니라.
18 한 사람을 통하여 나의 메시지가 전달
되어 그 모든 것을 이루는 것이 또한
거기에 있음이니라.

19 여러 사람이요, 두 사람을 통하여 내
렸을 때 그는 걷잡을 수 없으며 그는
통제할 수 없는 것이니라.
20 두 사람이 나의 성령을 받아 역사한다
할 때 환란이요, 고통의 시대는 나의
축복이 아니라 말하는 자가 있을 것이
며,
21 또 한 사람은 축복과 영광이 너희가
행복한 삶을 지속하는 것만이 나로부
터 축복을 받은 것이라는 상반되는 것
을 갖고 가르치고자 하며, 서로 참진
리요, 나로부터 명받은 자라 그리 말
할 것이니,
22 이는 내가 너희를 다스릴 수 없는 그
와 같은 형국이거늘,
23 창조주인 나 여호와가 어찌하여 나의
성령을 받아 만백성을 통제하는 것을
두 사람을 선택하여 역사한다 너희는
감히 생각하는가?
24 두 사람을 역사했을 때 하나는 산을
보고 바다라 할 것이며, 또 바다를 보
고 바다라 하는 자요, 바다를 보고 산
이라 하는 그와 같은 너희가 감당할
수 없는 무서운 그와 같은 형국으로
변하는 것이니, 그것은 내가 역사할
수 없는 것인 줄 알아야 할 것이니라.
25 그리하여 내가 한 사람을 통하여 모든
역사를 하며 전달하며 만백성을 통제
한다는 이 변할 수 없는 나의 뜻을 너
희가 알고 깨우친다면, 진정한 길이
어떠한 길인가를 알아야 할 것이니라.
26 그러니 너희는 무엇으로써 그를 구분
할 수 있단 말이던가?
27 나로부터 선택된 지도자는 말과 행동
이 일치하며 세속의 인간들이 살아가
는 그 형태와 다름이니라.
28 그것으로써 구분하고 그것으로써 보
고 깨달아 선택의 기로에 너희가 길을
결정해야 한다는 것을 잊지 말라.
29 언행이 일치하지 못하는 종교 지도자
는 나로부터 선택된 종교 지도자가 아
니니라.
30 나로부터 선택된 종교 지도자는 언행
이 일치하는 것이 나로부터 선택된 백
성으로 살아가는 자요, 지도자가 살아
가는 삶임을 너희는 알라.
31 거기에서 보고 너희가 스스로 선택하
도록 그리하라.
32 또한, 너희가 나의 성령이요, 나의 뜻
을 책으로 만들어 만백성에게 전하는
그 역사요, 구약과 신약에 버금가는
그와 같은 역사를 이루는 자, 그가 바
로 나로부터 선택된 백성이라는 걸 내
가 일찍이 너희에게 깨우쳐 주었듯이,
33 이를 다시 한 번 깊이 깨우쳐 너희가
스스로 선택의 밝은 길을 찾도록 그리
해야 할 것이니라.
34 선택의 순간에 너희가 어둡고 밝음을
구분하지 못하여 어두운 지옥의 길을
선택해서는 아니 됨을 잊지 말라.

6,139 번째 하나님 말씀

2003년 5월 10일 09시 39분

1 사랑하는 나의 아들아!
2 "네, 아버님! 말씀하옵소서."
3 너희가 살아가면서 이제 선하고 아름
다운 행동을 하며 살아가는 것도 소중
하며, 남에게 한 점의 부끄럼이 없는
그와 같은 삶을 살아가는 것도 소중함

이니라.
4 그러나 너희는 남들 앞에서 한마디의
말을 하는 것, 그리고 행동을 하는 것,
그 모든 것에도 책임을 질 수 있는 사
람, 그리고 그 모두가 아름다운 것,
5 그와 같은 것을 너희는 지금부터 고도
의 훈련을 임해야 함을 잊어서는 아
니 될 것이니라.
6 말로써 앞세우는 지도자가 되어서는
안 되며, 말로써 해 놓고 행동에 옮기
지 못하는 지도자가 되어서도 아니
됨이니라.
7 그러니 너희가 한마디 한 그 말은 이
지상에서 영원히 없어지는 것이 아니
요, 그 말은 전해지고 전해져 모든 동
식물이 그를 알아들으며 하늘에서 그
를 듣는다 내가 너희에게 그리 깨우
쳐 주지 아니하였던가?
8 그러니 너희가 말한 그 말이 세상에
서 영원히 지워지지 아니하며 그 말은
세상에 떠돌다, 그것 또한 너희가 잘
지키고 못 지켰으며 행할 수 있는 소
리를 하고 못한 것까지도 나에게 와
심판을 받을 때,
9 그 모두가 너희에게 옳고 그름이요,
그 심판의 대상에 된다는 것을 잊어서
는 아니 될 것이니라.
10 너희는 잠자는 것, 먹고 쓰는 것, 모든
행동이 다 심판을 받는다는 것을 잊
어서는 아니 될 것이니라.
11 너희가 생각하기를 그저 행동으로써
선하게 하는 것, 그리고 악한 행위로
남에게 피해를 입히고 입히지 않는
것, 그와 같은 것들만이 심판의 대상
이라 그리 생각하는 것은 어리석은 자
들이니라.
12 너희가 걷는 모습, 말하는 모습, 행동
하는 모습, 그 언어에 대한 책임의 여
부, 그리고 잠자는 모습, 쉬는 모습,
모든 행동이 다 너희가 얼마만큼 아
름답게 정도의 길을 가느냐 하는 그때
에 따라서,
13 그 모든 죄와 벌의 무게를 달 때, 상과
벌의 무게를 달 때, 그 모두는 거기에
다 같이 포함된다는 것을 잊어서는 아
니 될 것이니라.
14 그러니 아름답게 행동하며 하나에서
부터 백까지 얼마나 조심스럽게 하며
살아가야 하는지를 알아야 할 것이니
라.
15 말만 잘하는 자, 또 행동만 잘하는 자,
이와 같이 해서는 아니 됨이니라.
16 행동하는 것, 말하는 것, 모두 다 나로
부터 심판을 받을 때 하나하나 그게
다 분석된다는 것을 잊어서는 아니 될
것이니,
17 너희의 자는 모습까지도 다 심판의 대
상에서 관계된다는 것을 알아야 할
것이니라.
18 그러니 모든 것은 다 천 가지, 만 가지
다 나에게 심판을 받을 때 죄와 벌이
요, 상과 벌이요, 은혜와 상에 관계된
다는 것을 잊어서는 아니 됨을 알라.
19 이것이 너희가 살아가는 모습이며 너
희가 생각하고 살아야 할 길이라는 것
을 잊지 말라, 사랑하는 나의 아들딸
들아!

6,140 번째 하나님 말씀

2003년 5월 11일 06시 41분

1 "너는 나 외에는 다른 신들을 네게 있
게 말지니라.
2 너를 위하여 새긴 우상을 만들지 말
고, 또 위로 하늘에 있는 것이나 아래
로 땅에 있는 것이나 땅 아래 물속에
있는 것의 아무 형상이든지 만들지 말
며, 그것들에게 절하지 말며 그것들을
섬기지 말라.
3 너는 너의 하나님 여호와의 이름을 망
령되이 일컫지 말라.
4 안식일을 기억하여 거룩히 지키라.
5 네 부모를 공경하라.
6 살인하지 말지니라.
7 간음하지 말지니라.
8 도적질하지 말지니라.
9 네 이웃에 대하여 거짓 증거하지 말지
니라.
10 네 이웃의 집을 탐내지 말지니라.
11 나 여호와가 존재함을 믿는 그 자체가
구원의 길에 들어서는 기본이요, 근본
이며, 나의 법전을 가슴에 안고 정독
하는 자, 반석 위에 서서 하늘에 오르
는 찬란한 빛을 보게 되는 영광을 얻
게 됨이니라."
12 사랑하는 나의 아들아!
13 "네, 아버님! 말씀하옵소서."
14 십계명을 암송하고 또 암송하도록 그
리 너의 제자들과 나의 법전을 읽고
깨우치는 백성에게 그리 가르쳐야 할
것이니라.
15 그걸 암송하고 또 암송함으로써 그들
이 그 의미를 알며 그 뜻을 알며 그를
지킬 수 있는 그와 같은 마음의 자세
가 됨을 너희는 알아야 할 것이니라.
16 그리고 이제는 내가 너를 통하여 나의
음성을 직접, 그리고 나의 뜻을 기계
에 입력시켜 그를 내가 너에게 만들어
전하도록 함이니,
17 그 음성을 가지고 너의 제자들이 공부
하며 그를 가르치도록 그리하여야 할
것이니라.
18 그리하여 모든 제자요, 스승이 다 똑
같이 된다 함을 잊어서는 아니 될 것
이니라.
19 이 세상에 내가 내린 성령이요, 내가
내린 음성을 갖고 너희에게 그와 같이
전함이니,
20 그를 가지고 너희가 선생이요, 지도자
로서 만백성을 세상에 나가 구원함이
니,
21 그리하여 가르치고 전하는 그 뜻이 다
똑같이 전해진다는 것을 잊지 말라.
22 그리하여 세계의 공통어가 될 수 있는
것은, 나의 음성을 들을 수 있는 그와
같은 자격과 능력이 있는 자, 그를 알
아들을 수 있는 자들이어야 내가 쓰고
자 하는 전사요, 내가 쓰고자 하는 역
사의 일꾼으로서 그들을 쓰게 됨이니
그리 알라.
23 내가 나의 음성을 직접 기계에 기록하
고 입력하여 그를 내가 보존케 하는
것은,
24 그 음성을 직접 들려줌으로 너희가
가르치고 깨우치고 가는 그 길이 다
똑같이 갈 수 있다는 것을 알라.
25 그리하여 그것으로써 너희가 가르치
는 전사요, 나의 뜻을 가르치는 선생

이요, 지도자로서 수없이 세상에 나올
수 있음을 알아야 할 것이니라.
26 지금의 종교 집단이요, 지금의 종교
지도자들이 가르치는 방법을 가지고
는 절대 하나가 될 수 없음을 알아야
할 것이니라.
27 너희가 하나의 성경을 가지고도 가르
치는 것이 다르며 그 전하는 것이 다
르며 그를 가지고 해석하는 것이 다름
이니라.
28 그러니 그와 같은 것을 가지고 지금
수천 년 동안 흘러왔기에 그 뜻이 다
름이니라.
29 그러나 나의 음성을 직접 들려줌으로
인하여 내가 내리는 음성의 뜻이 무엇
이며 내가 원하는 것이 무엇인지를 그
대로 들을 것이며, 모든 백성이 같은
음성으로 들을 것이며, 같은 소리를
들을 것이며, 같이 깨우쳐 가게 되어
있음이니라.
30 그리하여 그리하는 새로운 역사의 행
함이니,
31 오늘의 깨달음이요, 그 공부도 그와
같은 방법으로 시행하며 그리 실천해
나가야 함을 잊지 말라.
32 내가 직접 내린 나의 음성, 그 기계에
입력된 그 음성을 갖고 만백성, 그리
고 지도자들은 그를 들어야 할 것이
며 그를 듣도록 하라.
33 그리하고 모두는 다 내가 내린 160권
의 책을 너희가 잘 계획하여 그를 만
들어 만백성에게 전하여,
34 그 모든 것도 똑같이 들을 수 있도록
그와 같은 역사를 해야 됨을 알아야
할 것이니라.
35 내가 직접 내리는 내 음성이요, 내가
내린 이 성령의 나의 뜻을 너의 제자
들에게 직접 들려주는 그와 같은 방법
으로써 이제 공부를 해 나가야 됨을
알라, 사랑하는 나의 아들아!

6,141 번째 하나님 말씀

2003년 5월 12일 08시 19분

1 사랑하는 나의 아들아!
2 "네, 아버님! 말씀하옵소서."
3 나의 법전을 읽고 깨우치는 너를 따르
는 제자들과 나의 법전을 읽은 백성
너희가 다른 점이 무엇이던가?
4 사람이 모여 서로 시시비비를 가린다
하여도 너희는 한쪽 사람에게는 듣기
좋은 말이요, 또 한쪽 사람에게는 공
격하는 말을 한다면, 이건 너 스스로
적을 만드는 것이 아니던가?
5 내가 뭐라 하였느냐?
6 그게 다 옳고 그름을 따지는 것은 좋
으나, 옳고 그르다 하여 서로 다 알고
있는 그 내용에 대하여 잘못한 자를
공격하며 잘못한 자에게 면박하며, 좀
더 잘한 자에게 칭찬하며 능력 있는
자에게 칭찬하는 그와 같은 시시비비
를 가리는 어법을 행한다면,
7 이는 정녕 깨달은 자가 할 수 있는 행
위가 아니며, 얼마나 부끄러운 행위인
줄 알겠는가?
8 그것이 너희가 알아야 할 길이니라.
9 그러니 그와 같은 행위를 하나 하지
못하면서 어찌 깨우쳤다 말할 수 있는
가?
10 그는 말로써 믿음을 다 가며 말로써

사랑을 베풀며 행동을 하지 못하는 자
와 무엇이 다르던가?
11 너희가 시시비비를 할 때도 약자를 보
호하며 잘못된 자를 두둔하며,
12 그리고 또한 강자 앞에서 그 비위를
맞추며 약자를 공격하는 것이 아니요,
약자를 보호할 수 있는 그와 같은 마
음을 갖고 세상살이의 시시비비에 관
여하며 그리 살아가라 했거늘, 너희가
과연 그러한 마음을 가지고 사는가?
13 그것이 너희가 얼마나 어려운 것이겠
느냐?
14 강한 쇠는 부러지나 물은 모두를 다
흡수한다 하지 않았느냐?
15 유하고 부드럽게 잘못된 자에게도 너
희가 감정을 상하지 않도록 하라 하지
않았던가?
16 잘못한 자를 훈계조로 말하며 그를 탓
할 때 그는 감정이 되며 독소가 된다
그리 말하지 아니하였더냐?
17 그러나 그것을 부드럽고 인자한 모습
으로써 전했을 때는 그것은 가르침이
요, 훈계라 내가 그리 말하였느니라.
18 과연 너의 제자들과 나의 법전을 읽은
백성 너희가 그것 하나라도 고치고
살아가는가?
19 그것 하나 고치지 못하고 살아간다면
너희는 아무것도 깨달은 것이 없으며
깨달은 자가 없음이니라.
20 내가 너의 제자들에게 소원을 기록하
라 전하였음이니,
21 그들 중에 남을 위하여 기도하는 자,
남을 위하여 그에게 제 소원을 비는
자가 있다면 너는 나의 법전을 가르치
는 그동안에 네가 잘 가르친 것이며,
22 그러한 제자가 하나도 없다면 그는 결
국 무엇이던가?
23 다 잘못 가르쳤음이니, 네가 잘못 가
르친 제자들에게 내가 상을 내릴 수
없음이니라.
24 남을 위한 기도, 남이 걷지 못하는 자
를 걷도록 해 달라 하는 것이며, 네 이
웃의 가난한 자가 가난에서 벗어날 수
있도록 그 소원을 비는 자가 있다면,
25 너는 그 제자를 잘 가르친 것이며 너
의 제자들 또한 바로 배웠으니, 그 뜻
은 내가 들어줄 것이며, 그 소원은 내
가 이루어 줄 것이니라.
26 너희 욕심에 대한 것, 너희 자신을 위
한 소원을 썼다면 하나도 변한 것이
없는 백성이니, 내가 그를 알게 하기
위하여 기록하라 하였음을 너는 알 것
이니라.

6,142 번째 하나님 말씀

2003년 5월 12일 15시 41분

1 사랑하는 나의 아들아!
2 "네, 아버님! 말씀하옵소서."
3 나를 아는 자, 내 뜻을 아는 백성은 정
녕 행함이 중요하며,
4 십계명을 행하지 아니하고는 하늘에
오를 수 없는 것을 알고 있음이니라.
5 이는 곧 너희를 구원하는 생명의 양식
이기 때문이니라.
6 그러나 지금 내가 나의 피조물 만백성
중에 내 곁에 온 자 없으며 나로부터
구원받은 자 없다 말함이니, 너희는
그 말을 믿지 아니할 것이니라.
7 지금 그래도 가장 구원을 받을 수 있

다고 하는 백성이 과연 누구던가?
8 수천 년 동안 흘러오는 그 종교 집단
에 속해 있는 자들, 그리고 그 지도자
라는 자들, 그리고 그 밑에 가서 구원
을 받겠다는 신도요, 성도라 하여 울
부짖는 그 백성, 너희가 그래도 가장
먼저 구원을 받을 수 있으며 너희만이
구원받는다 그리 말하지 아니하는가?
9 그러니 너희 중에서 하나도 구원을 받
은 자가 없다면 다른 백성은 과연 구
원을 받을 수 있을까?
10 너희의 마음 자세가 어떤 줄 아는가?
11 가장 먼저 구원을 받았다 말하며 구원
을 받을 수 있다는 백성 너희가 제일
점수를 잘못 받고 있으며 너희는 정녕
하나도 구원을 받을 자가 없는 것이니
라.
12 너희는 알아야 할 것이니라.
13 너희가 타고 다니는 그 기계요, 그 전
철이라는 기계에 사람들을 많이 운송
하는 그 기계 앞에 앞을 못 보는 자가
어린 소녀요, 또는 어린 소년이요, 또
는 앞을 보는 반신불수를 데리고 그들
은 노래를 부르며 너희 앞을 지나가
며 손을 내미느니라.
14 그리고 그들은 바구니를 들고 노래를
부르며 너희에게 하소연하며 지나가
느니라.
15 그런데 그 바구니에다 지전 몇 푼이
요, 금화 몇 닢을 넣는 사람들은 어떤
사람들인지 알겠는가?
16 그저 노약자요, 어린아이들이요, 그리
고 생활이 어려운 자요, 힘든 자가 거
기에다 하나씩을 넣고 감이니라.
17 그러나 그보다도 부유한 자, 너희가
말하는 진주요, 보석을 목에, 팔에 잔
뜩 건 그 비대한 여인들은 과연 무어
라 말하느냐?
18 그들은 거기에 동전 한 닢을 넣지 아
니하며 금화 하나를 넣어 주지 아니하
는 것이니라.
19 그리고 그들은 눈을 감으며 잠자며 조
는 체하며 앞에 가는 사람이 지나가기
전까지 수다 떨던 입을 다물고 그들은
말을 하지 아니하는 것이 그 손에 낀
팔찌, 손가락에 너희가 말하는 보석이
요, 황금 반지를 낀 그들의 자세요, 그
들이 행하는 것이 그와 같은 형국이니
라.
20 그러니 너희는 모를 것이니라.
21 그러나 너희가 속삭이는 말을 나는 다
듣고 있느니라.
22 그다음에 그 어린 소녀를 앞세우거나
앞 못 보는 자가 반신불수인 앞을 보
는 자를 앞세우고 노래 부르며 지나갈
때,
23 교회에 가서 믿음의 길을 가는 자요,
구원을 받으며 말로써 사랑을 실천하
며 성도요, 종교 지도자요, 또는 너희
가 말하는 장로요, 무슨 권사요, 그 수
십 가지 이름을 돈으로 산 그 명예를
가진 자들이 속삭이는 소리를 내가 수
없이 들었음이니라.
24 믿음의 길을 가는 자요, 신도라는 자,
그리고 지도자라는 자가 믿지 않는 백
성과 나란히 앉아 있음이니, 그 앞에
지나갈 때 그 믿지 않는 백성이 금화
와 지전을 바구니에 넣으려 돈을 꺼내
니,
25 그 종교 지도자요, 또 그 집사요, 권사

요, 돈을 주고 산 명칭을 가진 자, 그
리고 말로써 청산유수요, 그저 기도를
하다 보면 너희가 말로써 감당할 수
없이 그저 다 지껄여 대는 자, 그리고
구원을 받은 자, 믿는 자, 그가 뭐라고
말하는지 아는가?
26 믿지 않는 자가 넣으려 하는 그 옷소
매를 그는 잡아당기면서 그를 넣지 못
하게 그 종교 지도자요, 성도라는 자
가 말하느니라.
27 그러면서 그는 그 여인의 귀에 대고
속삭이니 그 소리는 아무도 못 들으나
나 여호와는 듣느니라.
28 그 신도요, 성도라 하여 사랑을 베풀
고 산다 평소에 말하는 자가 믿지 않
는 자가 지전 몇 닢을 넣으려고 하는
그 소매를 잡아당기면서 속삭이는 말
이,
29 저 앞에 있는 아이는 제 딸이 아니며
그저 먹고살려고 불쌍한 애를 데려다,
또는 남의 집 애를 납치해다가 앞세워
서 저리 장사를 하고 있으며 저 봉사
는 정녕 눈을 감은 봉사가 아니라 눈
을 뜬 자며 앞을 볼 수 있는 자라 그리
말하느니라.
30 그리고 앞에 가는 그 불쌍한 자를 인
도하는 자, 반신불수가 인도하는 자,
저들은 벌어서 저희가 먹는 것이 아
니요, 남들에게 뺏기며 대장이 뒤에
있음이라,
31 그리 그 종교 지도자요, 또는 신도라
는 사랑을 베풀며 청산유수로 기도하
며 세상의 모든 사랑을 다 베푸는 것
처럼 말하는 믿음을 가고 있는 여인이
믿지 않는 여인의 귓속에다 속삭이는
소리를 내가 듣고 있으며 나는 보았으
며 나는 알고 있음이니라.
32 제가 감히 그 믿지 않는 자에게 평소
에 사랑을 실천하며 저는 사랑을 위하
여 살며 어려운 자를 도우며 살며 봉
사하며 산다 그리 말하다 제가 동전을
넣지 못하니 옆에 있는 믿지 않는 자
가 동전을 넣는 것을 보고 저 자신이
부끄럽고 저 자신은 넣기가 아까워
넣을 수 없으니,
33 남이 넣는 것마저 넣지 못하게 그 옷
소매를 잡으며,
34 평생 눈멀어 고생하며 사는 자에게 눈
뜬 자며 가짜 봉사요, 앞에 있는 아이
는 그 딸자식이 아니라 남의 집 딸자
식을 데려다 매로 다스려 앞에서 저렇
게 끌고 다니며, 또 그리고 저 병든 자
를 앞이 보이는 반신불수가 앞에서 지
팡이 들고 끌고 가는 저들도 다 합작
이요,
35 저리 하는 것은 사악한 자들이 뒤에서
조종하며 벌어들이는 것을 그들이 다
거둬들이니 줄 필요가 없다고 속삭이
는 것을 내가 들었으니,
36 그게 바로 종교 집단이요, 믿음의 길
을 가는 신도라는 사람들이 하고 있는
행위니 얼마나 사악한 자인가?
37 저희가 말로써는 사랑을 베푼다 하나,
사랑을 막상 실천할 때는 하기 싫으며
할 용기가 없으며 하고 싶은 사랑이
정녕 없기에,
38 그들은 믿지 않는 자가 베풀려 하는
것까지도 소매 자락을 잡아당겨 베풀
지 못하게 하면서 귓속말로 그와 같이
지껄여 대는 것이 지금 신도요, 성도

라는 자들이니, 너희가 그 셋 중에 가
장 사악한 자이니라.
39 어린아이요, 할머니요, 가난한 자가
지전 몇 푼을 주는 자가 있는가 하면,
그저 금반지요, 진주 목걸이를 주렁주
렁 단 그 뚱뚱한 살찐 여인네들이 수
다를 떨다 눈을 감고 입을 다물고 자
는 체를 하고 지나갈 때까지 침묵을
지키는 자들이나,
40 믿지 않는 자가 넣으려는 것을, 그 사
랑을 실천하는 것을 저는 할 수 없기
에 제 마음은 사악하기에,
41 그가 선한 것을 행할 수 있는 것까지
도 그 장님이 가짜 장님이라 말하면서
그를 행하지 못하도록 그리 유도하고
이끄는 것이 너희 지금 믿음을 가고
있는 자들이니,
42 그 세 단계 중에서 누가 가장 사악한
자며 잘못된 자인지 너희 스스로 알
것이니라.
43 이것이 종교 집단이요, 지도자요, 믿
는 성도요, 신도라는 너희가 하고 있
는 행위니,
44 정녕 가장 일등으로 구원을 받을 것이
며 나를 찾으며 구원의 길을 달려가며
나의 아들 예수의 이름을 부르며 구원
을 받았다 하는 너희가 가장 낮은 점
수요, 가장 먼저 지옥으로 달려가는
자들이니,
45 과연 구원을 받을 수 있는 나의 백성
이 있단 말이던가?
46 내가 너희가 속삭이는 말을 지금 나의
아들을 통하여 법전에 기록함이니,
47 그것이 아니거든 너희가 나의 법전을
태워 버리고 찢어 버려도 내가 너희를
탓하지 아니할 것이니라.

6,143 번째 하나님 말씀

2003년 5월 12일 15시 44분

1 사랑하는 나의 아들아!
2 "네, 아버님! 말씀하옵소서."
3 내가 너를 통하여 너의 제자에게 예언
하여 가르쳐 줌이니라.
4 미래의 예언이요, 너희의 변화요, 너
희가 불행한 일을 당할 것을 내가 알
려 주는 것은 성령이 임하지 아니하면
그를 알 수 없음이니라.
5 오로지 성령이 임한 나로부터 선택된
자만이 그를 행할 수 있는 것이며, 그
와 같이 성령이 임하지 아니하면 절대
할 수 없음을 너희는 알아야 할 것이
니라.
6 나 여호와가 너희에게 예언하는 것을
깨우쳐 주는 것은 나의 아들로 하여금
그 따르는 제자들, 그 믿음의 변화가
이루는 역사, 그들이 깨우친 만큼 그
들에 대한 미래에 대해 예언을 해 주
며, 그들의 변화에 대한 것을 예언해
주는 것은 무엇인 줄 알겠는가?
7 나의 법전을 읽고 깨우치는 자, 나의
법전을 만백성에게 전하고자 하는 너
희에게 힘과 용기를 갖고 나 여호와의
뜻을 이루도록 하기 위하여 내가 너희
에게 미래의 변화요, 그 예언을 나의
아들을 통하여 너희에게 예언해 주는
것은 나의 뜻이나,
8 그렇지 아니하는 것은 나의 뜻이 아님
을 너희가 알아야 할 것이니라.
9 너희가 힘과 용기를 갖고 좌절하지 아

니하며 나의 뜻을 이루고 내 뜻의 역
사함을 전하며 이 모든 백성이 나의
법전을 접하여 그들이 스스로 변할 수
있는 그와 같은 역사를 하는 데 힘과
용기와 희망을 주기 위하여 내가 깨우
쳐 줌이니라.
10 너희가 그를 모르고 불행한 일을 당하
여 쓰러지는 것을 내가 막고자 나의
법전을 읽고 깨우쳐 그 마음이 변하며
아름답게 가는 자,
11 그들에게만 내가 나의 아들을 통하여
예언이요, 미래의 그 변화의 역사를
전해 줌을 너희는 잊어서는 아니 될
것이니라.
12 나로부터 성령이 임하지 않은 자, 나
로부터 선택되지 아니하는 자는 예언
할 수 없어 미래를 알려 줄 수 없다는
것을 너희는 알아야 할 것이니라.
13 누가 뭐라든, 누가 예언한다 하든, 너
희 미래를 위해서 이야기한다 하든,
14 다만 나의 아들을 따르는 제자들이요,
나의 법전을 읽고 깨우친 백성 너희에
게 가르쳐 주는 것은 나의 성령이요,
나의 아들을 통하여 너희에게 용기와
자신감을 심어 주기 위한 나의 뜻이라
는 것을 너희는 알아야 할 것이니 그
리 알라, 사랑하는 나의 아들딸들아!

6,144 번째 하나님 말씀

2003년 5월 12일 15시 51분

1 사랑하는 나의 아들아!
2 "네, 아버님! 말씀하옵소서."
3 꽃이 아무리 예쁘고 보기가 좋으며 세
상에 단 하나밖에 없는 그와 같이 찬
란하고 예쁜 꽃이라 하며, 또 그 풍기
는 향기가 감히 그 어느 꽃도 따를 수
없을 만큼 감미로우며 너희에게 보이
는 모습이 예쁜 모습과 그 향기로움이
이루 말할 수 없다 하여도,
4 그 꽃이 열매를 맺지 못한다면 그 꽃
은 결국 무엇이던가?
5 그 꽃은 의미가 없음이니라.
6 그 아름다운 꽃으로 하여금 열매를 맺
게 하여 만백성에게 그를 전하며 만백
성이 그를 즐길 수 있으며 이 세상에
살아가는 모든 동식물이 그로부터 생
명을 얻어 삶의 힘을 얻을 수 있는 그
와 같은 열매를 맺는 꽃이 얼마나 아
름답고 귀하던가?
7 아무리 꽃이 예쁘고 아름다우며 향기
가 고와도 동식물이 필요한 그 열매를
맺지 못한다면 그 꽃은 아무런 가치가
없음을 너희는 알아야 하지 않겠는가?
8 아무리 못 생기고 향기가 없으며 보기
흉한 꽃이라 할지라도 그가 맺은 그
열매가 만백성에게 영양이 되며 그들
이 먹고살 수 있으며 모든 동물이 취
하고 살 수 있다 하면 그 열매를 맺는
꽃이 얼마나 더 소중한 것인가?
9 아무리 못 생기고 아무리 보기 흉하며
아무리 향기로움이 없다 하여도 그 열
매를 맺을 수 있는 꽃이라 하면 열매
를 맺지 못하는 그 아름다운 꽃보다
더 소중함을 너희는 알아야 할 것이
니라.
10 너희의 삶을 과연 어떻게 살아가야
하는가를 내가 꽃에 비유하여 너희에
게 깨우쳐 줌이니, 너희가 스스로 이
를 알아야 할 것이니라.

11 너희가 나의 뜻에 어렵고 힘든 계명을
지키며 나의 아들을 통하여 내리는 나
의 법전의 그 어렵고 힘듦을 보고 깨
우쳐 너희가 행하고 산다면,
12 이는 보기 흉하며 향기롭지 않은 꽃이
라 하여도 만백성이 즐길 수 있는 그
아름답고 탐스러운 먹을 수 있는 열매
를 맺어 주는 그와 같은 꽃나무요,
13 그리고 너희가 아무리 산다 하여도
육의 향락에 의하여 나를 믿지 아니하
며 내 뜻에 따르지 아니하며 나의 계
명을 지킬 수 없다 그리 말하고 사는
너희는 정녕 사람이 먹을 수 있으며
또 모든 동물이 먹을 수 있는 그 열매
를 맺지 못하는 것과 같으니, 이는 삶
의 가치가 없음을 너희는 알아야 할
것이니라.
14 이제 너희는 깨달아야 할 것이니라.
15 너희가 과연 나의 아들을 따르며 나의
법전을 읽는 백성 너희가 외형만 아
름다우며 향기만 아름다우며 과일나
무로서 그 과일을 맺지 못하는 그와
같은 꽃으로서 살다 그냥 지워져 가기
를 바라는가?
16 아무리 향기가 없고 둔탁하며 남들이
보기 흉하다 하여도 정녕 인간이요,
모든 동물이 즐길 수 있는 그 탐스러
운 열매를 맺어 놓고 가는 그와 같은
꽃나무가 되겠는가?
17 여기서 너희는 깊이 깨우쳐야 할 것
이니라.
18 여기서 너희가 옳고 그름을 깨달아야
하며 어느 길을 선택하여야 할 것인
가를 결정하여야 할 것이니라.
19 지금 모든 종교 집단이요, 지도자요,
그 신도라 하는 너희가 가고 있는 길
이 무엇인 줄 알겠느냐?
20 외형으로 아름다우며 외형으로 향기
로우니라.
21 그리하여 너희는 나의 아들 예수의 보
혈로써 그냥 구원을 받았으며, 지전
몇 닢 갖다 놓으며 금화와 은화를 얼
마 바치며 너희 손으로 지은 그 성전
에 가 회개하고 반성하고 눈물을 흘리
면 구원을 받는다 그리 말하니,
22 그보다 더 아름답고 향기로운 꽃이 어
디에 있는가?
23 그 말보다 향기로운 것이 없으며 그
말보다 더 감미로운 것이 없음이니라.
24 수없이 지은 죄를 그저 와서 몇 시간,
몇 분 동안 말로써 중언부언하면 그
죄를 사해 준다 함이니,
25 너희 귀에 들리는 그 말이야말로 너희
코로 맡는 그 꽃의 향기보다도 수백
배, 수천 배 아름답고 감미로운 말이
니,
26 그를 듣고 따르는 너희가 바로 무엇인
줄 알겠느냐?
27 열매를 맺지 못하는 나무와 꽃과 같다
는 것을 알아야 할 것이니라.
28 지금 내가 십계명대로 지키고 살라,
나의 법전대로 지키고 살라 하나, 그
리 사는 자 고통스럽고 힘드니, 그걸
로 구원을 받지 못한다 말하나,
29 이는 과연 남들이 돌아보지 않는 꽃
과 같은 것이며 향기 없는 자와 같으
니라.
30 그것이 바로 너희이니라.
31 그러니 너희야말로 많은 백성이 읽고
깨우쳐 하늘에 오를 수 있는 나의 법

전이요, 내가 내리는 새로운 성경이
요, 나의 뜻을 전하지 않느냐?
32 그것이 바로 과일을 맺게 하는 것이니
라.
33 비록 오늘 너희가 빛이 없으며 향기가
없으며 아름답게 비춰 주는 결과가 없
다 하여도,
34 너희가 이 세상에 맺어 놓은 그 과일
은 모든 동물이 즐겨 먹을 수 있으며,
거기에는 향기로움이 있으며 감미로
움이 있으며 달고 마실 수 있음이니라.
35 그리하여 인간인 너희가 먹고살 수 있
는 영원히 다시 태어날 수 있는 생명
과 같은 생명수가 되는 과일이 열리고
있지 않은가?
36 그러니 이것이 지금 모든 종교 집단이
요, 지도자의 가는 형국과 너희와의
차이점이니라.
37 그리하여 내가 너희에게 예언해 주며
미래를 깨우쳐 줌이니라.
38 너희가 희망찬 삶을 살기 위하여 너희
가 좌절하지 아니하고 힘과 용기를 가
지고 나의 법전을 지고 이고 전하여,
39 만백성에게 과일을 선사하는 그와 같
은 너희를 내가 알고 있기 때문이며,
너희가 그 역사를 하고 있기 때문이니
라.
40 너희는 비록 향기가 없고 아름답게 보
이지 않는 꽃이라 하여도,
41 탐스럽게 익은 그 과일을 들고 이고
만백성에게 전해 주는 그와 같은 산
꽃나무이며 산 나무인 것이 나의 아들
을 따르는 제자들이요, 나의 법전을
읽고 깨우치는 만백성 너희이니, 너희
가 얼마나 소중하며,
42 나의 아들과 더불어 한 시대를 역사하
며 160권의 법전을 세상에 만들어 내
는 그 감사함을 안다면,
43 너희가 숨 쉬는 것조차도 조심스러울
것이며, 너희가 살아가는 것도 조심스
러울 것이며, 행동하는 것도 조심스러
울 것이며,
44 잠자는 모습까지도 너희가 돌이켜 보
고 생각하는 그와 같은 조심스러운 삶
을 살아도 너희가 나의 은혜에 보답
할 수 없는 길이니,
45 만백성의 복음이 될 수 있도록 그와
같은 삶을 사는 데 최선을 다하도록
그리하라.

6,145 번째 하나님 말씀

2003년 5월 12일 15시 59분

1 사랑하는 나의 아들아!
2 "네, 아버님! 말씀하옵소서."
3 사랑하는 너의 제자들과 나의 법전을
읽은 만백성 너희는 어찌하여 그 천
사들을 그리도 보지 못하는가?
4 너희가 천사를 만나고자 하며 천사와
대화하고자 하며 천사와 더불어 역사
하고자 하는 것이 아니던가?
5 그리하여 그 천사가 되어 너희가 하늘
에 오르고자 하는 것이 아니던가?
6 천사가 되어야 하늘에 올라와 내 옆에
너희가 천사들이 사는 세상에 산다 하
였음이니라.
7 너의 제자들에게 천사를 보라 그리 깨
우쳐 주라, 사랑하는 나의 아들아!
8 추운 겨울날 그 서울역 앞에서 네가
식사비를 주는 그것을 받은 자가 바로

누군 줄 아느냐?
9 내가 천사라 그리 말하였음이니 그가
바로 천사이니라.
10 그 쓰러져 있는 자가 천사이거늘, 어
찌하여 너의 제자들은 그를 보지 못한
다더냐?
11 전철역에서 장님이 길을 물을 때 네가
그 목적지까지 안내한 자가 내가 누구
라 하였더냐?
12 그가 천사라 하였음이니라.
13 그러니 천사를 보지 못하는 것이 너희
가 지금 눈을 뜨고 있으나 보지 못하
는 것이니,
14 너의 제자들과 나의 법전을 읽은 백성
은 천사를 볼 줄 알라 그리 가르치도
록 하라.
15 어느 날 깊은 밤 천안이라는 그 역에
서 어떤 노숙자가 너에게 담배를 달라
하였음이니라.
16 그리하여 네가 담배가 없어 담배 가게
에 가서 담배 한 갑과 라이터를 사서
갖다 전해 준 것, 그 전해 준 것을 받
은 자가 누군 줄 아느냐?
17 그가 바로 천사이니라.
18 이 세상에 천사들이 수없이 내려와 있
거늘, 천사를 보지 못하는 것이 너희
이니라.
19 네가 어느 날 밤 대전역에서 노숙자에
게 음식을 대접하며 전해 주지 아니하
였던가?
20 그것을 받은 자가 바로 천사이며 그것
을 먹은 자들이 천사이니라.
21 이와 같이 천사를 볼 줄 아는 눈을 너
의 제자들에게 뜨도록 그리하라.
22 내가 이와 같이 기록하여 전하거늘,
너의 제자들이요, 나의 법전을 읽은
백성 너희가 천사를 볼 줄 몰라서는
아니 됨이니라.
23 그리하여 내가 너의 제자들에게 소원
을 써 너에게 전하라 그리 말하였음이
니라.
24 네가 나로부터 시험을 당하며, 천사들
과의 그 시험이요, 사탄과의 시험이
요, 네가 나로부터 훈련받는 그 마음
을 너는 보고 있고 알고 있지 않으냐?
25 그리하여 내가 너의 제자들에게 그를
쓰게 하여 네가 그를 받아들이라 그리
하였음이니라.
26 사탄이 너를 시험하며 악마가 너를 지
금 시험하는 것처럼, 그 모든 시험하
는 것을 내가 네 제자의 마음을 네가
볼 수 있도록 그를 써 내라 그리 말하
였음이니라.
27 너의 제자들에게 소원을 기록하여 너
에게 전하라 그리하였음이니, 과연 너
의 제자들의 소원이 무엇이겠는가?
28 너희는 여기서 깨우쳐야 할 것이니라.
29 너희는 과연 그 소원이 무엇일까?
30 죽음 직전에서 너희 생명을 살려 준
자가 있다 하자.
31 그가 한쪽 다리가 없다면 네 생명을
살려 준 자의 그 앞에 네가 소원을 쓰
라 하면 무얼 쓰겠는가?
32 네 생명을 살려 준 저 사람의 다리를
완벽하게 해 달라 나 여호와에게 너희
가 소원을 써야 할 것이며, 너희는 그
리 쓸 것이니라.
33 너희가 물에 빠져 죽으려 할 때 너희
를 구원하는 자가 손발이 없음이니라.
34 그리하여 그가 끈을 입으로써 너희에

게 전해 줬으며 그 이가 빠지도록 입
으로 물고 너희를 구원하여 네가 생
명을 얻었음이니, 네가 나와서 내가
너에게 소원을 쓰라 하면 무얼 쓰겠는
가?
35 이로써 너희를 구원해 준 그 사람에게
팔다리를 완성하게 해 달라고 너희가
두말없이 소원을 쓸 것이니라.
36 과연 너의 제자들이 그와 같은 마음으
로 소원을 쓴 자가 한 사람이라도 있
다 하면 네가 오늘의 역사함을 나는
기뻐할 것이니라.
37 과연 너의 제자들이 그 소원을 기록한
마음이 있는가?
38 나는 그를 보기 위하여 너의 제자들에
게 그 소원을 기록하여 내가 제시하라
하였음이니, 너는 그를 읽어야 할 것
이며 그를 보도록 그리하라.
39 이것이 그들의 마음이어야 될 것이거
늘, 그들의 마음이 과연 어디에 있는
가?
40 저 자신을 위해서 그들이 과연 그를
썼다 하면, 돈과 금화와 은화를 바치
며 구원을 받을 수 있다 하여 그를 사
기 위해 밤낮으로 다니는 그들과 무엇
이 다르단 말이던가?
41 과연 너희는 소원을 무엇이라 쓸까,
무엇을 소원으로 쓸까, 과연 너희는
어찌하겠는가?
42 이를 알아야 할 것이니라.
43 너의 어린아이가 물속에 빠져 죽을
것을 너희가 기르는 애완동물이 가서
그 아이를 구했다 하자.
44 그러면 너에게 소원을 쓰라 하면 무얼
쓰겠는가?
45 '저 애완동물이 우리와 영원히 같이
살 수 있는 인간이 되게 해 달라.' 나
에게 기도하지 않겠는가?
46 과연 너의 제자들이 소원을 그리 기록
했어야만 할 것이니라.
47 그와 같은 자 하나가 나왔을 때 나 여
호와의 기쁨은 세상을 얻은 것과도 바
꾸지 못하는 기쁨이니라, 사랑하는 나
의 아들아!
48 그리하여 네가 사탄으로부터 시험을
당하듯이, 네가 악함으로부터 시험을
당하듯이,
49 네가 나로부터 훈련을 받아 지금 가고
있듯이,
50 그리하여 너의 제자의 마음을 써서 너
에게 전하라 하였음이니, 깊은 밤 그
를 너는 뜯어 보도록 그리하라, 사랑
하는 나의 아들아!

6,146 번째 하나님 말씀

2003년 5월 12일 16시 08분

1 사랑하는 나의 아들아!
2 "네, 아버님! 말씀하옵소서."
3 나의 법전을 읽고 깨우친 백성과 그리
고 나의 법전을 읽는 백성들아, 그리
고 나의 아들을 따르는 그 사랑하는
제자들이요, 더불어 영원히 같이할 너
희는 외형의 호화로운 것에 연연하는
그와 같은 마음을 버려야 할 것이거늘,
4 어찌하여 너희가 외형의 호화로운 것
에 연연하는 그 마음 하나를 비우지
못한단 말이던가?
5 너희 마음이 하얀 눈과 같이 되면 될
것을,

6 어찌하여 너를 버려 남을 구하는 그와
같은 마음, 그 마음 하나만 너희가 갖
고 산다면 나에게 올 수 있는 그 영광
을 얻을 수 있는 것을,
7 어찌하여 그 마음 하나를 너희가 이루
지 못하며 갖지 못한단 말이던가?
8 너희는 지금 뭐라 말하고 있는가?
9 너희는 구원의 천사가 온다 그리 말하
며, 그 구원의 천사는 하늘나라에서
영광으로써 너희에게 내려온다, 그리
고 너희에게 천국으로 안내자요, 그리
고 천사는 정녕 아름다운 모습으로써
너희 앞에 나타날 것이라 너희는 그리
생각하고 지금 기다리고 있지 않은가?
10 그 믿음의 자세부터 너희가 다 마음
한 자리를 비워야 함을 알아야 할 것
이니라.
11 너희가 말하는 하얀 옷을 입은 날개
달린 그와 같은 천사가 내려와 너희에
게 영광이며, 너희가 지금의 믿음을
가고 있는 자들이 바른 믿음이요, 옳
은 믿음이라 하여 너희를 구원하는 그
와 같은 영광의 형태가 이루어지는 것
이 아니며,
12 그와 같은 형태로써 천사는 정녕 이
세상에 오지 아니하느니라.
13 나 여호와의 이름을 대신하며 나를 대
신하는 그 천사들이 과연 무엇이 부족
하여 너희에게 무엇을 자랑하고 보여
주기 위하여,
14 너희가 돈 있는 자, 그저 손발에 끼고
귀에 걸은 것처럼 그와 같이 진주요,
금은보화를 걸어 달고 그와 같이 화려
한 모습으로, 그리고 하얀 옷에 하얀
날개를 달고 너희 앞에 나타난다 생각
하는가?
15 그와 같은 모습으로 나타나는 자, 천
사를 믿지 아니할 자 없으며, 천사를
영접하지 아니할 자가 없지 않은가?
16 그러나 천사는 그리 오지 않음을 너희
는 알라.
17 너희 앞에 굶주려 쓰러지는 자, 너희
앞에 가장 초라하고 더러운 모습으로
나타난 자, 그리고 지치고 허기진 자,
18 네 앞에 와 구걸하는 걸인이요, 너희
가 보기도 흉한 모습으로써 오느니라.
19 그 모두가 천사가 되어 너희 앞에 나
타남을 너희는 알아야 할 것이니라.
20 천사는 너희가 생각하는 그리 깨끗하
고 아름다운 모습으로 오는 것이 아니
요,
21 너희가 가장 혐오하는 모습이요, 너희
가 징그러워하는 모습이요, 너희가 싫
어하는 모습이요, 같이하고자 하는 자
가 아니요, 너희가 냄새 맡을 수 없는
자요, 너희가 보기 흉한 자요, 그와 같
은 자로서 천사가 내려옴을 너희는 알
아야 할 것이니라.
22 하늘에 나팔 불며 천군을 앞에 세우고
너희가 화려한 모습으로써 천사가 내
려오며,
23 나의 지도자요, 내 일을 대신하는 자,
나의 뜻을 따라 역사하는 자들이 그리
온다는 생각을 너희는 하지 말며 그
생각부터 바꿔야 할 것이니라.
24 너희에게 나타나는 천사는, 네 앞에
오는 천사는 허기진 자요, 지친 자요,
쓰러져 가는 자요, 고통을 견디지 못
하는 그 어렵고 불쌍한 허덕임 속에서
살아가는 모습으로 나타나는 것이라

하였음이니라.
25 그러니 천사가 네 앞에 그렇게 많이
나타나도, 너희는 천사가 와도 천사를
영접지 못하는 어리석은 백성이 되어
있으며,
26 천사를 만나기를 갈구하며 천사의 뜻
을 알고자 하며 천사와 더불어 너희가
하늘에 오르고자 그리하나,
27 너희는 천사가 네 앞에 와도 영접하고
맞이할 줄도 모르며 그를 보지도 못함
이니,
28 과연 너희가 천사가 되어 하늘나라에
올 수 있단 말이던가?
29 하얀 날개옷을 달고 너희 앞에 은혜와
축복과 너희에게 금화와 은화요, 명예
를 갖다 주는 그와 같은 모습으로써
천사는 오지 않는다는 것을 알라.
30 그와 같은 모습으로 천사가 오지 않는
다는 것을 안다면, 나의 법전을 읽고
깨우친 백성 너희는 뿌리 깊이 내린
천사에 대한 환상을 지워 버려야 할
것이니라.
31 나 여호와로부터 명을 받아 세상에 내
려가는 천사는 부족함이 있으며 역사
함이 없음이니,
32 가장 허기진 자, 가장 고통스러운 자,
가장 괴로운 자, 가장 추한 모습으로
써 세상에 내려감을 너희는 알아야 할
것이니라.
33 그러니 아무리 천사가 네 앞에 와도
천사를 영접할 줄 모르며 천사를 받아
들일 줄 모르는 너희이니, 너희가 얼
마나 어리석은 삶을 사는가?
34 이제 나의 법전을 읽은 백성이요, 나
의 아들을 따르는 제자 너희는 천사가
누구며 천사가 어떤 형국으로 오는지
이와 같은 생각의 뿌리를 완전히 바꿔
세상을 바라보도록 그리하라.
35 천사는 가장 보기 싫은 흉한 모습이
요, 가장 너희에게 고통스러움을 주는
그와 같은 형국으로, 너희가 더불어
같이 있고자 하지 않는 그와 같은 형
태로써 오는 것이 천사임을 너희는 알
라.
36 이것 하나를 깨우치고 행하는 것만 해
도 너희가 곧 하늘에 오르는 빛을 볼
수 있는 자며, 너희가 반석 위에 설 수
있는 영광을 얻은 선택된 백성이라는
것을 알라, 사랑하는 나의 아들딸들아!

6,147 번째 하나님 말씀

2003년 5월 12일 16시 17분

1 사랑하는 나의 아들아!
2 "네, 아버님! 말씀하옵소서."
3 너희의 지금까지 수천 년 동안 흘러온
오늘의 인성이 잘못되었으며 가르친
것이 잘못되었으며 잘못 이끌어 왔다
내가 너희에게 수없이 탓함이니, 너희
는 이를 보며 그렇지 않다 말할 것이
니라.
4 오늘의 종교 집단이요, 지도자가 없으
면 이보다 더 무너졌을 것이라 그리
말할 것이니라.
5 그러나 그들이 있기에 이와 같이 무너
져 있음이니라.
6 너희가 어떠하던가?
7 자기 자식을 위해 목숨을 바치고자 하
며 자기 자식을 위해서는 온갖 정성을
다하며 거기에 너희는 어떠한 것도

불사하는 그와 같은 마음을 가지고 있
음이니라.
8 제 자식이 소중한 것은 예나 지금이나
같음이니,
9 옛날에 너희 조상은 지금의 믿음이
들어오지 않았을 때는 제 자식을 위하
여 목숨을 바치고자 하는 그와 같은
부모의 마음은 같았으나, 남의 자식도
소중하게 그리 다루었으며 제 자식과
같이 생각하는 것이 그들의 인성이었
음이니라.
10 그러나 지금의 너희 마음의 인성은
어떤 것인가?
11 제 자식을 위해 목숨을 바치고자 하며
모두를 다 바치고자 하는 것은 그때나
지금이나 다 같으나,
12 지금에 남의 자식을 생각하는 마음은
너희가 어떠한 줄 알겠는가?
13 과거의 너희 부모들은 그리했음이니
라.
14 제 자식을 사랑하는 것만큼 제 이웃의
자식도 사랑했건만,
15 지금은 제 자식을 사랑하는 그 욕심만
이 그득히 차 있으며,
16 남의 자식은 애완동물만큼도 너희가
여기지 아니하며 그와 같이 바라보지
않는 것이 너희의 지금의 마음이니,
17 너희 인성이 얼마나 무너졌으며 얼마
나 인성이 잘못되었는가?
18 그러면서 너희가 하늘에 오르는 길을
볼 수 있다고 생각하는가?
19 그와 같이 너희가 사악한 마음으로 변
해 있기에 너희가 하늘의 문이요, 하
늘에 오르는 길을 볼 수 없는 것이며,
20 더 이상 세상에서 살아가는 욕심의 그
틀을 벗어나지 못하며 그 한계를 벗어
나지 못하는 것이 너희이니라.
21 그와 같이 잘못된 세상을 그 누구도
바로잡으려 하지 아니하며 그를 바로
세우려 하지 아니함이니라.
22 그저 그러한 환경을 지나가는 것처럼,
나와는 관계없이 보는 것처럼 흘러가
는 것이 너희가 아니던가?
23 남의 잘못됨이요, 잘못 가는 것을 지
금 그대로 보고 있으며 그를 바로잡으
려 하는 백성이 없음이니,
24 남의 자식을 애완동물처럼도 보지 않
은 그 사악한 인성이나 그를 보고 바
로잡으려 하지 않는 너희나 다 똑같은
자가 아니던가?
25 나 여호와가 보기에는 똑같은 부류라
내가 그리 생각하고 있음을 너희는
알아야 할 것이니라.
26 너희 마음이 그뿐이던가?
27 가난하고 불쌍한 자를 돕고자 하는 자
들에게 너희는 뭐라 하는가?
28 저 자신이 돕지 못하면서 그를 도와준
다면 그는 더 게을러지며 제가 노력하
지 아니하여 못 사니,
29 돕는 것이 그게 잘하는 것이 아니니,
돕는 것만이 능사가 아니라 그리 말하
며 돕는 손길까지도 멈추게 하고자 하
는 것이 너희임을 알아야 할 것이니라.
30 그러한 소리를 하면서 그와 같은 목소
리를 내면서도 저희가 어떠한 마음이
요, 어떠한 심성인가를 모름이니라.
31 그러나 나는 너희의 마음을 아느니라,
너희의 속셈이 무엇이며 너희의 속성
이 무엇인가를.
32 너희가 옆 사람과 지껄이고 속삭이는

귓속말도 내가 다 듣는 다 하였음이
니, 그것이 너희 인성이니, 아무리 얼
굴이 예쁘고 곱다 하여도 그게 예쁜
것이던가?
33 마음이 고와야 예쁜 것이니라.
34 그리하여 나의 아들을 따르는 제자 너
희에게 뭐라 말하였느냐?
35 외형을 보고 평가하지 말며 내면의 아
름다운 마음, 내면에 하얀 마음을 가
지고 있는 백성이 그를 볼 수 있으며,
36 너희가 그리 변화되었을 때 예쁜 마
음을 볼 수 있다 내가 너희에게 전함
을 잊지 말라, 사랑하는 나의 아들딸
들아!

6,148 번째 하나님 말씀

2003년 5월 13일 07시 52분

1 사랑하는 나의 아들아!
2 "네, 아버님! 말씀하옵소서."
3 너의 제자들과 나의 법전을 읽는 백성
그들에게 하늘을 향하여 한 점의 부끄
러움이 없는 삶을 살라 그리 말하였음
이니라.
4 그 의미는 무엇이던가?
5 위로는 나 여호와가 너희의 일거수일
투족을 다 보고 있음이니, 나를 속일
수 없음이니 하늘을 속이려 들지 말며,
6 또 하나는 너희 자신을 속이지 말라
하는 것이니라.
7 그리고 너희 자신을 속이며 하늘을 향
하여 한 점의 부끄러움이 있는 행위를
하는 것은 너희 가족을 속이는 것이
며, 너희 자식을 속이는 것이며, 이웃
을 속이는 것이며 만백성을 속이는 것
이니라.
8 그리고 더욱이 종교 지도자요, 만백성
을 깨우치는 자는 그래서는 아니 됨이
니라.
9 그를 따르는 모든 제자요, 그를 따르
는 모든 백성이요, 그를 따르는 성도
요, 신도라는 그들을 다 속이는 것이
니,
10 얼마나 그게 두렵고 무서운가를 모르
기 때문에 지금 종교 지도자요, 모든
집단이 지금 저 자신의 육의 향락과
육의 삶에 의하여 제가 정녕 가야 할
길을 모르며, 제가 서야 할 길을 모르
는 것이니라.
11 지도자 스스로 저 자신이 설 길을 모
르며 제가 가야 할 길을 모름이니, 그
들이 어찌하여 만백성을 구할 수 있다
하겠느냐?
12 내가 종교 지도자는 하늘을 향하여 한
점의 부끄러움이 없는 삶을 살아야 할
것이며,
13 나의 백성이요, 나에게 오르고자 하는
백성은 한 점의 부끄러움이 없이 살라
하는 그 의미를 알겠는가?
14 하늘에서 하나도 잊어버리지 아니하
며 귓속말로 하는 것까지도 다 나 여
호와가 듣고 있다는 그 두려움을 알
것이며,
15 그 두려움보다도 무서운 것이 무엇이
던가?
16 저 자신을 속이는 것이며, 저 자신을
속임으로 인하여 제 스스로 지옥의 무
덤을 파는 것이며, 제 스스로 무너지
는 것이니라.
17 그보다 더 두렵고 무서운 것이 무엇이

던가?
18 가장 저를 신뢰하는 가족이요, 또 이
웃이요, 그리고 저를 따르는 제자들이
요, 그 모두를 제 스스로 속이는 것이
니 그것이 얼마나 두렵고 무서운 것인
가를 모든 종교 집단이요, 지도자라는
백성 너희가 모르고 있음이니라.
19 어버이가 자식에게 아무리 훈계한들
무엇하는가?
20 그 부모가 바로 서지 못한다면 그 부
모는 자식에게 과연 훈계할 수 있는
자신이 있는가?
21 말은 그리할 수 있으나 그 훈계가 가
르침이 되지 못하며 본보기가 되지 못
한다는 것을 너희는 알아야 할 것이
니라.
22 그러니 하늘을 향하여 한 점의 부끄러
움이 없이 사는 그 삶이 얼마나 소중
한 단어이며 그를 지키는 의미가 어디
있는지 아는가?
23 그리하여 내가 너희에게 그를 지키라
하는 것임을 알라.
24 그리하여 종교 지도자는 저 자신이
한 점의 부끄러움이 있는 삶을 사는
것은 아래로는 저를 따르는 신도요,
사랑하는 성도들을 다 배신하는 것이
며, 그들을 속이고 기만하는 것이며,
제 가족을 속이고 기만하는 것이며,
저 자신을 속이는 자이니라.
25 그러니 저 자신을 다스리지 못하는
자가 어찌 지도자라 말할 수 있는가?
26 위로는 나 여호와를 너희가 무시하며
능멸하는 것이며 나를 속이고자 하는
것이니,
27 그와 같은 자들이 어찌하여 하늘에 오
를 수 있는 진리를 가르치며 진리를
깨우칠 수 있으며 만백성을 바로 가르
칠 수 있단 말이던가?
28 그러니 아무것도 이루어질 수 없으며
아무것도 행해지는 것이 없다 함이니
라.
29 사랑하는 나의 아들아, 나의 법전을
일찍이 깨우친 너를 따르는 제자들이
요, 만백성은 다 지도자임을 잊지 말
라 그리 이르라.
30 알지 못하는 자가 먼저 듣고 깨우쳐
그들을 지도하고 가르칠 수 있는 것이
지도자이니, 지도자에게 그리 전하라.
31 네 가족에게 한 점의 부끄러움이 없으
며, 너의 가장 가까운 사람에게 부끄
러움이 없으며, 가장 가까운 사람을
속이는 기만하는 행위를 하지 말라.
32 그것이 거짓말하는 것보다도 더 무서
우며, 남을 살인하는 것보다도 더 무
서운 죄라 그리 전하라.
33 그리하여 저 자신을 속이지 말며 나
여호와를 속이려 하는 어리석은 자가
되지 말라 그를 엄히 전하라.
34 그와 같은 자만이 하늘에 오를 수 있
으며, 감히 통과할 수 없는 바늘구멍
보다도 더 작고 작은 관문을 너희가
통과할 수 있는 것이라 그리 전하라,
사랑하는 나의 아들아!
35 이제 그들이 갈 수 있으며 그들이 행
할 수 있을 것이니라.

6,149 번째 하나님 말씀

2003년 5월 13일 11시 45분

1 사랑하는 나의 아들아!

2 "네, 아버님! 말씀하옵소서."
3 내가 너에게 깨우쳐 전하기를 뭐라 말
하였느냐?
4 네가 뭐라 말해도 내가 너는 계주를
하는 그와 같은 자라 그리 말하였느니
라.
5 모든 만백성이 바라보는 그와 같은
너희가 대표급으로 나와 달리기의 선
수로서 계주를 하는 자라 그리 내가
너에게 말하였음이니라.
6 모세가 그 배턴을 가지고 뛰기 시작
하였으며 그리하여 그 모세는 나의 아
들 예수에게 그 배턴을 넘겼으며,
7 그리고 나의 아들 예수는 지금 나의
아들 너에게 배턴을 넘겼음이니,
8 내가 너에게 지금 내리는 나의 성경이
요, 나의 법전은 나 여호와가 같이한
다 하지 아니하였던가?
9 어찌하여 네가 네 입으로 그와 같이
나약한 소리를 하며 너 자신이 그와
같이 쓰러지는 소리를 하며 혈기가 없
는 그와 같은 말을 할 수 있다고 생각
하는가?
10 네가 달리는 그 계주에 시합하는 자
요, 네가 마지막 주자라 그리하였음이
니라.
11 모세가 배턴을 받아서 처음에 출발할
때 그가 제일 앞에 달리지 못한다 해
도 그는 다음 주자가 조금 더 뛰어서
앞에 갈 수 있는 그 희망이라도 있고
기대함이 있을 것이니라.
12 두 번째의 주자는 또한 어떠하겠는가?
13 그가 조금 뒤처지더라도 마지막 주자
인 네가 승리의 테이프를 끊어 줄 것
이라는 기대가 있고 희망이 있고 여
유가 있음이니라.
14 그러나 마지막 주자인 너는 과연 어떠
하던가?
15 누구를 기대할 수도 없으며 누구를
바랄 수도 없으며 너에게 배턴을 받
아 달려갈 자가 없음이니라.
16 그러니 네가 넘어지며 네가 낙오자가
되면 너는 결국 우승자가 될 수 없으
며 패자가 되는 것이니라.
17 지금 모든 피조물 만백성을 이끌며 너
의 제자들, 또한 나의 법전을 읽은 백
성, 그 모두를 하늘에 구원하며 그 길
을 역사하려는 것을,
18 네가 중도에서 넘어지는 자요, 쓰러지
는 자요, 패자로서 그들이 구원의 길
을 보지 못하도록 네가 정녕 그 길을
가고자 하는가?
19 너는 비록 지금 나의 법전을 받아 기
록하여 역사하지 못하며 기적을 이루
지 못한다 하여도 너는 마지막 주자임
을 알라.
20 너는 너를 대신하여 앞에서 받아 줄
자도 없으며 뛰어 줄 자도 없으며 네
가 이루는 그 결과에 따라서 모두를
역사하며 그 답은 거기에 있느니라.
21 마지막 주자가 끝까지 죽을 힘을 다하
여 네가 영광의 그 테이프를 끊으면
우승자가 될 것이며, 그렇지 못하면
네가 뒤에서 배턴을 가지고 뛰어온 모
든 선수까지도 패자로 만드는 것이니,
22 네가 얼마나 막중하고 어렵고 힘든
것인가를 과연 알겠는가?
23 모세는 앞에 있는 예수가 받을 수 있
는 자리가 있기에 그는 여유가 있었으
며 생각할 수 있었음이니, 그가 천 가

지 중에서 999를 노력해도 하나의 0.1
퍼센트의 기대함이 있었음이니라.
24 중간에서 받아 달리는 나의 아들 예수
는 또한 어떠하였던가?
25 그도 999의 노력에 0.1퍼센트의 마음
의 여유가 있었음이니,
26 그러나 마지막 주자인 너는 천이라는
그 숫자의 0.01 퍼센트도 기대할 수
없는 것이 너이니,
27 모세의 시련과 고통이요, 예수의 시련
과 그 고통보다도 더 어렵고 힘든 길
을 가는 것이 너이니, 네가 선택된 자
임을 알라.
28 그리하여 네가 그 모든 역경을 죽을
힘을 다하여 우승 테이프를 끊을 수
있는 자이기에 네가 선택되었음이니,
29 네가 마지막 우승을 하였을 때 그 영
광은 과연 누가 차지하는가?
30 출발한 자의 영광도 있으며 중간에 받
아 달린 자의 영광도 있으나, 그 영광
또한 네가 가장 많이 받게 됨이며, 모
든 사람이 마지막 주자를 헹가래를
쳐 주며 축하해 주지 않던가?
31 그와 같은 역사와 같음이니라.
32 그러니 네가 그들보다도 더 어렵고 힘
든 오늘의 삶을 견디고 이겨야 할 것
을,
33 그들의 백 분의 일, 천 분의 일도 노력
하지 아니하며, 그 고통과 시련을 견
디지 못하면서 네가 넋두리를 하고
있으며, 너 자신이 손을 놓고 있으며,
34 네가 슬기로운 용기와 희망을 버리는
그와 같은 행위를 해서 과연 우승을
할 수 있다고 생각하는가?
35 그와 같은 생각을 하는 순간에 너는
좌절이요, 너는 패자요, 너는 낙오자
가 될 것이며,
36 너 하나 낙오자가 되는 것이 아니라,
만백성이 바라보는 그 속에서 그를 응
원하던 모든 자가 다 지옥 불로 가며
구원을 받지 못한다는 것을 알아야 할
것이니라.
37 내가 계주의 그 깊은 의미를 처음에
너에게 깨우쳐 주었음이 여기에 있음
이니라.
38 마지막 주자는 한 치도 생각할 수 없
음이니라.
39 오로지 앞에 보이는 그 우승의 테이프
를 끊는 영광을 위하여 죽을힘을 다하
여 뛰어야 하니,
40 출발자보다도 중간에 받아 뛰는 자보
다도 더 최선을 다하며 최선의 노력
을 다해야 할 것이며, 사력을 다하여
네가 우승의 테이프를 끊는 것이니,
너는 낙오자가 되지 말라.
41 네가 낙오자가 되었을 때 나의 피조물
만백성이 다 낙오자가 된다는 것을,
42 너는 예수의 고통과 시련보다도, 모세
의 시련과 고통보다도, 욥의 시련과
고통보다도, 노아의 방주의 시련과 고
통보다도, 구약과 신약성서에 기록되
어 있는 그 모든 고통, 성막에 들어가
살아나오지 못하는 자, 너희의 사랑하
는 자식을 바치라 하여 자기 아들을
바쳤던 그와 같은 역사의 고통,
43 그 모든 것도 네가 지금 가야 할 마지
막 뛰어야 하는 주자의 고통만큼은 못
함을 알아야 할 것을,
44 네가 그들 누구보다도 더한 역사를 하
는 것이 있으며 네가 그보다 어렵고

힘든 고통을 겪고 겪는 것이 있는가?
45 제 자식을 바치라는 아브라함만큼 네가 고통의 시련을 겪었고 네가 그 믿음을 그리 갔는가?
46 방주를 만드는 노아가 미친 자라 소리를 듣는 만큼 네가 그와 같은 인내함이 있었는가?
47 모세가 광야를 이끌며 그를 시시비비하며 그를 욕하며 광란의 짓을 하는 그 고통 속에 있는 백성을 시내산에 와 기도하여 내가 친필로 내리는 십계명을 받기 위한 그 기도의 정성을 네가 들였는가?
48 예수가 목숨을 바쳐 너희를 구원하고자 했던 그만큼 고통과 시련을 네가 겪었는가?
49 그 모든 고통과 시련이 마지막 주자인 네가 넘어야 할 그 길만 못한 것이거늘,
50 과연 네가 그들만큼도 못하면서 어찌하여 영광의 테이프를 끊기를 바라며 네가 영광의 월계관을 쓰기를 바란단 말이던가?
51 감히 네가 그리하고도 나의 아들이요, 만백성을 구하는 종교 지도자요, 나로부터 선택된 자요, 나로부터 명받은 목자라 말하겠는가?
52 네가 정녕 그리 갈 수 없다면 내가 너를 버려 낙오자로 만들 것이며 너를 버릴 것이니라.
53 그러니 네가 그들보다 더한 고통과 시련을 겪었다 하면, 네가 여기서 좌절하며 네가 그와 같은 말을 해도 될 것이니라.
54 그러나 마지막 주자라는 것을 명심하라.
55 네가 마지막 주자이기에 너는 영광의 테이프를 끊어야 하며 영광의 월계관을 써야 할 것이니, 그리 알며 네가 좌절하지 말며 슬기로운 네 지혜와 노력을 다하라.
56 스스로 쓰러지지 말며 스스로 포기하는 삶을 살지 말라.
57 그를 내가 용서치 아니할 것이니 그리 알라.

6,150 번째 하나님 말씀

2003년 5월 13일 11시 49분

1 사랑하는 나의 아들아!
2 "네, 아버님! 말씀하옵소서."
3 나의 피조물 만백성이 가장 큰 소원이요, 소망이 무엇이더냐?
4 너희가 사후의 세상에 와 구원을 받으며 나에게 오르는 것이 가장 큰 희망이요, 소망이 아니던가?
5 그 길 외에 무엇이 있다 말하던가?
6 그러나 지금 모든 나의 피조물 만백성을 가르치는 종교 집단이요, 지도자요, 구원을 받았다는 백성, 그들이 가고 있는 것이 무엇이더냐?
7 이 세상이 무너지고 이 세상이 깨져 존재하지 않는 한 나의 성서요, 나의 가르침은 존재한다 그리 말하며, 일점, 일 획도 고쳐서는 아니 되며 마음대로 써서도 아니 되며 마음대로 해석해도 아니 된다는 것이 너희이니라.
8 그리하여 하늘에 오르는 길이라 하며 지금의 종교 집단의 지도자들은 무어라 말하는가?

9 나의 아들이 이 세상에 온 것은 무엇
이더냐?
10 율법을 완벽하고 완전히 실행하며 완
벽하게 실천하고자 나의 아들 예수가
세상에 왔음이니,
11 율법을 지키며 나의 십계명을 지키며
그를 완성하기 위하여 내가 나의 백성
에게 보냈던 것이 나의 아들을 보냄이
니라.
12 너희는 말을 듣지 아니하였는가?
13 가진 자가 그 세를 거두려고 종을 보
냈을 때 그 종을 살해했으며, 그리하
여 그 아들을 보냈으니 그 아들을 또
죽였으며, 그리하여 직접 주인이 가는
그와 같은 예를 듣지 아니하였던가?
14 내가 나의 아들 예수를 보낸 것은 율
법을 지키어 그를 완성하기 위하여 보
냈다 내가 그리하였거늘, 지금 종교
지도자들은 뭐라 말하느냐?
15 율법은 이미 폐지되었으며 폐지하였
기에 새로운 시대요, 예수의 가르침만
을 보고 가면 된다 너희가 그리 말하
고 있지 않은가?
16 그러니 그와 같은 백성 속에, 그 무리
속에 휩싸이지 아니하고 그 무리 속에
와 기도하고 경배하며 무엇을 얻고자
가지 아니하는 것만 해도 나에게 받은
그 은혜와 영광을 무엇으로써 보답할
수 있단 말이던가?
17 모두는 말하느니라.
18 너희는 성서는 한 획도 고칠 수 없다
고 말했으며 나는 나의 아들 예수를
통하여 너희에게 전하였느니라.
19 내가 나의 아들을 세상에 내려보내는
것은 나의 율법이요, 나의 십계명을
완성하기 위하여, 완벽하게 강조하여
지키기 위하여 나의 아들을 보냈다 하
여 성서에 기록한 대목을 읽고 깨우친
종교 집단이요, 지도자 너희가 돌아서
서 무어라 말하느냐?
20 구약은 폐기되었으며 십계명은 지킬
수 없으며, 오로지 신약의 시대에 예
수의 가르침만을 가지고 나의 아들을
'주여, 주여!' 부르기만 하면 구원을
받는다 그리 말하니,
21 일 점, 일 획도 고치지 말고 고쳐서는
안 된다 말하는 너희가 그리 가르침
이니,
22 너희가 지금 그와 같은 자들 밑에 가
서 구원을 받고자 재물을 바치며 기도
하며 얽매여 매달리는 그와 같은 지옥
을 가는 길에서 뒤로 돌아선 것만 해
도 너희는 나에게 갚을 길이 없으며
은혜를 다할 길이 없는 것을, 정녕 한
획도 고쳐서는 안 된다 그리 말하며,
23 내가 직접 가르치기를 나의 아들 예수
를 보낸 것은 십계명이요, 나의 율법
을 완성하고자 보냈거늘, 그는 폐기된
것이라 가르치는 그 종교 집단이요,
지도자 속에 너희가 가,
24 영원히 사는 나의 하늘나라에 오르지
못하며, 영원히 죽음의 지옥에서 허덕
이는 그 길을 너희가 가고자 하거든,
25 내 앞에 고통을 하소연하며 눈물을 흘
리며 너희가 오늘의 그 시련을 고통
스럽다 그리 말하라.
26 과연 무엇이 고통이며 무엇이 너희가
시련이던가?
27 너희는 종말은 없다고 내가 말하였느
니라.

28 너희가 죽어 와 나에게 심판을 받고
못 받는 것이 종말이라 하였거늘,
29 어찌하여 너희가 그리 나약하며 그리
힘이 없으며 그리 용기가 없으며 그리
자신이 없단 말이던가?
30 나 여호와는 너희와 같이한다 하였음
을 잊지 말라.

6,151 번째 하나님 말씀

2003년 5월 14일 06시 26분

1 사랑하는 나의 아들아!
2 "네, 아버님! 말씀하옵소서."
3 사람이 목적지까지 가야 하며 그 임무
를 수행할 길이 있음이니,
4 그 목적지에 도달해야 하며 그 목적지
에 가 그 임무를 수행하는 책임을 진
사람이 가는 길이 힘들고 어렵다 하여
중단하고 또 쉬고 또 쉰다 하면, 과연
그는 그 길을 피할 수가 있는 것인가?
5 정녕 그 길을 피할 수는 없는 것이니
라.
6 스스로 어떠한 역경과 고통이 있다 해
도 그가 갈 길을 가야 하는 것만이 그
가 목적지에 도달할 수 있는 길임을
너는 알아야 할 것이니라.
7 네가 아무리 힘들고 어렵다 하여도,
네가 아무리 고통스럽다 하여도, 네가
그를 피해 가고자 중단하고자 한다 해
서 네가 갈 길을 중단할 수 있으며 피
해 갈 수만 있다 하면, 내가 너에게 더
이상 말을 하지 아니하겠느니라.
8 그러나 너는 어떠한 역경에도, 어떠한
형편이라 하여도 네가 가야 할 길을
중단할 수 없으며, 네가 가지 아니하
고는 그 누구도 갈 수 없음이니라.
9 오로지 너만이 가는 길이며 너는 꼭
가야 하는 길이거늘, 어찌하여 네가
그와 같은 것을 모르며,
10 네가 그리 태만하게 가고자 하며, 안
일하게 가고자 하며, 네가 정신을 차
리지 못하는 형태에서 흘러가는 세월
속에 네가 맡기듯이 그와 같은 형국으
로 네가 흘러가고자 하는가?
11 과연 네가 지금 나를 위해 경배하며
기도하며 나의 법전을 세상에 만들어
내는 그 역사함에 있어서 네가 얼마만
큼 박차를 가하고 있는가?
12 어찌하여 네가 그저 흘러가는 세월 속
에, 기도하고 싶으면 기도하고, 그렇
지 아니하면 나의 음성을 들으려 하지
아니하며, 나의 명을 따르려 하지 아
니하며,
13 네가 어찌하여 그와 같은 태만한 일상
생활을 가고자 하는가?
14 그렇다고 해서 네가 160권의 법전이
세상에 결국 나올 수 있을 것 같은가?
15 그는 결국 나오지 못하며 시간만 걸리
며 나의 피조물 만백성을 구원하는 그
와 같은 역사만 늦어짐이니라.
16 네가 노력하지 아니하며 나로부터 성
령을 받지 아니하면 160권은 나올 수
가 없으며, 나의 법전은 한 권 한 권이
세상에 전해질 수가 없음이니라.
17 네가 어찌하여 그리 태만하며 네가 어
찌 그와 같이 게으른 자로 지금 가고
자 하는가?
18 네가 육의 생활이 고달프고 어려우며
네 제자들의 생활이 어렵고 힘들다 하
여 네가 나의 법전을 기록하며 나의

성령을 받아 나의 명에 따라 움직이는
것을 소홀히 한다 하여 너의 제자들이
부귀영화를 누리며 네가 육의 편안한
삶을 살 수 있다 그리 생각하는가?
19 그것과 네가 나의 법전을 받아 기록하
는 것하고는 관계가 없음이니라.
20 네가 태만하고 게을리할수록 너와 너
의 제자들에게 고통과 시련이 더할 것
이요,
21 네가 160권의 법전을 빠른 시간 내에
받아 세상에 전하는 그것만이 너의
제자들과 네가 고통에서 벗어날 수 있
다는 것을 알아야 할 것이니라.
22 네가 이를 받아 기록하지 아니한다 하
여 다른 사람이 할 수 있으며, 네가 하
지 아니한다 해서 이를 네가 하지 아
니하고 중단할 수 있다 생각하는가?
23 너는 이 길을 가야 하며 이 길을 역사
하기 위해 태어난 나의 아들이라 그리
말하였거늘,
24 어찌하여 네 마음이 그리 느슨해지며,
너 자신이 게으르며,
25 특히 기도하며 경배하여 나의 성령을
받아 나의 법전을 세상에 만들어 내는
것을 그리 소홀히 하는가?
26 그리함으로 인하여 나의 피조물 만백
성이 구원의 길의 역사가 늦으며, 이
세상에 나의 법전이 뿌리를 내리는 시
간이 늦어지고 중단됨이니, 너는 너
스스로 알아서 행하도록 그리하라.

6,152 번째 하나님 말씀

2003년 5월 14일 06시 35분

1 사랑하는 나의 아들아!
2 "네, 아버님! 말씀하옵소서."
3 너희는 진정한 믿음의 길이요, 구원의
길을 간다 말하며 너희는 구원을 받
았다 하는 것이 모든 종교 집단이요,
지도자들이 지금 가르치고 있음이니
라.
4 그리하여 너희는 어떠한 믿음을 가고
있는가?
5 너희가 비상구에서 탈출하는 그와 같
은 믿음을 지금 가고 있으며, 비상구
에서 탈출하는 그와 같은 믿음에서 정
녕 벗어나지 못한다 하면, 너희는 나
로부터 선택된 백성이 아님을 알아야
할 것이니라.
6 너희는 나 여호와를 위한 행함이요,
나를 위해 달려오는 믿음이요, 그저
내가 존재함이라는 것을 너희가 믿고
자 하는 것이며,
7 그리고 내가 너희에게 모두를 다 역사
해 주는 믿음이요, 그리고 나로부터
너희는 모든 죄를 사한 자라 그리 생
각하는 믿음으로 가고 있음이니라.
8 그리하여 예수를 찾기만 하면, 나의
아들 예수를 구세주라 그저 말하고 부
르기만 하면 너희는 구원을 받는다
그리 말하고 있음이니,
9 너희가 바로 인간 세상에 살아나가 어
떠한 집단들이 정문이 막혔을 때 비상
구로 탈출할 수 있는 비상구로 보고
있는 그와 같은 믿음의 형국으로 지금
가고 있는 것임을 잊어서는 아니 될
것이니라.
10 지금의 모든 종교 집단이요, 지도자
요, 백성은 비상구로 탈출하기 위한
믿음에서 벗어나지 못하고 있다는 그

엄연한 사실을 이제 너희가 깨우쳐야
할 것이니라.
11 너희가 항상 인간의 향락이요, 즐거움
이요, 육의 향락을 위한 그와 같은 삶
을 살다가, 너희가 또한 집단에서 즐
기고 또 그 향락 속에 빠져 있다가 불
의의 사고가 발생하니,
12 탈출할 수 있는 그 비상구로 보아 두
고 있으며 그 비상구를 믿고 있으며,
13 그리하여 너희가 어떠한 집단 속에
불의의 사고가 난다 해도 비상구로 탈
출할 것이라는 그와 같은 생각을 하고
서 그 향락을 즐기는 것이 나의 백성
이 아니던가?
14 그러나 너희가 그를 바라보는 것처럼
지금의 믿음이 또한 그와 같은 믿음을
가고 있다는 것을 내가 너희에게 깨
우쳐 주고자 함이니라.
15 너희가 그저 되는 대로 살다가 그저
죽기 전에, 그리고 위급할 때 어느 한
시점에 나 여호와를 찾으며 나를 믿으
면 구원받을 것이라는 그와 같은 생각
을 하는 자들, 그리고 모든 믿음의 길
을 가고 있는 그들도 진정한 나 여호
와의 뜻이요, 참진리를 연구하고 깨우
치는 것이 아니라,
16 그저 비상구로 탈출할 수 있는 기회를
잡고자 하는 것이며 비상구로 탈출할
수 있다는 그와 같은 생각만을 가지고
있는 지금의 믿음의 형국이니라.
17 여기에서 벗어나지 아니하면 너희는
정녕 구원을 받을 수 없음이니라.
18 그 비상구와 같은 비상구를 바라보는
것, 비상구로써 유사시에 탈출할 수
있다는 생각을 하는 것, 그와 같은 믿
음의 형태로써는 너희가 나에게 올
수 없으며,
19 지금 너희가 가는 그 믿음이 비상구
로 탈출하기 위한 오로지 그 매달림의
믿음이라는 것을 내가 나의 아들을 통
하여 나의 법전에 그리 기록함이니,
이 뜻을 너희가 깊이 깨우쳐 행해야
함을 잊어서는 아니 될 것이니라.
20 내가 너희에게 그와 같은 이치를 깨우
쳐 주는 길이 있음이니라.
21 너희가 아무리 믿음이요, 하늘에 오르
는 길이라 하여도, 그저 나 여호와를
믿으며 나의 아들 예수를 '주여, 주
여!' 찾기만 하면 구원을 받는다 생각
하며,
22 나는 또한 부르는 대로 너희에게 축복
과 영광만을 내려 주며, 너희는 나를
믿으며 나의 아들을 찾음으로써 영광
된 그 길만이 남아 있다 그리 착각하
는 것이니라.
23 그것이 비상구를 바라보며 비상구로
써 탈출할 수 있다고 생각하는 그와
같은 어리석은 믿음을 가고 있는 것이
너희이니라.
24 너희가 정녕 나에게 오르고자 하며 나
에게 다가오고자 하며 너희가 하나를
깨달으며 둘을 깨닫는 것만큼 나에게
한 발짝 한 발짝 다가올수록 너희는
축복과 영광이요, 편안한 길이 있는
것이 아니요,
25 오를 수 없는 위험한 길과 험악한 길
과 더 힘들고 어려운 고통과 시련이
너희 앞에 기다리고 있다는 것을 알
아야 할 것이니라.
26 한 발짝 나에게 다가옴으로 인하여 너

희는 그 시련과 고통이요, 그 위험이
더하며, 너희가 깨달으면 깨달을수록
위험은 더 도사리고 있으며,
27 무너질 수 있는 것은 더 비중이 큰 그
와 같은 것이 나에게 오는 백성의 고
통과 시련이라는 것을 잊지 말라.
28 그러니 너희가 오면 올수록 더 큰 고
통이요, 더 큰 시련이요, 더 잘못됨을
바라보게 됨이니,
29 너희가 깨달으면 깨달을수록 길은 좁
아지며 고통스러우며 힘들고 어려운
길을 가는 것이며,
30 너희가 나에게 오르고자 하는 길은 좁
고 또 좁아 험악하고 또 험악해짐이니
라.
31 경지에 오르는 만큼, 깨달은 만큼 너
희가 나에게 오르는 길은 험악하고 위
험하며, 그 모든 위험이 너희를 유혹
하고 있으며 도사리고 있음이니, 좁고
도 험난한 길을 오는 것이 나에게 오
르는 길이거늘,
32 어찌하여 너희가 그저 대충 살다 유
사시에 튀어나올 수 있는 비상구를 보
고 비상구로 탈출하는 그와 같은 환상
의 그림을 그리며 그 믿음을 가고 있
는가?
33 거기에서 벗어나고 깨어나야 함을 알
아야 할 것이니라.

6,153 번째 하나님 말씀

2003년 5월 14일 06시 52분

1 사랑하는 나의 아들아!
2 "네, 아버님! 말씀하옵소서."
3 지금의 모든 종교 집단이요, 지도자들
은 나의 뜻에 의함이 아니요, 나의 뜻
을 행함이 아니요,
4 나에게 오르고자 하는 그와 같은 가르
침이요, 그 길을 가고 있는 것이 아니
라 하면, 그들은 정녕 무어라 말하겠
는가?
5 그러나 그 많은 세월 동안에 많은 종
교 집단이요, 지도자요, 만백성이 구
원의 길을 달려오는 것이 아니요, 나
와는 전혀 관계도 없는 길을 달려오고
있다 함을 너는 알아야 할 것이니라.
6 그들은 어찌하여 나의 피조물 만백성
을 하늘에 오르는 길로 인도한다 하며
지금까지 믿음이라는 그 집단이 흘러
온 그 속사정의 흐름이 어찌 되었는지
알겠느냐?
7 나의 구약이요, 나의 신약이요, 나의
율법이요, 나의 계명이요, 그를 따라
그들이 충실히 지키고 그 길을 위해서
온 것이 아니니라.
8 그들은 그 길을 오기가 너무나 힘들고
어렵기에 지금 저희 생각과 저희 방식
으로써 믿음이라는 그 길을 가고 있으
며,
9 나의 피조물 만백성을 구원한다는 그
방법이 내 뜻이 아니라 저희의 방식
대로 이끌어 가는 것이 이 세상에 지
금 모든 믿음을 가고 있는 백성이니
라.
10 그들은 목소리를 크게 내며 이 세상
모든 것에 대하여 그저 지배할 수 있
다고 생각하는 자들이니라.
11 그리고 많은 신도요, 많은 집단이요,
궁궐과 같이 짓는 그 성전의 힘만이
그들은 나의 피조물 만백성을 통제할

수 있으며 이끄는 길이라 그리 생각하
느니,
12 그것에서부터 그들이 잘못되었음을
너희는 알아야 할 것이니라.
13 그들은 그 목소리를 듣지 아니하는
자, 그리고 저희의 성전에 와 재물을
바치지 아니하는 자,
14 그 모두는 저희가 한 형제요, 나로부
터 생명을 받아 나간 귀한 저희의 형
제라는 생각을 하기 전에, 그들의 생
명이 소중하다는 것을 생각하기 전에
그저,
15 저희 집단을 불리며, 저희 집단을 방
대한 조직으로 이끌어 나가며, 그저
목소리만 높이고 그저 목소리만 크면
이 세상을 지배할 수 있다 하며, 숫자
만 많으면 이 세상을 지배할 수 있다
고 생각하는 것이 그들이니,
16 인간의 생각이요, 인간의 지배를 벗어
나지 못한 그들의 행동이 아니더냐?
17 믿음이란 그리 가는 것이 아님이니라.
18 내가 한 사람의 의인이 있을 때 이 세
상을 바꾸지 아니한다 하였으니, 그
의인을 육성하는 데 종교 집단은 최선
을 다해야 될 것이니라.
19 저희가 위대한 성전이요, 궁궐 같은
성전을 짓는 것이요, 많은 나의 백성
을 집단으로 긁어모으는 것이요, 그리
하여 그 목소리를 크게 냄으로 인하여
저희가 제왕인 것처럼 생각하며 그것
이 저희의 믿음의 길이라 생각하니,
20 그것은 인간 집단 너희가 행하는 행
위가 아니던가?
21 그리하여 제가 가는 길이 아니며, 저
와 같이 가는 길이 아니며,
22 저와 더불어 가지 않는 모든 집단은
다 트집을 잡으며 그를 부정적으로 보
며 그를 사악한 집단이라 그리 말하며,
23 모두가 다 저희와 관계없는 것은 이
세상에 존재할 수 없는 것이라는 그와
같은 부정적인 마음을 가지고 그들이
존재하고 살아감이니,
24 그리하여 제 뜻과 같지 않은 자, 저와
같이 아니한 자, 그들에게 항상 공격
의 화살을 퍼붓고 있는 것이 지금의
종교 집단이요,
25 그 앞에서 일하는 지도자들이요, 그리
고 믿음을 가고 사랑을 베푼다는 신도
들이 가고 있는 그와 같은 행위이니,
26 이 세상 모두가 저희와 같지 아니한
다면, 그들은 모두를 훼방을 놓으며,
그 뿌리를 내리지 못하도록 하며,
27 그리고 저희를 따르는 불평불만이 많
은 신도를 저희가 더 이상 다스리고
이끌어 갈 수 없는 그와 같은 위험한
상태에 있을 때, 상대를 공격 목표로
삼아 불평과 불만의 그 신도들의 마음
을 그쪽으로 화살을 돌리도록 하여 저
희가 그것을 견디고 나가는 것이 지금
의 너희의 수법이 아니던가?
28 뿌리째 흔들리게 되며 저희가 흔들릴
때는 반드시 다른 목표와 다른 집단을
공격하는 그와 같은 기회를 만듦이니,
29 저희에게 불평불만을 가지고 있는 그
신도들의 화살을 그리 돌리도록 하여
흔들리는 뿌리를 모면해 가는 그와 같
은 사악한 방법으로써 지금까지 이끌
어 온 것이 모든 종교 집단의 지도자
들이니라.
30 그와 같은 속에서 소리를 내어 울지도

못하며 그와 같은 지금의 모든 종교
집단의 가는 그 모습을 보고 가슴 아
파 그를 구하고자 하는 나의 뜻을 네
가 알고 있으나,
31 그가 이루어지지 아니하며 그가 쉽게
실천되지 아니하며 고통과 시련만이
너에게 엄습하며, 네가 생각하는 편안
한 그 속에서 나의 뜻이 역사하지 아
니함이니,
32 네가 나의 뜻인 참진리로 만백성을 구
하고자 하여 그들에게 생명수를 부어
주고자 하나, 그를 받지 아니하려는
자, 그를 보지 아니하려는 자들을 보
며 네가 소리 내어 울지도 못하는 나
의 아들 너의 그 아픈 마음을 내가 알
고 있느니라.
33 네가 나 여호와를 원망함을 나는 또
알고 있느니라.
34 네가 나에게 원하고자 하며 기도를 드
리고자 하는 그 내용이요, 나에게 하
소연하고자 하는 네 마음을 나는 알고
있느니라.
35 이 세상이 너무나도 험악하고 나의 피
조물 만백성이 잘못 가기에, 그들을
구원할 수도 없으며 그들을 이룰 수
없는 네 역부족에 대한 그 아픈 마음
을 네가 소리 내어 울지 못하며, 소리
없이 그저 네가 눈물로써 기도하며 그
를 이루고자 몸부림치는 것을 나 여호
와는 아느니라.
36 그리하여 너는 나에게 원망의 기도를
하느니라.
37 어찌하여 너를 아들이라 명하였으며,
만백성을 이끄는 목자라 명하였으며,
그리고 법전을 만들어 만백성에게 전
하며 하얀 눈이 세상을 덮듯이 나의
법전으로 덮으라 그리 말하기만 하며,
38 너의 고통과 그와 같은 어렵고 힘듦은
덜어 주지 아니하며 네가 편안하게 갈
수 있는 그 역사를 이루지 아니하여
네가 어찌하여 그 모든 시련 속에서
너를 살아가도록 하며,
39 너에게 그 시련 속에서 역사하라 하는
것을 나 여호와를 원망하며 나 여호와
에게 네가 그와 같은 반문을 하고자
하여 네가 나에게 그 아픈 속을 전하
고자 하는 네 심정을 나는 알고 있음
이니라.
40 그리고 네가 기도하고자 하는 마음도
알고 있음이니라.
41 너에게 무거운 짐만을 지게 하며 너에
게 고통의 시련만 연속하며, 그러면서
나의 법전을 만들어 만백성에게 전하
라, 그것이 네가 가야 할 길이요, 너의
제자들이 가야 할 길이라 하니,
42 짐이 무거워 지친 나귀처럼 지쳐 가는
너희의 그 모습에서 네가 나에게 원망
의 기도를 드리고자 하는 것을 나는
알고 있느니라.
43 모세 또한 그와 같은 원망의 기도를
드렸으며, 모든 종교 집단이요, 나의
아들 예수도 그와 같은 시련에 원망의
기도를 드리고자 하였으며 그들은 그
를 하소연했음이니라.
44 그러나 그들은 그들의 소임을 다했음
을 알아야 할 것이니라.
45 너 자신이 변하라. 너의 제자들이 먼
저 변하라.
46 너희가 변하는 것만이 구원의 길이요,
모든 역사를 하는 길이니, 너도 변하

고 너의 제자들도 변하라 그리 말하
는 그와 같은 명만 내리는 나 여호와
가 원망스럽고,
47 너에게 고통스러운 과제만을 내리면
서 바로 서라, 바로 가라 하는 그 명령
에 네가 얼마나 지금 견디기 어렵고
힘든가를 나 여호와는 알고 있으며,
48 이를 포기하며 이를 더 이상 끌고 가
지 아니할 수 있으며, 이 대명을 남에
게 넘겨주기를 네가 바라며,
49 너는 그저 인간으로서 아름다운 삶을
살며, 네가 죄짓지 않고 살 수 있는 평
범한 인간으로 돌아가고자 하는 네
그 욕심의 마음을 나는 알고 있음이
니라.
50 내가 모두를 다 알고 있음이니라.
51 과연 내가 너에게 변하라 하며 너의
제자들에게 변하라 하는 것이 과연
너희가 얼마나 변화될 수 있으며 너희
가 변화된 삶을 살고 있는가?
52 어찌하여 너희는 그와 같이 변화되며
너희가 나의 뜻에 따라 순종하는 완벽
한 백성의 길을 가기 전에 너희는 어
찌하여 내가 내린 그 명이 가혹하다
하며 어렵고 힘들다 하는가?
53 너희가 이 세상에 태어난 그 생명의
은인이 누구며 너희가 존재할 수 있
도록 한 것이 누구던가?
54 나 여호와가 너희를 이 세상에 존재
하게 했으며 내가 너희에게 생명을
주었음이니, 생명을 준 자요, 창조주
나 여호와가 나의 뜻에 따라 너희가
살고 지키라는 것이 그리도 힘들고 어
렵단 말이던가?
55 그 누구도 가야 할 길이며 그 누구도
역사할 길이기에 이는 바꿀 수도 없으
며 돌릴 수도 없음이니, 너희의 마음
의 결정에 달렸음이니라.
56 네가 눈물의 기도를 하고자 하며 하소
연하고자 하는 나를 원망하고자 하는
것을 알고 있음이니라.
57 그러나 내가 그를 들어주지 아니할 것
이며 그를 네가 기도한다 해도 듣지
아니함을 알라.
58 모두는 다 가슴에 안고 너희가 이 세
상에 부모가 자식을 사랑하는 만큼 너
희를 미워하는 자, 너희를 공격하는
자, 너희를 핍박하는 자, 그 모두를 부
모가 자식을 가슴에 안듯이 그 모두를
가슴에 안고 사랑하는 마음으로 세상
을 살아가라 하는 나의 그 명령이 지
킬 수 없으며 견딜 수 없는 것이라 내
가 알고 있음이니라.
59 그러니 너희가 유사시에 제 자식을 버
리고 남의 자식을 둘러업고 나와 그
위기에서 한 사람의 생명을 구할 때,
네 자식보다도 남의 자식을 구할 수
있는 그와 같은 훈련에 훈련을 거듭하
여,
60 너희 의식 속에서 네 자식을 버리고
남의 자식을 둘러업고 나올 수 있는
그와 같은 변화의 역사를 이루라 하는
것, 그보다도 더한 마음으로 이 세상
에 나의 피조물 만백성을 안고 가라
하는 것이니,
61 그 불평불만의 마음을 내가 알고 있느
니라.
62 인간으로는 갈 수 없다고 생각하며
인간으로서 그리 이룰 수 없다 생각하
는 것이니라.

63 그러나 너희는 그와 같은 불평불만을
하기 전에, 모든 생명의 역사는 나로
부터 받아 나갔음이니, 너희는 내가
원하는 길을 갈 수 있음을 알라.
64 너희 자신을 버리며 너희 자신이 없을
때 너희 자신이 존재하지 아니한다 생
각할 때 그 모두는 갈 수 있음이니라.
65 내가 너희에게 이루지 못하는 것을 가
라 함이 아니요, 너희가 역사하지 못
함을 가라 함이 아니니라.
66 그러니 네 마음 자세를 다스려야 할
것이며, 네가 나에게 원망하는 기도를
드리고자 하는 생각을 버려야 할 것이
며,
67 그 생각을 가지고 있는 한 너희는 무
엇이더냐?
68 나의 계명대로 지킬 수 없기에 죄를
짓고 용서를 빌면 된다는 그 백성보다
도 더 잘못된 백성이라는 그 무서운
사실을 알아야 할 것이니라.
69 네가 기도하고자 함을 아느니라.
70 너의 제자들의 생활이 어렵고 힘드니
그들만이라도 풍요로운 삶에서 살아
갈 수 있도록, 그들이 인간 세상의 삶
을 남들처럼 부족함이 없이 살아갈 수
있도록 너는 그리 기도를 드리고자 함
이니라.
71 어찌하여 그와 같은 것도 내리지 아니
하며, 그와 같은 모두를 너 자신이 다
가슴에 안고 네가 가야 하며, 어찌 그
들을 보살펴 가야 하며 그들의 고통
을 바라보며 가야 하는가 하는 것을
네 아픈 마음에 울고 있는 것을 알고
있음이니라.
72 그러나 네가 울고 있는 마음의 고통이
있다 하면 너는 바로 내가 내리는 모
든 계명대로, 나의 법전대로 살아갈
수 있도록 너 자신이 먼저 변하는 길
이 네가 그 고통에서 덜어 주는 길이
라는 것을 내가 수십 번 너에게 기록
하여 전했음이니 너는 그리 알라.
73 네가 지금 네 목숨을 던져 죽음으로
인하여 너의 제자들에게 네가 내 법전
을 이루고자 하는 그 역사가 이루어
질 수 있다면, 너는 너 자신을 죽음으
로 나에게 보답하여 그를 이루고자 하
는 것을 내가 알고 있으며,
74 네가 그와 같은 역사를 할 수 있는 길
이 있다면 너 자신을 던지고자 하는
것을 알고 있음이니라.
75 너 자신을 던져 너의 제자들을 구원
하며 너의 제자들이 부귀와 영화 속
에 살아가며 나의 법전을 전하며 나의
법전이 세상에 하얀 눈이 내려 덮듯이
그와 같이 덮는 역사를 바란다면 너를
던지고자 함이니, 네가 목숨을 다하여
그 길을 선택하라.
76 죽기 전에 너희가 죽은 목숨이라 생
각하며 죽음과 맞바꾸는 그와 같은 노
력을 하면 그 모두는 이루어질 것이며
변화할 수 있음을 알아야 할 것이니라.
77 아들아, 이제 주저하지 말라, 그리고
겁먹지 말라, 의기소침하여 네가 낙오
자가 되지 말라.
78 너희는 할 수 있음이니라.
79 인간이 얼마나 무서우며 인간 너희의
마음이 변할 때, 상대방의 고통과 시
련을 생각하지 아니하며 저 자신의 이
해관계에서 너희가 얼마나 무섭게 마
음이 변하며 간사한 마음인가를 알겠

는가?
80 그 마음을 바로잡기 위하여 그 마음을
바로 역사하지 아니하면 나의 백성이
구원을 받을 수 없으며 하늘에 오를
수 없음이니,
81 그를 바로잡아 그를 깨우쳐 주는 것이
너희가 역사함이니, 너희가 존재하여
나의 법전을 만들어 전해 주며 강론하
며 너희가 변해 가는 그 모습을 보고
만백성이 너희를 보고 따라와야 하기
때문이니 너희가 완벽하게 변하는 것
이 우선이니라.
82 너희가 정녕 완벽하게 변했을 때 못
얻을 것이 없으며 이루지 못할 것이
없음이니, 너는 나에게 눈물의 기도를
드리는 생각을 저버리며 그와 같은 원
망의 생각을 저버리며 그 고통의 시련
에서 벗어나고자 발버둥치지 말라.
83 네가 먼저 변하는 길에 최선을 다하라.
84 너의 제자들 또한 변하는 길에 최선을
다하라 간곡히 전하라.
85 이 길밖에 없음을 알라.

6,154 번째 하나님 말씀

2003년 5월 14일 09시 09분

1 사랑하는 나의 아들아!
2 "네, 아버님! 말씀하옵소서."
3 이 세상에 모든 종파라 하며 만백성을
이끈다 하며 그와 같은 자들이 너무나
질서가 없으며, 너무나 제자리를 모르
며 저희 마음대로 우후죽순처럼 그저
종교 집단이요, 종파를 만들어 하늘에
오르는 길이요, 구원하는 길에 만백성
을 인도하는 자라 그리하며,
4 그들이 포악하고 사악한 짓을 한 그
역사가 헤아릴 수도 없이 많으며,
5 거기에 연연하여 백성이 피해당한 자,
귀한 생명까지 잃은 자, 또는 바보 천
치가 된 자, 또는 반신불수가 된 자,
이와 같이 사악한 행위가 너무나도 너
무 많이 흘러온 그 역사이니라.
6 그와 같은 수천 년 동안 흘러온 그 역
사 위에 지금 나의 성령이요, 나의 뜻
이요, 하늘에 오르는 길이라 하여 내
리니,
7 그리하여 지금까지 살아온 자들은 재
물을 거둬들이려고 인간을 인간으로
취급하지 아니하는 모든 집단이요, 너
희가 말하는 사이비라는 것이요, 이단
이라 하는 것들이 수없이 일어나 만백
성을 고통스럽게 이끌어 갔으며 너희
를 혼란케 하였음이니라.
8 그 바탕 위에 지금 나의 법전이요, 나
의 성령은 정녕 그 반대의 길을 가르
치며 그 반대의 길을 가야 한다 하니,
그 또한 너희가 이해하지 못하며 정
신병자의 집단이라 그리 생각할 것이
니라.
9 네가 말하기를, 남들이 너를 때려 네
이가 부러져 피가 나고 아프다 해도
네가 울지 않은 것이 인간이다, 때린
자의 그 아픈 손을 생각해서 울지 아
니하는 것이 인간이 가질 수 있는 마
음이라 그리 말하니,
10 그를 천 명 중에 한 사람이라도 받아
들이는 자가 있으며 그리 행하고자 하
는 자가 있는가?
11 바보 천치요, 정신 나간 자요, 사기꾼
의 집단이라 그리할 것이니라.

12 살아가면서 식사를 대접받은 자가 인
사하는 것이 아니요, 대접한 자가 인
사하는 것이라 하니, 그를 이해할 자
가 없으며 너희를 정신이상자요, 잘못
된 집단이라 그들은 말할 것이니라.
13 전자에는 인간을 인간으로 취급하지
아니하여 너희가 사기 집단이요, 이단
이라 말하였으며,
14 너희는 인간의 소중함을 가르쳐 주며
선이 무엇인가를 전해 주며 인간의 도
리가 무엇인가를 깨우쳐 주고 전함이
니,
15 그를 이해하지 못하며 받아들이지 못
하는 자들이 전에 그들이 당했던 그
사이비라는 종교 집단이요, 잘못된 종
교 집단이요, 수천 년 동안 흘러온 종
교 집단들이 하는 그 만행에 너희도
똑같은 것으로써 평가하며 똑같이 생
각하는 그 마음이 인간의 머리에 지워
지지 아니함이니,
16 너희를 이해하지 못하며 너희를 다스
리지 못하며 너희의 뜻을 따르지 못
하는 것이니,
17 그들이 또한 너희를 변칙적인 단체요,
용서할 수 없는 단체요, 사기 치는 집
단이요, 만백성을 우롱하는 집단이라
그리 말함이니, 이게 지금 현주소임을
알아야 할 것이니라.
18 잘못 가르친 자들, 잘못 인도한 자들,
그리고 재물 앞에 인간의 생명의 존엄
성까지도 말살하는 그와 같은 자들이
있었기에 오늘에 너희가 인간의 존엄
성을 귀하고 소중한 것이라 가르치는
것 또한 그들 귀에 들리지 아니함이
니, 너희의 수고와 노력함이 여기에
있어야 한다는 것이니,
19 그리하여 배로 고생해야 하며 배로
역사해야 하며 배로 수고로움의 길을
가지 아니하면 그들의 마음의 문을 열
수 없는 것이 오늘의 현실임을 알아야
할 것이니라.

6,155 번째 하나님 말씀

2003년 5월 14일 09시 16분

1 사랑하는 나의 아들아!
2 "네, 아버님! 말씀하옵소서."
3 모든 역사함에 있어서 저희만이 위대
한 것이며 저희만을 통하여 모두가
구원을 받는다 그리 말하는 종교 집단
그들이 그 한계에 도달했음을 알아야
할 것이니라.
4 저희가 작은 임무를 맡았다 하면 다
른 사람도 작은 임무에 역사할 수 있
다는 것을 생각지 못함이니라.
5 이제 너희는 알아야 할 것이니라.
6 하늘의 진리요, 하늘의 뜻은 오로지
한 사람을 통하여, 내가 선택한 나의
아들을 통하여 세상에 역사하며 그 모
두를 받아들이며 내가 임한다는 것을
너희는 확실히 알아야 할 것이니라.
7 그중에 각자 임무가 다르며 각자의 책
임이 달라 소소한 작은 임무들을 맡아
행하는 자는 수없이 있을 수 있으나,
8 그러나 대명을 이루는 그 모든 하늘의
뜻이요, 하늘의 역사하고자 하는 것은
오로지 선택된 나의 아들을 통하여 모
두가 역사하고 이루어짐을 알아야 할
것이니라.
9 그와 같은 이치를 깨닫는다면 다른 집

단을 정적으로 보지 않아도 될 것을,
10 너희가 그 마음 하나를 알지 못하기에
지금 모든 집단을 정적으로 보며, 사
탄이요, 이단이라 그리 말을 할 수 있
음이니라.
11 그는 바로 무엇이던가?
12 '나'만이 최고요, '우리'만이 최고라는
그 종교 집단이 마음속에 질투의 뿌리
를 뽑지 못했기 때문이니라.
13 근본의 욕심의 뿌리요, 질투의 뿌리를
뽑지 못한 너희가 어찌하여 종교 지
도자가 될 수 있다고 말하는가?
14 오로지 너희는 그 욕심의 뿌리를 먼
저 뽑고 봐야 할 것이니라.
15 욕심의 뿌리요, 질투의 뿌리를 뽑지
못한 너희는 모든 집단에서 지도자가
되어야 하며 대장이 되어야 하며 인
도자가 되어야 하겠다는 그와 같은 생
각부터 고쳐야 함을 잊어서는 아니
될 것이니라.
16 그와 같은 생각을 하는 자, 그와 같은
마음으로써 그 모두를 제가 대장이어
야 된다는 그러한 행동으로써 이끌고
자 하는 자, 그리 만들어 끌고 가고자
하는 자, 그는 진정한 지도자가 될 수
없는 자이니라.
17 제가 아니면 존재할 수 없으며 제가
아니면 역사할 수 없으며 이 작은 집
단도 저만이 끌고 갈 수 있으며 저만
큼 잘 끌고 갈 수 있는 사람이 없으며,
18 제가 인도하는 것만이 하늘에 오르는
길이요, 저보다 더 정확하게 하늘에
오르는 길을 인도하는 종교 집단이 없
다 그리 착각하는 자들,
19 그 모두가 속 좁은 자들이요, 자만이
요, 질투 병에 걸려 있는 자들이니라.
20 자만 속에 빠져 있기에 제 질투요, 시
기의 병에 걸려 있는 것을 모름이니,
오로지 그와 같은 자들은 독선으로 교
만에 빠진 자들이니, 그와 같은 자들
은 정녕 나의 뜻을 대행할 수 있는 자
도 못 됨을 너희는 알아야 할 것이니
라.
21 이제 모든 종교 집단이요, 지도자는
너희 스스로 들여다봐,
22 넓고도 넓은 그 백사장에 한 알의 모
래알이 과연 자리를 옮겼다 하여 그
흔적이 얼마나 나며 얼마나 표가 나겠
는가?
23 그보다도 못한 것이 너희이니라.
24 그와 같은 너희가 어찌하여 이 세상
에 너희가 가는 길만이 하늘에 오르는
길이요, 나에게 오는 길이라 말하며,
너희만이 그를 인도할 수 있는 자요,
너희만이 지도자요, 안내자라는 그와
같은 생각을 하고 있는가?
25 백사장의 모래알 하나 움직이는 것만
도 못한 그 흔적이 너희거늘, 이제 너
희 자신이 얼마나 겸손해야 하며 얼
마나 겸손한 삶을 살아가야 하는 것인
가를 깨달아야 함을 잊지 말라.
26 백사장에 한 알의 움직이는 모래알같
이 표적과 흔적이 보이지 않는 너희
가 어찌하여 하늘의 이치를 다 깨우친
다며 하늘의 이치를 알 수 있다 하며
나에게 오르는 백성의 인도자라 그리
말할 수 있단 말이던가?
27 이는 곧 내가 내리는 법전이요, 나는
한 사람을 통하여 하늘의 뜻을 너희에
게 전하며, 내가 글로써 책으로써 내

리는 나의 성령 이것만이 만백성을 구
하는 길이요, 하늘에 인도하는 길이라
는 것을 너희는 잊지 말라.
28 모세를 통하여 하나의 역사를 이루었
으며, 나의 아들 예수를 통하여 이루
었으며, 지금은 제3의 시대에 나의 아
들을 통하여 내가 직접 역사하는 그
시대의 변천사를 너희가 안다면,
29 아무나 나로부터 선택받은 자요, 하늘
에 오르는 길을 인도하는 자요, 너희
만이 나에게 통할 수 있는 그 길의 안
내자라 그와 같이 자만하지 말라.
30 그 모두는 속 좁은 자의 교만에서 비
롯되는 것이니, 너희는 진정한 종교
지도자가 아님을 알라.
31 종교 지도자는 나로부터 명을 받아 내
뜻을 알며, 내가 이루고자 하는 것을
알며,
32 나의 성령을 책으로 기록하여 만백성
에게 전하여, 세상이 무너진다 해도
그는 존재하며 세상이 다 깨져 세상이
멸망한다 해도 나의 법전의 가르침은
존재한다는 것,
33 그것이 바로 나의 진리요, 나의 뜻이
세상에 내려가 만백성을 구하는 길이
라는 것을 알라.

6,156 번째 하나님 말씀

2003년 5월 14일 09시 23분

1 사랑하는 나의 아들아!
2 "네, 아버님! 말씀하옵소서."
3 네 마음에 울고 있는 눈물의 그 기도
소리를 내가 듣고 있음이니라.
4 너희가 마음속으로 속삭이는 것, 마음
속으로 생각하는 것, 미래에 이루어지
는 것까지도 다 알고 있는 나 여호와
라 하지 아니하였던가?
5 네가 이 눈물의 기도를 드리는 것을
내가 알고 있음이니라.
6 오늘 너 자신이 이 세상에 살아가면서
모든 동식물이요, 미물이요, 사람들에
게까지 네가 생활을 모범이 되게 살지
못하는 그를 얼마나 고통스러워하며
송구스러워하며 죄스러워하는지를
나는 알고 있음이니라.
7 선택된 나의 아들로서, 만백성을 인도
하는 목자로서, 나의 법전을 받아 기
록하는 네가 인간으로서 누구도 갈 수
없는 그와 같은 길을 가지 못하는 것
을, 이 세상에 숨을 쉬는 그 미물들에
게 네가 부끄럽고 죄스러워 용서를 빌
며, 모든 동식물에 네가 용서를 빌며
그 가슴 아파함을 내가 알며,
8 하물며 인간인 모든 백성 앞에 네가
당당하지 못하며 바로 가지 못하는 것
이 얼마나 부끄럽고 죄송스러운가 그
리하여 네가 송구스런 마음을 달래지
못하여 그들에게 용서를 빌며 우는 그
마음을 나는 아느니라.
9 너의 형제들이요, 네 주변의 사람들이
요, 특히 너의 제자들에게 네가 완벽
한 사람으로서 오늘 서지 못하는 것을
얼마나 부끄럽게 생각하며 얼마나 죄
스럽게 생각하며, 네가 그들에게 용서
의 눈물을 흘리고 있는지 나는 알고
있음이니라.
10 사랑하는 나의 아들아!
11 내가 나의 아들이라 칭하며 너를 아들
이라 불렀으며, 네가 나의 아들이니,

12 네가 천사와 같은 삶을 살지 못하는
것, 천사와 같은 행동을 하지 못하는
것, 그 고통스러움을 이 세상 모두에
게 네가 용서를 빌며 송구스런 마음을
달랠 수 없어 몸부림치는 것을 나 여
호와는 알고 있음이니라.
13 내가 너를 알고 있음이니, 너는 너무
고통스러워 괴로워하지 말라.
14 나의 법전을 만드는 네 제자 앞에, 나
의 법전을 읽고 깨우치는 네 제자 앞
에, 그리고 나의 법전을 읽고 깨우치
는 그 백성 앞에 네가 한 점의 부끄러
움이 없는 사람으로서 살아가지 못함
을, 네가 그 용서를 빌며 몸부림치며
죽고자 하는 그 마음을 알며, 눈물의
기도 드림을 나는 알고 있느니라.
15 사랑하는 나의 아들아, 너는 나로부터
선택된 나의 아들이며 나의 목자이니
라.
16 너는 해낼 수 있음을 알 것이니라.
17 먼 길을 달리는 그 마라톤 선수가 다
리가 부러졌다 하여 포기하지 아니하
고 그가 목발을 짚고서라도 새벽이
올 때까지 그 코스를 달려와 그 길을
완주한다는 그와 같은 독한 마음, 그
리고 그 변할 줄 모르는 마음,
18 목발을 짚고서라도 완주하는 선수처
럼 너는 나의 뜻을 따라 모든 만백성
을 구하는 그 역사를 이룰 때까지 갈
것이라는 것을 내가 알고 있음이니라.
19 160권이라는 법전을 만들어 세상에
전하여 온 세상을 다 덮을 것이며, 네
가 죽을 때까지 나의 뜻을 기록하고
전하여 만백성의 마음을 천사와 같이,
그리고 내 성령의 뜻과 같이 살아가는
백성으로 만들고 그들을 다 변화시킨
다는 것을 나는 알고 있음이니라.
20 모든 운동선수의 시합이 끝났으나, 누
가 보든 말든 목발을 짚고서라도 그
코스를 다 완주하여 텅 빈 운동장에
테이프를 하나 걸어 주는 사람 없는
그 결승점까지 너는 죽기 살기로 걸어
오는 그 노력한 운동선수, 목발을 짚
고서라도 오는 그 선수보다도 더 네가
독한 마음으로 네 책무를 다할 것이며,
21 그보다 더 강한 마음으로써 너는 주저
앉지 아니하며 이 모두를 역사할 것을
나 여호와는 알고 있음이니 그리 알라.
22 사랑하는 나의 아들아, 네 미래가 그
러함이니라.
23 너는 그와 같이 갈 것이며 그와 같이
역사할 것임을 내가 알기에,
24 네가 나의 아들이요, 나로부터 선택된
목자요, 만백성을 구하는 자이기에,
그 누구도 들을 수 없는 나의 성령을
들으며, 나의 뜻을 들으며, 나를 볼 수
있으며, 내가 내리는 이 뜻을 글로 만
들어 전하는 그 역사를 할 수 있는 것
이 너임을 알라, 사랑하는 나의 아들
아!

6,157 번째 하나님 말씀

2003년 5월 14일 21시 52분

1 사랑하는 나의 아들아!
2 "네, 아버님! 말씀하옵소서."
3 내가 너희에게 내린 대명이 무엇이라
말하였더냐?
4 모든 나의 피조물 만백성이 수천 년
동안 살아오면서 인간이기에 죄를 짓

지 아니할 수 없으며,
5 인간이기 때문에 죄짓지 아니하고 살
수 있는 것은 거짓이라 그리 말하며,
천사와 같은 삶을 살 수 있는 것은 인
간은 그리 갈 수 없다 그리 말하며,
6 그 말에 손뼉 치지 아니하는 백성이
없으며 그 말에 동조하지 아니하는 백
성이 없음이니라.
7 십계명을 지키고 살아야 하며, 거짓
하지 말고 살아야 할 것이며, 남을 속
이고 살아서는 안 되는 것이요, 죄를
짓고 살아서는 안 되는 것이라, 만물
의 왕이요, 모든 것을 다 관장하는 그
와 같은 지혜와 능력을 가진 인간이기
에 너희는 그를 지키고 살 수 있다 그
리 말할 때,
8 그러한 너를 미친 자요, 정신 나간 자
라 말하며,
9 모든 백성은 인간이기 때문에 죄를 안
지을 수 없으며 죄를 짓고 빌 수 있으
며, 그리하여 그들이 빎으로써 위안을
얻으며 그들은 그 죄를 용서받고 또
용서받을 수 있는 것이라 그리 생각하
니,
10 거기에 손뼉 치지 않는 자 없으며 거
기에 손들어 주지 않는 자가 없으며
그것에 찬성하며 '옳소!' 하고 소리 지
르지 않는 자가 없음이니라.
11 인간인 나의 피조물 만백성은 모든 것
에 너희가 지은 죄요, 잘못된 것을 마
음으로 빌며, 너희가 소원함도 그리
빌지 아니하면 너희가 고통스러우며
견딜 수 없는 마음에 너희가 돌부리
에 빌든, 나무에 빌든, 흐르는 강물에
빌든, 나 여호와요, 나의 아들을 찾으
며 빌든, 나무로 깎아 놓은 불상 앞에
서 빌든, 글자를 써 놓고 빌든,
12 너희는 무언가 빌면 용서를 해 준다는
그와 같은 마음의 위안을 가지고 있기
에 그를 믿고 살아가며, 너희 마음을
스스로 다스리며 살아가는 것이니,
13 그것이 잘못된 것이며 그는 용서해
줄 수가 없으며 용서받을 수 없는 것
이라 그리 말한다면, 그 누가 너를 따
르며 네 말이 옳다 하겠는가?
14 너희보고 정신이상자라 그리 말한다
하지 아니하였더냐?
15 네가 지금 나이가 60이 되어 인간의
삶을 살아왔으며 남보다도 험악하고
힘든 인생을 살아온 너로 하여금 네가
나의 천사요, 네가 나의 성령이요, 나
의 뜻대로 변하여 간다면,
16 모든 백성이 너를 보고 거기에 이유
를 달 수 없으며 변명을 할 수 없다 그
리하였느니라.
17 그리하여 육의 세상에서 사는 네가 만
백성에게 빛이 되며 만백성에게 거울
이 되는 그와 같은 삶을 사는 것이 네
책무며 네가 가야 할 길이라 하였거
늘, 어찌하여 네가 그리 게으르며 변
함에 주저하는가?
18 바로 네가 존재하는 것이 그 의미며
이 세상 수십억 인구를 대표하여 내
가 나의 성령을 너를 통하여 전하며,
내가 너를 선택한 나의 아들이라 명하
지 아니하였던가?
19 그리하여 네가 나의 아들이며 나의 뜻
을 들어 행하는 자이니라.
20 나의 아들 예수 또한 2천 년 전에 왜
이 세상에 왔는가?

21 그 이치를 너는 알고 있지 않으냐?
22 구약 시대에 있는 백성이 너희와 같
이 계명을 지킬 수 없으며 율법대로
살 수 없다 하여 내가 인간이 율법대
로 지키고 살 수 있는 그를 보이기 위
하여 예수를 세상에 내 보냈음이니라.
23 그와 같은 역사의 반대의 순환이 지금
흘러온 것이 네가 여기에 와 있음이니
라.
24 모세의 시대에 그를 지키지 못한다 하
여 내가 완벽한 예수를 세상에 내려보
내 사람의 형태를 가진 나의 아들이
이리 지킬 수 있다는 것을 만백성에게
보여 너희에게 거울로 삼아 바로 서게
하였으나,
25 성령으로 잉태한 것이요, 나로부터 직
접 세상에 나간 자식이니 너희와 차별
화하여 예수는 그리 갈 수 있으나 너
희는 그리 갈 수 없다 하며,
26 인간은 육을 통하여 나온 것이며 너희
는 육의 부모를 가지고 있는 자이기
에, 육으로써 태어난 자손이요, 후손
이기 때문에 너희는 그리 갈 수 없다
하여 2천 년이라는 지금의 종교 집단
이요, 지도자가 이와 같이 세상을 험
악하게 만들지 않았는가?
27 그를 바로잡기 위하여 내가 천 년에
걸쳐 그 새로운 역사를 이루기 위하
여, 그들과 같이 60평생을 살아온 너
를 내가 지금 나의 아들로서 이 세상
에 내보내,
28 만백성에게 네가 살아온 과거요, 오늘
의 변하는 모습을 같이 보여 줘, 인간
속에서 태어나고 인간으로 성장한 너
도 그리 변했으니 만백성 너희는 변
하지 못한다는 말을 하지 말라 하여
그들이 감히 입을 벌리지 못하도록 하
여,
29 내가 너희 후손으로 하여금 천 년에
걸쳐 이 지상에 하늘의 낙원을 이루어
거기에 살 수 있는 백성이요, 천국을
만들고자 하는 것이 나의 뜻이니,
30 네가 살 날이 얼마 남았는가?
31 네가 천년만년을 살 수 있다면 서서
히 갈 수 있으나, 네가 살아 만백성에
게 그 삶의 교훈을 보일 날이 얼마 남
지 않았거늘, 어찌하여 네가 변하는
데 주저하며 두려워하며 이리 변하는
속도가 늦단 말이던가?
32 이와 같은 이치를 깨우쳤을 때, 네가
1초라도 빨리 변해야 할 것이며, 1초
라도 헛된 생각이요, 소홀한 생각이
요, 소홀한 마음의 자세로 가서는 아
니 됨을 알라, 사랑하는 나의 아들아!
33 너의 제자들 또한 너와 똑같으니라.
34 인간 삶의 세속에서 너희가 정녕 남
들이 갈 수 없는 천사와 같은 형태로
변했을 때 모든 백성도 입을 다물 것
이며,
35 인간이기 때문에 죄를 짓지 아니하고
거짓 하지 아니하고 살 수 없다는 말
을 하지 못하게 하고자 하는 것이 나
로부터 선택된 네 제자들이요,
36 나의 법전을 읽고 깨우친 백성, 전사
들이 할 수 있는 역사요, 해야 할 길이
라는 것을 그들에게 전해 주도록 하
라, 사랑하는 나의 아들아!

6,158 번째 하나님 말씀

2003년 5월 14일 21시 59분

1 사랑하는 나의 아들아!
2 "네, 아버님! 말씀하옵소서!"
3 내가 너를 따르는 제자들이요, 나의
법전을 읽고 깨우친 그 백성에게 뭐라
말하였느냐?
4 너희는 운명이 없다 내 그리 말하지
아니하였던가?
5 너희는 정녕 운명이라는 것이 없음이
니라.
6 너희가 이 세상에 살면서 천사와 같은
마음을 가지고 살며 삶의 행동이 바르
며 너희가 지상에서 사는 것이 남들
에게 본보기가 되는 아름다운 삶을 산
다 하면,
7 너희는 나의 백성으로서 지상에서 살
아야 할 그 존재 가치가 있으며 존재
해야 할 너희이니라.
8 그러니 나 여호와가 너희를 쓰기 위
하여 너희의 삶이 자연적 연장이 될
것이며, 만백성을 깨우치는 아름다운
천사와 같은 삶을 산다 하면 너희는
만백성을 위하여 이 세상에 살 수 있
는 존재 가치가 있는 백성이 아니던
가?
9 그러하기에 너희는 그 생명이 연장되
는 것이며 그 존재 가치에 따라 내가
너희를 거둬들이지 아니한다는 그리
하여 내가 너희에게 운명이 없다 하
는 나의 뜻을 알겠는가?
10 그러니 악하게 사는 자는 무엇이던가?
11 악한 짓을 하며 악한 일을 일삼고 사
는 너희는 나의 피조물 만백성이 존
재하는 이 지상에서 살 자격이 없으며
살 만한 가치가 없음이니라.
12 그러니 네 명을 다 살지 못하고 거둬
들이는 자가 있는가 하면, 그와 같이
살 가치가 없는 자니 내가 너희에게서
손을 놓음이니,
13 그 무서운 법칙을, 그 하늘의 이치를
너희가 알아야 할 것이니라.
14 그리하여 내가 만백성 중에 나의 법전
을 읽고 깨우친 자들이요, 나의 아들
을 따르는 제자들이요, 너희는 깨우친
백성으로서 어찌 살아가느냐에 따라
서 너희는 운명이라는 것이 없다 내가
말한 뜻이 여기에 있음이니라.
15 그러니 너희 스스로 운명을 개척해 나
가며 너희가 운명의 변화의 역사를
이기는 그와 같은 삶을 사는 것은 너
희에게 달렸음을 알아야 할 것이니라.
16 나의 법전을 만들어 만백성에게 전하
며 나의 법전을 읽고 깨우친 백성 너
희가 정녕 나의 뜻대로 살아간다면 너
희의 운명은 없다 내가 하였으니, 이
는 무엇인 줄 알겠는가?
17 나의 법전이 마지막 심판의 기준이요,
이 나의 법전으로 하여금 모든 백성
너희를 심판하기 때문이니라.
18 그러니 나의 이 깊은 뜻을 알아 너희
가 삶의 자세를 바로 하는 것을 잊어
서는 아니 될 것이니라.
19 아무리 나 여호와가 같이하며 너희 모
두와 같이한다 해도 너희가 그 마음
의 깊이를 얼마만큼 가슴속에 간직하
는가?
20 '설마 그러려니, 설마 그렇겠냐?' 하는
그와 같은 마음으로 살아가는 것이 너

희이니, 그리하여 너희가 나 여호와를
믿는 그 마음의 뿌리가 약하다 내가
그리하지 아니하였던가?
21 그와 마찬가지니라. 너희는 생각할 것
이니라.
22 너희가 운명이 어찌 없다 말하며, 너
희가 착하고 선한 일을 할 수 있는 이
세상에 살아야 할 존재 가치가 있을
때, 나 여호와는 너희가 더 존재할 수
있도록 그와 같은 은혜를 내린다는 것
을 믿으려 하지 아니하며 믿지 아니할
것이니라.
23 그러나 그게 엄연한 사실임을 알라.
24 이는 나 여호와가 너희에게 전하는
뜻이니, 감히 너희가 이 말을 의심하
며 이 뜻을 의혹하는 그와 같은 마음
을 버려야 할 것이니라.
25 나의 법전에 기록하여 전하는 그 모두
는 너희가 진심으로 믿어야 할 것이
며, 그 모두는 엄연한 사실이며 하늘
에서 역사하는 뜻이라는 것을 잊지 말
라, 사랑하는 나의 아들딸들아!

6,159 번째 하나님 말씀

2003년 5월 14일 22시 10분

1 사랑하는 나의 아들아!
2 "네, 아버님! 말씀하옵소서."
3 너희가 말하는 지금 이방인이라 하며
나 여호와를 찾지 않는 그 백성, 그들
을 또한 이단이요, 사탄이요, 불행한
백성이라 그리 말하며 그들을 보기를
경원시하며 살아가는 것이 너희이니
라.
4 그러나 너희가 잘못 가고 있음을 먼
저 깨우쳐야 한다는 것을 알아야 할
것이니라.
5 너희가 말하는 믿지 않는 이방인이라
는 백성이 나에게 오르기보다 지금 잘
못 가는 종파 속에 있는 너희야말로
나에게 오르기가 더 어렵고 힘든 길을
가는 자니, 나와는 정반대의 길을 가
고 있기 때문임을 알아야 할 것이니라.
6 모든 종파에 속해 있는 백성 너희가
가장 큰 꿈이 무엇이며, 가장 큰 소망
이 무엇이며 너희가 가장 큰 바람이
과연 무엇이던가?
7 이방인의 세계에 사는 이방인이라는
그 백성보다 너희는 사후에 나의 나
라에 올 수 있는 것이 가장 바라는 것
이며 오르고자 하는 것이 가장 큰 꿈
일 것이니라.
8 그러나 너희는 믿음이 잘못되었으며
너희가 가는 길이 틀리며, 나의 성서
요, 내가 전하고자 하는 그 뜻조차도
모르는 지도자 앞에 너희가 물질로써
모두를 다 살 수 있으며 모두를 다 이
룰 수 있다는 그와 같은 믿음으로 가
기에,
9 이방인이라는 그 백성보다도 더 어렵
고 힘든 길을 가게 되었다는 것을 내
가 너희에게 말함이니 그리 알아야
할 것이니라.
10 나에게 올 수 있는 것이 너희의 가장
큰 꿈이요, 소망이라 그리 말하나, 이
건 현실이 아니며 꿈일 뿐이며 너희가
이루고자 하는 소망일 뿐임을 알아야
할 것이니라.
11 그리고 너희가 믿음의 길을 가는 것이
이루어졌다 그리 말하며 그 길로 가면

구원을 받을 것이라 그리 말하고 있으
나,
12 그것은 다 너희가 바라는 꿈이요, 소
망일 뿐이요, 정녕 그와 같은 뜻은 이
루어질 수 없다는 것을 알아야 할 것
이니라.
13 너희가 지금 믿음이라는 것을 찾고 나
여호와를 찾으며 하늘에 오르는 길이
라 부르짖는 그 믿음의 길은, 내가 원
하는 그 진실한 진리를 깨우치며 나에
게 오르는 그 기초 과정에도 발을 들
여 놓지 못한 것이 너희가 지금 가는
믿음의 형태임을 알아야 할 것이니라.
14 내가 너희에게 묻느니라.
15 지금 구원을 받았다 말하는 자, 그리
고 구원을 인도한다는 종교 지도자,
너희에게 내가 물으니, 과연 너희가
확실한 보장을 받았다 말할 수 있는
가, 그리고 무엇으로써 보장을 받았다
말할 수 있는가?
16 너희는 나 여호와에게 보장을 받았다
할 만한 자격이 없으며 보장을 받은
사실이 없음이니라.
17 나 여호와가 너희를 보장해 준 일이
없기 때문이니, 그 누구도 확실한 보
장을 받은 자 없다는 것을 알라.
18 오로지 너희 꿈이요, 너희 희망이요,
너희 소망일 뿐이지, 나는 그와 같은
백성에게 보장한 역사가 없음을 알라.
19 이제 너희는 믿음의 길과 생활에 있
어서 살아가는 방법에 가장 소중한 그
꿈을 이루고자 하는 것, 그 방법이 너
무나도 잘못되었음을 깨우쳐야 할 것
이니라.
20 믿음의 그 길이요, 너희가 가장 소중
히 생각하는 그 믿음의 방향은 과연
무엇이더냐?
21 너희가 나의 아들 예수를 '주여, 주
여!' 부르짖는 것으로써만, 그와 같이
믿음이라는 길을 가는 것으로써만 구
원을 받으며, 역사에 길이 남을 하늘
에 오를 수 있는 그와 같은 영광의 길
에 들어선 자들이라 그리 말하나,
22 나의 아들 예수를 '주여, 주여!' 부르
는 그 믿음으로써 절대 구원을 받을
수 없으며 나에게 오를 수 없다 함을
알라.
23 창조주 나 여호와의 뜻에 따라서 행동
하는 자, 내가 이루고자 하는 역사함
에 동참하는 자, 내가 이루고자 하는
그 뜻에 순종하여 가는 자, 내가 원하
는 그 참진리요, 나의 뜻을 알아 행하
는 자, 그것만이 나에게 오를 수 있는
선택된 백성이라는 것을 알라.
24 지금같이 나의 아들 예수의 보혈로써
구원을 받으며 '주여, 주여, 구세주
여!' 그리 부르짖는 형식적인 그와 같
은 믿음으로써 절대 너희가 나에게 올
수 없다는 것을 알라.
25 성경과 십계명을 그대로 읽고 깨우치
면 되건만, 그걸 너희 마음대로, 인간
의 생각대로 가르치며, 너희 뜻대로
변경하였으며,
26 너희 입맛에 맞도록 나의 피조물 만백
성에게 떡과 금화와 은화를 거둬들이
는 그와 같은 방법이요, 더 큰 성전이
요, 더 큰 집단을 이루는 방법이요, 수
단으로써 너희가 지금 모두를 다 그
도구로 쓰고 있는 것이니,
27 너희가 아무리 지금의 믿음이 하늘에

오르는 길이요, 진정한 구원의 길이라
하나, 그 구원의 길의 기초인 성경이
요, 십계명 자체를 알지 못함이니라.
28 눈이 있어도 제대로 성경을 보지 못하
며 십계명을 보지 못하며 나의 법전을
보지도 못하는 것이 너희이니, 귀가
있어도 제대로 듣지 못하니 진리의 소
리를 제대로 듣지 못하는 것이 너희이
니라.
29 너희 마음속에 있는 그 욕심의 뿌리
때문이니 너희 마음속에 가지고 있는
그 욕심의 뿌리를 너희가 완전히 뽑지
아니한다면, 너희는 눈이 있어도 보지
못하며 귀가 있어도 듣지 못하는 그와
같은 자라는 것을 알아야 할 것이니
라.
30 지금 모든 종교 지도자, 집단 그들 자
체에서 그 사악한 욕심의 뿌리를 뽑지
못한 자들이 지도자라 하여 열띤 설교
를 하며 목청을 높여 나의 피조물 만
백성을 인도하고 안내한다 하나, 그들
자체가 뭐가 무엇인지 모르고 있는 자
들이니라.
31 그러니 그 속에서 너희가 무엇을 알겠
는가?
32 그리하여 내가 나의 아들을 통하여
160권의 법전을 세상에 내려보내는
것은 아무것도 모르며 캄캄한 밤에 헤
매는 그 백성을 깨우쳐 구원하고자
오늘의 이 역사가 이루어짐을 알아야
할 것이니라.
33 내가 책으로 읽어서 깨우칠 수 있으며
영원히 버릴 수도 없으며 찢어 버릴
수도 없으며 태워 버릴 수도 없으며
영원히 존재하며 이것은 증거해야 하
며 이 대답을 해야 할 것이며 여기에
대한 책임을 져야 하는 책으로 만들어
너희에게 전함이니,
34 너희가 이제는 이를 보고 옥석을 구분
하여 구원의 길을 오르는 것과 구원의
길을 오르지 못하는 그 형국을 너희
스스로 선택해야 한다는 것을 알아야
할 것이니라.
35 지금이라도 너희가 나의 법전을 읽고
깨우치며 나의 아들을 통하여 내리는
강론이요, 내가 내리는 새로운 성경을
보고 깨우친다면 천국의 문에 들어설
수 있으나,
36 이를 지키지 아니한다면 너희는 정녕
나에게 오를 수 없음을 알아야 할 것
이니라.
37 내가 너희에게 다시 한 번 전함이니,
내가 친필로 직접 쓴 십계명을 지키며
나의 법전대로 정독하고 깨우쳐 그대
로 살아가는 길만이 너희가 나에게
오를 수 있는 기본이요, 근본이요, 기
초라는 것을 절대 잊지 말라.
38 이것이 내가 너희에게 가장 소중한 가
르침임을 잊지 말라.

6,160 번째 하나님 말씀

2003년 5월 14일 22시 22분

1 사랑하는 나의 아들아!
2 "네, 아버님! 말씀하옵소서."
3 이 세상에 나의 피조물 만백성 그중에
서 믿음의 길을 가는 길, 그리고 구원
을 받았다 말하는 백성, 그리고 구원
의 길에 들어섰다는 백성에게 물어보
라.

4 그들은 과연 오고 가는 그 이치를 알
고 있는가?
5 너희 생명이요, 인간이 세상에 오고
가는 그 이치 자체도 모르는 백성이
어찌하여 구원을 받았다 하며 구원의
길에 들어섰다 그리 말하는가?
6 너희가 오고 가는 그 이치 자체도 깨
닫지 못하는 백성, 이 세상에 모두가
다 역사하고 존재하는 그 이치를 깨닫
지도 못하는 너희는 지금 캄캄한 밤
길을 헤매는 그와 같은 형국에 있음이
니라.
7 진정한 길이요, 진정한 하늘에 오르는
길이요, 진정한 믿음의 길을 모르는
백성, 너희는 한 치 앞이 보이지 않는
캄캄한 밤길을 헤매는 그와 같은 형
국에 있는 것이 지금 나의 피조물 만
백성 너희가 2천 년 동안 흘러오는 세
월 속에 처해 있는 환경임을 알아야
할 것이니라.
8 너희를 하늘로 이끌며 나에게 인도한
다는 종교 지도자 그 자신이 그들이
온 길 자체를 모르거늘, 어찌 저희가
되돌아가는 길을 안단 말이던가?
9 온 길도 모르는 종교 지도자가 어찌
되돌아가는 길을 가르치는가?
10 그들이 가르치는 그 방법은 나의 피조
물 만백성 중에 이방인이라 하는 그
백성이나 구원을 받아 하늘에 오르는
길이요, 신도로서 지금 나를 부르짖는
축복 속에 있는 백성이라 하는 그들
과 한 치도 다른 자가 없음이니라.
11 그 모두는 너희가 온 길을 모르며 가
는 길을 모르기 때문이니,
12 종교 지도자란 정녕 온 길을 아는 자
요, 그리하여 되돌아가는 길을 아는
자이니, 이는 나 여호와로부터 선택된
지도자 외에는 그 누구도 그를 알 수
없음이니라.
13 그리하여 내가 너희에게 하늘의 이치
를 알려거든 변화되어야 하며 개혁해
야 하며 너희 스스로 변화되는 삶을
살지 아니하면 나의 뜻을 알 수 없다
함이니,
14 나의 뜻을 알 수 없다는 것은 너희가
지금 온 길을 어떻게 그 길로 다시 되
돌아가는 것인가, 그 이치와 그 방법
조차도 모르는 것이 너희라는 뜻임을
알아야 할 것이니라.
15 모든 종교 집단이 지금 가는 길이 저
희가 말하는 좁고 어려운 길이 하늘에
오르는 길이라 그리 말하나, 너희는
넓고 쉬운 길만을 찾아 달려가는 것이
아니던가?
16 좁고 험악한 길을 마다하는 것이니라.
17 모든 종파에 속해 있는 백성 너희는
들어야 할 것이니라.
18 나의 아들 예수를 세상에 보낸 것은
나의 율법을 폐하러 보낸 것이 아니라
내가 성서에 그리 정확히 기록해 놓았
건만, 그것까지도 너희는 그 모두를
역으로 가르친다 내가 그리하지 않았
던가?
19 나의 아들 예수는 그 모든 율법을 완
성하고자 하여 내가 세상에 보내어 너
희에게 모두를 기록하여 남기고 그와
같이 살라 가르치는 그 교훈을 남기고
자 하였으나 너희는 그를 거역함이니
라.
20 그리하여 나의 아들이 모든 율법이요,

지난 역사를 다 완성해 놓았음이니,
21 너희는 그저 나의 아들 이름만 찾으며
그 이름을 '주여, 주여!' 구세주라 부
르기만 하면 구원을 받는다 그리 말
하고 있음이니라.
22 그리하여 너희는 그 율법은 필요 없
다 그리 말하며 나의 아들 예수의 새
로운 성경이요, 그 뜻에 따라 그가 행
하는 대로 지키고 살아가면 구원을 받
는다고 말하나,
23 여기서 너희가 나를 능멸하는 죄를
짓고 있음을 알라.
24 나의 아들을 율법을 완성하고자 세상
에 내려보냈으며 지금 내가 나의 아들
을 통하여 법전을 내려보내는 것은 구
약과 신약을 완성하고자 하는 것이 나
의 뜻이나 마찬가지이니,
25 내가 나의 아들 예수를 보낸 것은 내
가 너희에게 내린 지난날의 그 모든
율법을 완벽하게 역사하고자 하는 것
이지 그를 폐하러 온 것이 아니니라.
26 그러니 이를 역으로 가르치는 그와 같
은 죄를 짓지 말라.
27 그 죄가 나를 능멸하는 가장 큰 죄임
을 알라.
28 너희는 죄 중에서 성서를 비방하는
것, 성서를 거역하는 자, 이를 비방하
는 자며 이를 역행하는 자요, 이를 잘
못 가르치는 자요, 오도해서 만백성을
깨우치고자 하는 자가 가장 큰 죄라는
것을 알고 있을 것이니라.
29 그러니 너희가 지금 얼마나 무섭고
큰 죄를 짓고 있는가를 알아야 할 것
이니라.
30 내가 그리하여 진정한 나의 진리요,
나의 성경은 나의 뜻을 기록한 것이며
나의 법전은 내가 기록한 것이니,
31 이 세상이 다 변화가 된다 해도 나는
이가 변할 수 없다고 말하는 바로 내
뜻이 여기에 있음을 너희는 알아야
할 것이니라.
32 내가 일 점, 일 획도 더하고 빼서는 이
모두가 바뀌며 이는 내 뜻이 아니니라
그리 말하였거늘,
33 인간이 편한 대로 너희의 계명에 따
라 너희가 수없이 손질을 해 놓았으며
너희 스스로 거기에 더하고 뺀 것이
너무나 많으니, 이게 잘못되었음이니
라.
34 그리하여 내가 이를 덮어 너희가 잘못
된 부분을 지금 찾아 너희에게 깨우치
는 것이 새로운 성경이요, 나의 법전
이니라.
35 그러니 내가 나의 아들을 통하여 이
기계에 녹음하여 한 자도 빼고 더하지
못하도록 하는 것이 여기에 있음이니,
그리하여 나의 160권의 법전을 그대
로 내가 세상에 내보내는 그 뜻을 너
희는 알아야 할 것이니라.
36 너희는 여기에서 너희 스스로 깨우쳐
야 할 것이니라.
37 구약의 시대를 완성하기 위해서 나의
아들 예수가 세상에 왔으며, 그를 폐
하며 새로운 시대의 역사를 여는 것이
아니니라.
38 지금 내가 나의 아들을 통하여 새로운
성경이요, 나의 법전을 내려보내는 것
은 구약과 신약을 덮는다 하나 그를
폐지함이 아니니라.
39 그를 골간으로 하며 그를 더불어 역사

하며 그 뜻을 내가 다 새로운 성경에
기록하여 이것이 다 하나가 되어 내가
이루는 그 역사를 이룰 수 있도록 그
와 같이 행함을 알아야 할 것이니라.

6,161 번째 하나님 말씀

2003년 5월 14일 22시 29분

1 사랑하는 나의 아들아!
2 "네, 아버님! 말씀하옵소서."
3 나의 피조물 만백성 너희가 온 길을
모르니 돌아갈 길을 모르는 것이라 내
가 말하였음이니라.
4 지금 나의 율법과 십계명을 지킬 수
없다고 말하는 그 백성이요, 예수가
이 세상에 온 것은 이미 율법의 그 시
대를 폐하고 새로운 역사를 이루고자
하여 새로운 역사만을 가지고 너희가
구원의 길에 오르면 된다 하는 자들이
얼마나 어리석은 자인지 알겠는가?
5 내가 이를 계란과 어미닭에 비유하여
전하여 강론했음이니라.
6 그것이 무엇인 줄 알겠는가?
7 알에서 깨어나지도 못한 것이 어미닭
의 역할을 할 수 있다고 말하는 것이
며 알을 낳을 수 있다고 말하는 자와
똑같다 내가 그리 말하였음이니,
8 지금의 모든 종교 집단이요, 지도자
요, 구원을 받았다는 백성이 그와 같
이 어리석은 자이니라.
9 그리하여 그 불쌍한 자들, 어리석은
백성을 내가 깨우치고자 그들이 보고
듣고 읽으면 깨달을 수 있도록 내가
가장 기초적인 나의 성령의 뜻을 풀어
서 너희에게 내려보내는 것이며, 이를
가지고 너희가 세상을 다 덮어 만백성
을 구하는 그 역사를 이루라 함이니라.
10 얼마나 어리석은 백성인가?
11 알에서 깨어나지도 아니하는 그 알이
어미닭이 되어 알을 낳을 수 있다 그
리함이니, 그가 부화의 과정에서 제가
병아리로 태어날 수 있는지 태어날 수
없는지 그 자체도 모르는 자가 그와
같이 어리석은 행위를 하고 있는 그것
이 지금의 종교 집단이요, 믿음이라
하니,
12 내가 이보다 더 극단적인 표현으로써
너희를 어찌 깨우쳐 주겠는가?
13 내가 전하는 그 무서운 뜻을 너희가
소홀히 들으며 그 무섭고 두려움을 모
르고 그저 흘러가는 말로 들음이니,
14 알이 병아리로 깨어 나오지도 못한 주
제에 어미닭이 되어 알을 낳는다 말하
는 것이 지금의 모든 종교 집단이요,
지도자들이 가는 형국이라 내가 그리
말하지 아니하였더냐?
15 그 알이 과연 제가 깨어날 수 있는 자
격이 있는지 없는지, 제가 새 생명으
로 태어날 수 있는지 그 자체도 모르
는 것이니라.
16 알이 병아리로 깨어나 눈을 떠야만 세
상사 모두를 보지 않겠는가?
17 그리하여 제가 병아리로서 어렵고 힘
든 그 삶을 살아 바르고 곱게 성장했
을 때 어미닭이 될 수 있는 것이며, 어
미닭이 된다 하여 다 알을 낳을 수 있
단 말이던가?
18 그 알을 낳을 수 있는 자격 또한 아무
어미닭이나 알을 낳지 못하는 것이니
라.

19 그러니 그들이 얼마나 어리석고 미련
한 자며 오만하며 방자한 자인가?
20 그 불쌍한 백성을 내가 손을 놓으려
다 마지막 기회를 그들에게 주기 위하
여 내가 지금 누구나 다 읽을 수 있는
가장 쉬운 나의 법전이요, 새로운 성
경을 만들어 세상에 내려보내니 그 뜻
을 알라 그리 전하라.
21 알이 깨어나지도 아니하고 어미닭이
된다는 그 어리석은 자들이 하늘의 길
이요, 하늘의 뜻이요, 하늘의 빛을 보
지 못하는 백성이니라.
22 빛을 보지도 못하며 길을 보지도 못하
며 오르는 그 뜻이 무엇인가도 모르는
자들이 구원을 받았다는 어리석은 백
성 그들을 구원해야 할 것이니라.
23 어리석고 오만하다 하여 그들을 버려
서야 하겠는가?
24 아무리 어리석고 오만하여도 그들이
모르기 때문이니, 너희가 사랑하는 마
음으로 그들을 구원하고 깨우쳐 줘야
함을 알아야 할 것이니라.
25 너희가 인간 세상에 살아가면서 아무
리 쉬운 말을 전해도 그가 알아듣지
못하고 그가 이해하지 못할 때 무어라
말하는가?
26 답답한 사람이라 그리 말하느니라.
27 그리고 고집쟁이라 말하며 벽창호 같
은 자라 말하느니라.
28 그러나 너희는 여기서 깨우쳐야 할
것이니라.
29 그는 그 수준이 못 되기 때문인 것을
너희가 안다면 그를 미련하다 탓할 수
가 없는 것이니라.
30 너희가 간단한 말 한마디를 전하며 간
단한 이치를 깨우쳐 줄 때 그가 알아
듣지 못한다 하여 너희는 그를 책망
하며 그가 어리석은 자요, 교만한 자
라 그리 말하지 말라.
31 그는 그 말뜻을 정녕 못 알아듣는 그
수준 낮은 자이기에 너희와 대화가
안 된다는 것을 생각한다면, 그가 얼
마나 불쌍한 백성이더냐?
32 알면서 엉뚱한 소리를 하는 것이 아니
니라.
33 모르느니라, 모르기 때문이니라.
34 모르기 때문에 그들이 못 알아듣는 것
이며 모르기 때문에 대화가 안 되며
너희에게 억지를 쓰는 것이며 억지를
부리는 것이니라.
35 그것이 불쌍한 자들이 아니던가?
36 알면서 하는 백성보다도 모르면서 하
는 백성이 많음을 너희는 알아야 할
것이니라.
37 정녕 너희가 쉽게 가르치는 것, 쉽게
알 수 있는 것, 너희 수준에 맞춰 상대
방이 이해할 것이라 생각하나, 그는
엉뚱한 소리를 하며 엉뚱한 동문서답
을 하는 그 자체가 무엇인 줄 아느냐?
38 진정 모르기 때문이니라, 진실로 모르
기 때문이니라.
39 모르는 자라는 불쌍한 마음을 갖고,
모르는 자에게 너희가 깨우치겠다는
마음을 가지면,
40 지금 잘못 가는 그 백성이 거부하고
너희 말을 듣지 아니한다 해도 너희가
그들을 이해할 수 있으며 인내할 수
있는 힘이 있을 것이니 그리 행하도록
하라, 사랑하는 나의 아들딸들아!

6,162 번째 하나님 말씀

2003년 5월 14일 22시 44분

1 사랑하는 나의 아들아!
2 "네, 아버님! 말씀하옵소서."
3 지금 나의 법전이 동양의 작은 나라
요, 이 백성 너희 언어요, 너희 글이
요, 너희 습성으로써 이리 내려가는
것이 얼마나 너희에게 큰 축복과 영
광인가를 알라 그리 말하였거늘, 그를
아는 백성이 과연 얼마나 있는가?
4 이 작은 동양의 나라가 내가 선택한
언어며 선택한 민족이라 내가 그리 말
하였음이니, 천 년의 역사가 너희로부
터 시작된다는 것을 내가 나의 법전에
기록하여 만백성에게 전함이니, 이는
곧 무엇이던가?
5 너희는 선택된 민족이라 내가 그리하
였으며 선택된 나라요, 선택된 백성이
라 그리했음이니라.
6 그리하여 내가 너희에게 전하기를 이
동양의 작은 나라에는 모두 다 하나씩
의 종파를 가지고 있지 않은 백성이
없으며 모든 종파를 가진 것이 이 동
양의 작은 나라 백성 너희라 하였음
이니, 이를 바로 무엇이라 말하는가?
7 내가 종교의 백화점을 만든 것이 이
작은 나라라는 것을 너희는 알아야
할 것이니라.
8 너희가 물건을 사고파는 그 백화점이
라는 건물 안에 없는 것이 없듯이 이
동양의 작은 나라에 온갖 종파가 이
세상에 없는 것이 없이 다 있음이니
이게 바로 무엇인 줄 아는가?
9 내가 지금 선택한 이 작은 나라가 종
교 백화점의 그 역사의 나라를 만들었
음이니라.
10 이는 내가 왜 그와 같은 역사를 만들
었겠는가?
11 너희가 물건을 보고 고르고 사는 것처
럼 너희가 수많은 종파를 보고 깨우
치도록 내가 그리하고자 하였음이니
라.
12 그리하여 너희가 말만 듣고 신비의
종파가 이 세상에 존재하는 것을 안다
면 깨우치는 데 너희가 하나의 마음
으로 이루기에 불안하기 때문이니라.
13 그리하여 내가 이 동양의 작은 나라를
종교 백화점으로 만들었으며, 그 백화
점의 물건을 너희가 골고루 볼 수 있
도록 모든 종파의 의미를 깨우치며 모
든 종파에 대해서 아는 백성으로 내가
만들었음이니라.
14 그리하여 나의 법전이 세상을 덮을 때
너희가 믿었던 종파가 잘못됨을 그 누
구나 대답할 수 있으며 그 누구나 그
를 항변할 수 있으며 거기에 대한 이
유를 너희가 댈 수 있고 갑론을박할
수 있는 것이 내가 선택한 백성이 가
야 할 길이기 때문이니,
15 그것을 하나 보더라도 작은 동양의 나
라의 백성이 나로부터 선택된 백성이
요, 너희로부터 모든 역사가 이루어진
다는 것을 어찌 그 하나를 너희가 깨
우치지 못하는가?
16 이 동양의 작은 나라가 종교 백화점의
나라임을 알라.
17 그것도 내가 다 역사한 것이며 내가
미리 준비해 놓은 것이며 내가 다 다
스려 놓은 것이니라.

18 얻어도 내가 다스리고 준비시켜 놓은
것이며, 너희 성격이요, 너희의 불 같
은 마음이요, 또 모두를 받아들이기가
쉬운 백성이요,
19 모든 것을 남의 것을 제 것으로 만드
는 천재적인 기술을 가지고 있으며,
남의 것을 들어 너희 것으로 만들며
변화시키는 데 또한 너희를 따를 수
없는 그와 같은 백성의 기질을 내가
만들어 놓았음이니,
20 그게 바로 다 선택된 백성이니라.
21 이제 내가 나의 아들을 통하여 선택된
동양의 작은 나라의 민족은 모든 종파
의 의미요, 흐름이요, 가르침이요, 교
리를 다 너희가 알 수 있도록 내가 여
기를 종교의 백화점의 나라로 만든
것은 차후에 쓰기 위해 한 것이며,
22 모든 종파가 너희에게 와서 시시비비
걸 때 갑론을박할 수 있는 그와 같은
자격이 있음이니,
23 종교의 모든 종주국보다도 더 많이 연
구하고 더 논리적으로 잘 대답하며 더
연구하며 잘 아는 것이며,
24 그리고 그보다 더 위대하게 변질시켜
발전시키는 것이 내가 선택하여 준비
해 놓은 동양의 백성 너희의 기질임
을, 그 모두도 다 너희는 모를 것이니
라, 내가 다 준비한 백성이라는 것을.

6,163 번째 하나님 말씀

2003년 5월 14일 22시 53분

1 사랑하는 나의 아들아!
2 "네, 아버님! 말씀하옵소서."
3 나 여호와가 나의 아들 예수를 통하여
뭐라 너희에게 전하였는가?
4 내가 다음과 같은 뜻을 전하였음이니
라.
5 나에게 오르는 자, 천국에 오르는 자,
내 곁에 오고자 하는 자들은 스스로
자기 십자가를 지고 나의 아들 예수를
따라오는 자, 구원을 받을 수 있는 것
이라 내가 그리 가르쳤으며 그리 전하
여 기록하였음이니라.
6 그러니 너희가 천국에 갈 수 있다 하
는 것은 바로 무엇이던가?
7 너희 스스로 네 십자가를 짊어지는 그
고통과 시련의 길을 가지 아니하면 너
희가 천국에 오를 수 없다 하였음이니
라.
8 그와 같은 길을 가는 자만이 나에게
오를 수 있으며 하늘에 올라와 천국에
내 옆에 와 있을 수 있다 내가 그리 가
르쳤거늘, 지금 너희가 뭐라 말하느냐?
9 정녕 나 여호와의 뜻을 따라 하늘에
오르는 길을 인도하는 지도자요, 종교
집단이라면 나의 백성에게 너희가 하
늘에 오르고자 하면 너희 십자가는
너희 스스로 짊어져야 할 것이며, 너
희 죄를 대속할 수도 없으며 누가 대
신할 수도 없다 그와 같이 가르쳐야
할 것이니라.
10 자기의 십자가는 자기가 짊어지고 그
고통의 길을 오는 자, 그와 같은 십자
가를 짊어지고 나의 아들 예수가 온
길을 따르는 자, 그와 같은 자가 천국
에 오를 수 있다 내가 그리 가르쳐 성
서에 기록되었거늘, 이를 거부하며 능
멸하는 말을 그저 거침없이 하는 것이
지금 종교 집단이요, 지도자들이니,

11 그들이 바른 믿음이 아니라 저희 생
계 수단으로써 종교를 끌고 가는 것
이 아니던가?
12 감히 그와 같은 자들이 진정한 종교
지도자라 하면, 어찌하여 예수를 믿기
만 하면 저희가 하늘에 오를 수 있으
며 구원을 받을 수 있으며 천국에 들
어갈 수 있다 그리 가르칠 수 있단 말
이던가?
13 너희에게 기록된 그 성서의 내용을
알고 깨닫고 읽어 본 자들이 어찌 그
리 말하는가?
14 천국에 들어가려면 그 고통의 십자가
는 예수가 대신 짊어지고 갈 수 없다
는 것을 알아야 할 것이니라.
15 너희가 천국에 오르며 천국에 들어갈
수 있는 것은 고통의 십자가를 짊어지
고 가는 자만이 구원을 받을 수 있다
하였거늘, 어찌하여 너희는 천국에 들
어가는 길을 나의 아들 예수가 너희의
그 고통의 십자가를 다 대신 짊어지고
갔다 그리 말하는가?
16 그리하여 너희 죄를 다 사해 주었기
에 너희는 죄가 없는 자라 그리 말하
고 있음이니,
17 예수는 너희들의 십자가를 짊어지고
간 것이 아니며, 지고 가지 아니하며
지고 갈 수도 없다는 것을 알라.
18 내가 그리 나의 아들에게 고통을 주지
아니함이니라.
19 나의 아들 예수가 그 십자가로써 만백
성에게 사랑이 무엇이며, 내가 존재하
며, 나의 뜻이 무엇이며, 너희에게 율
법을 지키고 사는 것이 얼마나 소중한
지, 십계명대로 사는 것이 하늘에 오
르는 그 근본을 가르치고자 그가 죽어
갔음이니,
20 너희의 죄를 대속하여 너희의 십자가
를 대신 짊어지고 그가 죽도록 내가
놔두지도 아니하였지만, 그리한 것이
아니라는 것을 알라.
21 내가 성경에 기록하여 전하였느니라.
22 '너희의 십자가는 각자 너희가 지고
나의 아들을 따르라. 그리하여야만 구
원을 받을 것이라' 그리하였거늘, 어
찌하여 그 대목을 알면서도 감히 나를
능멸하는 말을 그와 같이 쓴단 말이던
가?
23 나의 아들이 너희의 십자가를 절대
대신 질 수 없음을 알라.
24 그리고 지고 오지도 아니하였음을 너
희는 알아야 할 것이니라.
25 누구도 자신의 죄는 그 대가를 치르
며, 너희가 구원을 받고자 한다면 네
십자가를 짊어져 그 고통과 시련의 길
을 왔을 때, 그 짊어진 고통을 마다하
지 아니하고 나의 아들 예수를 따르며
나를 찾을 때 너희가 구원을 받을 수
있거늘,
26 어찌하여 나의 아들이 너희의 십자가
를 대신 짊어지고 왔다 그리 말하는가?
27 누구도 대신 짊어질 수 없으며 짊어지
고 갈 수 없음이니라.
28 너희가 남의 죄를 대신 지고 그 죄의
대가를 받을 수 없듯이, 너희가 남이
받을 수 있는 상을 나에게 와 대신 받
을 수 없듯이,
29 천국에 올 수 있는 자들이 지옥에 갈
자가 없으며, 지옥에 갈 자를 대신하
여 천국에 올 자가 갈 수 없는 것이 하

늘의 법도며, 엄연히 그것이 하늘에
한 치의 오차도 없는 것이 내가 심판
하며 보는 하늘나라의 법도이거늘,
30 어찌하여 남의 십자가를 대신 짊어지
고 갈 수 있다고 생각하는가?
31 누구도 대신 남의 십자가요, 남의 죄
를 짊어지고 갈 수 없듯이, 나의 아들
예수 또한 너희의 십자가를 대신 짊
어지고 올 수가 없음이니,
32 그를 짊어진다 하여 내가 그를 받아들
이며 나의 아들에게 그와 같은 역사를
이루도록 하지 아니할 것이니,
33 각자가 자기 십자가는 자기가 짊어지
고 나의 아들 예수를 따라 나에게 오
르는 길을 왔을 때 너희는 천국의 문
을 들어설 수 있으며 그 문이 열린다
고 기록되어 있는 그 내용을 보라.
34 그 내용이 성서에 기록되어, 똑같은
한 권의 성서를 가르치면서도 앞에서
한 말을 뒤에서 뒤집어엎으면서도 너
희가 부끄러운 줄 모르며 그 죄 됨을
모르며, 그게 나를 능멸하며 나를 욕
되게 하는 것을 과연 모르던가?
35 너희가 기도하고 경배하며 만백성을
이끌어 천국에 오르게 한다 하여 설교
하고 강론하는 자들이 과연 무엇을 알
고 무엇을 의미하여 어디에 두고 하는
가?
36 그저 생계 수단으로써 재물과 금화를
거둬들이는 데만 혈안이 되어 죄를 짓
고 있는 것이니,
37 어제 한 강론이 오늘 다르며, 오늘 한
강론이 내일에 가서 또 다르며,
38 재물을 바치는 자 앞에서 기도하는 방
법이 다르며, 권력 있는 자 앞에서 기
도하는 방법이요, 내용이 다르듯이,
39 너희가 성서를 가르치는 것도 그저 분
위기에 따라서, 기분에 따라서, 장소
에 따라서 같은 내용을 가지고 다르게
가르치며,
40 앞에 있는 내용의 두려움을 뒤에서 모
르며, 앞에 있는 내용이 뒤에서 두려
운 그와 같은 내용의 뜻을 알지도 못
하며 생각하지도 아니하며,
41 기분 나는 대로 강론하며 설교하며 그
저 '아멘, 할렐루야!' 찾도록 끌고 가
는 자들이니,
42 얼마나 어리석고 죄지은 자가 죄짓는
길을 가는 것인가를 알게 될 것이니라.

6,164 번째 하나님 말씀

2003년 5월 14일 23시 06분

1 사랑하는 나의 아들아!
2 "네, 아버님! 말씀하옵소서."
3 나의 피조물 만백성 너희는 들어야
할 것이며 가슴 깊이 새겨야 함을 잊
지 말라.
4 그리고 나의 아들을 따르는 제자 너희
는 내가 나의 아들을 통하여 너희에게
뭐라 말하였느냐?
5 곧 십계명은 영혼의 양식이요, 하늘에
오르는 길이라 그리하였음이니라.
6 십계명은 나의 친필이니라.
7 그리하여 너희가 나의 친필인 십계명
을 지키지 아니하고는, 그 어렵고 힘
든 길을 넘지 아니하고는, 그 고통의
훈련을 받지 아니하고는 절대 나에게
올 수 없으며 나의 천국의 문에 들어
설 수 없음이니라.

8 나의 하늘에 오르는 길도 볼 수 없다
는 것을 너희는 알아야 할 것이니라.
9 누가 뭐라 해도 내가 친필로 직접 써
내린 그 십계명은 구약과 신약 모두를
다 내가 축소한 그 내용이 거기에 있
는 것이니라.
10 그러니 십계명이 영혼의 양식이라는
것을 너희 가슴에 깊이 새길 것이며,
11 십계명은 나의 친필이요, 내가 직접
내리는 그 친필을 지키지 아니하고는,
지키기 어렵고 힘든 그 고통의 훈련을
받아 이기지 아니하고는 하늘에 오르
는 길도 볼 수 없다는 것을 그들에게
가르치라.
12 지금 나의 아들을 따르는 그들의 고통
이 과연 얼마나 힘들고 어려운 것인
가, 모든 종교 집단 지도자 너희는 모
르는 것이니라.
13 몇천 년 동안 흘러온 그 관습대로 흘
러온 그 종교 지도자요, 집단의 책임
자들이요,
14 아니 믿음의 길을 가는 모든 백성, 구
원을 받았다 말하는 그 백성은 지금
나의 아들을 따르는 그 제자들이요,
나의 법전을 읽고 강론을 듣고 가는
그 백성이 얼마나 고통스럽고 힘든
길을 가며, 그들이 자신과의 싸움에서
이기고자, 자신을 다스리고자 얼마나
몸부림치는가를 그들이 변하는 모습
을 너희는 모를 것이니라.
15 그들의 내면의 고통과 내면의 시련을
본다면, 너희의 믿음의 길은 얼마나
잘못된 것이며, 너희가 얼마나 편하고
평탄한 길로써 믿음의 길을 가고자 하
는 것인가?
16 어렵고 힘든 길을 가고자 아니 하는
것이 너희며, 좁은 문을 선택하지 아
니하며 넓은 문만을 선택하는 것이 너
희이니라.
17 얼마 되지 아니한 나의 아들을 따르는
제자들이요, 나의 법전을 읽는 백성,
그들이 변하고자 하는 그 고통의 삶이
요, 시련이 얼마나 힘들고 어려운지
너희는 모를 것이니라.
18 그들이 열여섯 권의 법전을 마치고 또
그들이 60권의 법전을 마치며 또 160
권의 법전을 넘겼을 때, 너희는 그들
과 감히 상상할 수 없는 하늘과 땅과
의 그 거리가 벌어져 있을 것이며, 너
희는 감히 그들을 쳐다보지도 못할 만
큼 무서우리만큼 그들이 변해 있을
것이니라.
19 2천 년 역사가 흘러온 종교의 믿음이
요, 너희가 평생 몇십 년 동안 바친 그
믿음을 단 몇 년 사이에 깨달은 그 백
성만큼도 너희가 진리를 모르며 하늘
에 오르는 길을 모르며 행함을 모른다
면 과연 너희는 어찌 가는가?
20 지금 나의 아들을 따르는 그 백성은
계란으로서는 어미 역할을 할 수 없으
며, 그 계란은 어미가 품어 병아리가
되며 그 병아리가 어렵고 힘든 과정을
거쳐 성장하여 어미닭이 된다는 그
이치를 알기에, 그들은 하나하나 그를
밟아가는 자들이니라.
21 그러나 너희는 어찌 믿음의 길을 가는
가?
22 계란이 어미닭의 행세를 하는 것이 너
희이니, 병아리로 깨어나며 그 병아리
가 살아가면서 어렵고 힘든 그 고비고

비를 넘겨 어미닭이 되는 그 과정은
너희는 무시하는 것이니라.
23 그러나 나의 아들을 따르는 백성은
그 순리요, 자연의 진리요, 자연의 순
리를 따라서 그 어렵고 힘든 고비고비
그 역경을 하나하나 견디고 가니, 그
들이 바로 어미닭이 될 수 있는 자들
임을 알아야 할 것이니라.
24 지금 너희는 어미닭의 고통이 있음을
알지 못하며, 병아리가 되는 그 고통
을 모르며, 병아리가 성장하는 그 고
통을 모르며 그저 어미닭이 되었다 그
리 말하는 어리석은 자들이니, 너희야
말로 착각 속에 사는 자라 내가 그리
말하지 아니하였던가?
25 알이 어떻게 어미닭이 되며 어떠한 역
경이요, 어떠한 형편과 어떤 고난을
겪어서 다시 알을 낳을 수 있는 어미
닭이 되는지 그 형태를 모르면서 알이
어미닭의 행세를 하는 것이 지금의 종
교 지도자 너희이니라.
26 그러니 그와 같이 장사꾼인 종교 지도
자요, 목사요, 그들의 강론이요, 설교
에 너희 인생을 팔지 말라.
27 너희가 속된 장사꾼에게 모두를 다 맡
기는 그와 같은 어리석은 자임을 알아
야 할 것이니라.
28 너희가 진정 소중한 보물이요, 생명을
구할 수 있는 약이라 하여 모두를 털
어 주고 그를 샀을 때, 그것이 하나의
휴짓조각이요, 쓰레기통으로 들어가
는 것이라면 얼마나 인간이 허망하겠
나?
29 인간 세상에서 그와 같이 허망한 꼴을
당한다면 너희는 재기할 수도 있고
그를 거울삼아 노력할 수 있으나,
30 믿음이요, 하늘에 오르는 길은 두 번
의 연습이 없음이니라.
31 한 번 잘못 가 나에게 와 심판을 받을
때, 너희는 돌이킬 수가 없으며 그를
다시 재기할 수도 없으며 변화된 길로
갈 수 없는 것이 그 믿음이니,
32 이제 장사꾼인 목사들이요, 또 종교
지도자에게, 가짜인 그들에게 너희 모
두를 팔지 말라.
33 너희가 얼마나 잘못되었는지 알겠는
가?
34 이제 더 이상 속아서는 아니 될 것이
니라.
35 그리하여 그 불쌍한 백성을 내가 구원
하고자 나의 아들을 통하여 지금 어렵
고 힘든 이 160권의 법전을 세상에 만
들어 내려보냄이니,
36 나의 이 마음이요, 내가 너희를 사랑
하는 마음이요, 너희를 소중히 아끼는
마음이요, 너희를 내 품에 들어오게
하려고 내가 문을 열고 기다리는 나의
가슴을 보도록 하라, 사랑하는 나의
아들딸들아!

6,165 번째 하나님 말씀

2003년 5월 14일 23시 13분

1 사랑하는 나의 아들아!
2 "네, 아버님! 말씀하옵소서."
3 너희가 목이 타들어 가는 그와 같은
고통과 어려움과 시련을 견디고 가는
나의 아들을 따르는 제자들과 나의 법
전을 읽고 깨우친 백성, 그리고 나의
아들로부터 강론을 듣는 그와 같은 백

성, 그들은 나의 법전이 새로운 성경
이요, 또 나의 뜻이라 하여 지키고 그
리하여 그들은 알기에 그 길을 가는
것이니라.
4 목이 타들어 가는 그와 같은 아픔과
시련을 마다하지 않고 가는 그 백성,
너희처럼 넓은 길, 편안한 믿음을 갈
줄 모르는 바보천치라 그들이 그 길을
가고 있다 생각하는가?
5 너희처럼 쉽고 편안한 길을 가지 않는
다 하여 그들이 어리석은 바보라 너희
는 그리 말함이니라.
6 너희는 그리 말하고 있음이니라.
7 지금 나의 아들을 따르는 그 제자들이
요, 나의 법전을 읽고 강론을 듣는 그
백성을 보고,
8 '어찌하여 그리 어리석기에 지옥 불로
가며 사탄의 말을 듣느냐? 어서 거기
에서 너희가 나와야만 구원을 받는다'
하며,
9 그리고 저희를 따라 성경책이라는 걸
들고 성전에 가 기도하고 경배하며 책
갈피에 깨끗한 돈을 매주 꽂아서 바
치면 천국에 가는 길이 있거늘, 어찌
하여 그 어리석은 백성이요, 어리석은
길을 가느냐, 어서 발길을 돌리라 그
리 너희에게 강요하는 자들이 수없이
있음이니라.
10 그들의 모습을 바라보는 나 여호와의
마음이 어떤 줄 알겠는가?
11 너희가 험난한 강을 목선을 타고 건너
려 노를 젓는 백성이 유람선을 타고
자 가는 그 백성 너희에게 어리석고
불쌍한 백성이라 강요하고 그를 어리
석다 하는 자들과 똑같은 그와 같은
형국임을 알라.
12 나에게 선택된 나의 백성이요, 전사로
서 갈 너희가 그들만 못하기에 목이
타들어 가는 그와 같은 고통과 아픔을
인내하며, 오늘에 나의 법전을 정독하
며 나의 아들의 강론을 듣고 따라가는
가?
13 너희가 정녕 그들보다 못한 바보천치
라 생각하는가?
14 정녕 그들은 무어라 말하는가?
15 걸인이요, 노숙자들이 남들이 당당하
게 살아가는 자, 그리고 자기 직책에
서 최선을 다하는 자, 가정을 아름답
게 꾸려 가며 사회에 그 자신을 내놓
을 때 손색이 없이 살아가는 그와 같
은 자들을 보고 어리석고 불쌍한 자라
말하는 자와 그들은 같으니라.
16 '아무 곳에서나 잠들고 아무 곳에서나
손을 내밀면 그저 먹을 것 주며 일하
지 아니해도 되는 것을, 어찌하여 아
침 댓바람에 나가 늦게까지 고생하며
상사에게 욕을 먹으며 동료에게 시달
림을 받아 가며 그와 같이 어리석은
삶을 사는 것이냐?' 그리 말하는 노숙
자들의 말과 똑같은 그와 같은 형국이
니라.
17 그것이 바로 오늘의 종교 집단이요,
지도자요, 구원을 받았다는 백성이 너
희에게 갑론을박하며 시시비비하며,
18 너희에게 사탄의 집단이요, 사악한 집
단이요, 그곳에서 발을 빼는 것이 구
원을 받는 길이라 말하는 자들의 그
어리석은 행위이니,
19 그들이 와서 너희에게 그리 말하거든
말하라.

20 '나도 바보천치가 아니요, 나도 내 나
이 먹어 내 인생을 알며 내가 내 인생
의 미래를 책임질 수 있는 그와 같은
사람이라'는 것을 그들에게 가르쳐 주
라.
21 그들이 말하는 것처럼 바보천치가 아
님을 알라 그리 전하도록 하라, 나의
아들아!

6,166 번째 하나님 말씀

2003년 5월 14일 23시 21분

1 사랑하는 나의 아들아!
2 "네, 아버님! 말씀하옵소서."
3 심판이라는 것은 내가 물리적인 심판
이요, 재앙적인 심판은 내리지 아니하
며 없다 그리 말하지 아니하였느냐?
4 그러나 지금 모든 종교 집단은 재앙의
심판이 올 것이며 불행한 역사가 올
것이라 하여 나의 피조물 만백성을 불
안과 공포에 떨도록 하며,
5 그리하여 저희에게 와 그를 대비하여
재물을 바치고 기도요, 강론을 하는
저희에게 와서 설교를 들으라 그리 가
르치는 것이 그들이 아니던가?
6 그러나 그와 같은 물리적인 재앙은 없
다는 것을 너희는 알아야 할 것이니
라.
7 그와 같은 물리적인 재앙을 막기 위하
여 내가 예방하고자 나의 법전을 세상
에 내려보내어 너희 마음을 다스리고
자 하는 것이 나 여호와의 뜻임을 알
아야 할 것이니라.
8 그리하여 너희로 하여금 나의 법전을
만백성에게 전하여 마음을 다스리며
생각을 다스리며 살아가는 마음에 변
화의 역사를 이루도록 그리하고자 함
이니라.
9 그 역사를 이루지 못하여 지금처럼 더
사악해지고 더 사악한 형국으로 간다
면 너희는 어떠한 무서운 재판이요,
심판을 받게 될 것이나, 그것이 종말
의 심판은 결코 아니니라.
10 내가 종말의 심판은 물리적인 심판이
나 물리적인 재앙의 심판이 아니요,
11 너희가 영혼이 끝나는 것이 내가 너희
에게 마지막 종말의 심판이라 하지 아
니하였는가?
12 그러니 너희가 말하는 물리적인 그 재
앙도 또한 이 세상에 없다는 것을 너
희는 만백성에게 깨우쳐 전해야 할
것이며,
13 또한 너희가 존재하기에 나의 법전이
세상에 내려가면 너희처럼 깨우치는
백성이 있으며 나의 법전을 읽고 변화
되는 백성이 있기에 내가 물리적인 재
앙을 내리지 아니하기 위하여 지금의
이 역사를 하고 있다는 것을 그들에게
전하도록 하라.
14 지금 모든 종교 집단이요, 지도자 그
들은 무어라 말하는가?
15 재앙이 올 것이라 말하면서 저희 갖은
업적을 다 자랑하느니라.
16 과연 저희가 이룬 업적인지 이루지
아니한 업적인지 저희는 알 것이니라.
17 죽어 가는 자를 살렸다 하며, 불치병
을 고쳤다 하며, 그저 걷지 못한 자 일
어서게 했다며, 정녕 그와 같은 역사
를 한 자들이라면, 신문지상이요, 책
자라는 것에 기록하여 저희 사진과 더

불어 은혜 입었다는 그와 같은 기적의
업적이라는 것을 자랑하지 아니할 것
이니라.
18 내가 무어라 말하였느냐, 진정한 보석
을 가진 자는 그 보석에 대해서 설명
이 필요 없으며 갑론을박을 하지 않
는다 그리하지 않았던가?
19 너희 지상을 오염시키는 것이 모든 종
이요, 책자요, 그곳에 무슨 업적을 세
웠으며, 무슨 역사를 세웠으며, 아이
를 낳지 못하는 자를 아이를 낳게 했
다 하며, 그저 죽어 가는 자를 살렸다
하며, 병든 자를 고쳤다는 그와 같은
너희가 이루었다는 그 업적이라는 것
을 그저 장사꾼이 물건 팔듯이 그리
선전하고 떠들고 기록하여 전하는 그
게 다 허상이니라.
20 그들은 진정한 믿음의 길을 가는 자가
아님을 알라.
21 기적이 무엇이다 떠들어 대는 자, 그
자체가 거짓된 자라는 것을 너희는
알아야 할 것이니라.
22 나 여호와가 역사하는 것을 모르는 것
이니라.
23 나 여호와가 역사하는 것은 그와 같은
기적이요, 역사를 이루도록 하는 것이
아니며,
24 개인이 무엇을 이루었으며, 어떠한 기
적을 이루었다며 광고하며 선전하는
상술에 의한 그와 같은 방법으로써 내
가 역사함이 아니요,
25 내 진정한 진리요, 가르침을 그와 같
은 역사로써 내가 이 세상에 선전하는
것이 아님을 너희는 알라.
26 장사꾼이 장사하는 것을 광고하고 선
전하는 것이 상술로써 광고하는 것이
아니던가?
27 창조주인 나 여호와가 모두를 주관하
며 내가 역사하고 있는 나 여호와의
뜻을 따르는 자들이 무슨 기적을 이루
었네 무엇을 이루었네 하며 장사꾼처
럼 상술적인 광고요, 선전을 하고 다
니는 그 자체가 무엇인 줄 알겠는가?
28 그게 너희가 나와 관계없는 자라는
것이니라.
29 나는 단 한 사람의 개인을 역사하는
것으로써 세상과 바꾸지 아니한다 하
였음이니, 내가 역사하는 것은 그와
같은 방법으로 역사하지 아니함을 알
라.
30 나는 나 스스로 역사할 수 있는 방법
이 있으며 계획이 있으며 내가 이루는
것이 있음이니,
31 물이 위에서 아래로 흐르듯이 자연적
인 발생에 의하여 나의 모든 뜻은 역
사함을 알라.
32 상술적이요, 장사꾼의 그와 같은 광고
선전하는 방법으로써 역사하는 방법
을 쓰지 않는다는 것,
33 지면을 통하여 어떠한 역사의 광고요,
또 너희에게 책자를 통하여 광고하는
것이요, 과대 선전을 하지 않는 것이
나의 뜻이니,
34 너희는 그와 같은 자들이 거짓된 자며
나와 관계없는 자라는 걸 알라.
35 정녕 저희가 나의 뜻을 따라 일을 한
다면, 그는 앞으로 이루어질 역사의
그 크고 방대한 역사를 생각한다면,
오늘의 작은 것을 기적이라 할 수 없
으며 그걸 자랑이라 할 수 없으며,

36 그걸 미끼로 삼아 붕어를 낚는 떡밥처
럼 너희가 나의 피조물 만백성을 너
희 성전으로 모아들이는 그와 같은 행
위를 하는 것이 아니니, 너희가 얼마
나 사악한 자며 얼마나 불쌍한 자며
얼마나 잘못된 자이던가?
37 내가 너희에게 가르쳐 전하기를 뭐라
했느냐?
38 '우리 교회는 만원사례'라 써 붙이라
했으니, 너희가 '만원사례'라는 것을
써 붙일 수 있는 자라면 상술적으로
광고 선전을 그리하고 행사를 하며
과대 광고의 선전을 하겠는가?
39 그러니 과대 광고를 하여 그저 미어지
게 모여들면 더 지으면 되며 늘리면
되는 그와 같은 너희들이기에 '만원사
례'라 써 붙일 수 있는 자가 세상에 하
나도 없으니, 나 여호와의 슬픈 마음
을 너희는 알겠는가?
40 이제 나의 아들을 따르는 제자들이요,
나의 법전을 읽고 이것을 읽는 백성,
너희는 나의 뜻을 알아 너희가 살아
감의 그 지표로 삼도록 그리하라.
41 쓸데없는 과대 광고요, 선전으로써,
그 허황한 짓으로써, 거짓된 것으로
써, 거짓된 기적으로써, 거짓된 업적
으로써 나의 피조물 만백성을 동요시
키는 그와 같은 것은 나의 뜻이 아님
을 알라.
42 모두를 창조했으며 모두를 역사하는
나 여호와가 인간 너희가 상술적인
방법으로써 내 뜻을 전하며 내가 역사
하는 걸 그리 전할 수 있는가?
43 어떤 광고 선전도 나의 역사를 이루는
내가 이루고자 하는 그 뜻에 미치지
못하니, 그 모두를 가지고 있는 나 여
호와가 그와 같은 방법으로 하지 않는
다는 것을 알라.
44 그것이 거짓된 자들이며 잘못된 자들
이며 거짓업적이며 거짓 사기임을 알
라.

6,167 번째 하나님 말씀

2003년 5월 14일 23시 34분

1 사랑하는 나의 아들아!
2 "네, 아버님! 말씀하옵소서."
3 너희 인간 세상에 살아가면서 너희
자녀가 초등학교라는 과정을 공부하
며 또한 중학교요, 고등학교요, 대학
교요, 대학원이라는 과정을 거쳐 가면
서 많은 세월 속에 공부하며 깨우쳐
가며 지식과 상식을 쌓아 세상에 살아
가는 그와 같은 삶을 살지 않는가?
4 하늘에 오르는 길이요, 믿음이라는 것
이 그와 같은 과정임을 너희는 알아
야 할 것이니라.
5 나의 아들을 따르는 제자들이요, 나의
법전을 읽고 깨우친 백성, 너희는 그
단계를 하나하나 착실히 밟아 나가는
그와 같은 사람들이니, 그와 같이 바
로 믿음을 행하여 가고 있는 자들이니
라.
6 그러나 지금 수천 년 동안 온 종교 집
단이요, 지도자요, 그리고 지금에 구
원을 받았다 그리 말하는 그 백성이
얼마나 어리석고 무식한 자며 잘못된
백성인 줄 알겠는가?
7 그들은 초등학교 학문이라는 그 학문
의 수준에서 벗어나지 못하고 있는 것

이니라.
8 지금의 모든 교회요, 모든 종교 집단
이요, 그리고 종교 집단의 지도자라는
자, 깨우치는 백성이라는 자, 가르치
는 자들이 초등학교 학문의 수준에서
벗어나지 못한 그와 같은 믿음을 가고
있음이니,
9 과연 그들이 무엇을 알며 무엇을 깨달
아 가르치겠는가?
10 그러니 그들을 이끌어 깨우치는 것이
너희이니라.
11 초등 학문의 수준을 넘어서 중등 학문
에 들어설 수 있는 그 길만 열어 준다
면, 그다음부터 그들은 계속 대학원이
라는 그 과정을 마치듯이 너희와 더
불어 그들이 갈 수 있는 자임을 너희
는 알아야 할 것이니라.
12 이제 너희가 나의 법전을 읽고 깨우
침으로 인하여 너희가 초등학문에 있
는 그 백성과 대화할 수 있는 거리는
점점 멀어지며, 그들을 이끌어 가기에
너무나 힘드니,
13 너희의 깨우침은 그 수준에 맞춰서 대
화해야 한다는 걸 절대 잊어서는 아니
됨이니라.
14 너희가 지금의 수준으로써 모든 백성
과 대화하며 종교 집단에 가는 자들
이 너희와 똑같은 학업을 하는 자라
생각하며 너희와 같은 수준이라 생각
하여 모든 것을 대화하며 그들을 이끌
어 준다 하면,
15 그들은 초등학문의 그 수준을 벗어나
지 못한 자요, 너희는 대학이라는 그
학문을 벗어난 자이니,
16 그것이 대화가 이루어질 수 없으며 대
화가 될 수 없으니 이 점을 깊이 깨우
쳐 행하도록 해야 함을 잊지 말아야
할 것이니라.너희가 한 권의 법전을
읽고 깨우치며 열여섯 권을 마치며 나
의 아들을 통하는 기도를 들으며 강론
을 듣는 너희는 그 단계별로 한 단계
한 단계 오르고 있음이니,
17 그 첫 단계에서 오르지 못하는 자들
과 너희가 시시비비를 하며 대화를 한
다는 것은 그들을 욕되게 하는 것이며,
18 너희가 말하는 것을 그들은 알아들을
수 없으며 이해할 수 없는 것이니, 그
점을 유념하여 나의 피조물 만백성을
깨우쳐 인도하도록 그리해야 할 것이
니 잊지 말라, 사랑하는 나의 아들딸
들아!

6,168 번째 하나님 말씀

2003년 5월 14일 23시 39분

1 사랑하는 나의 아들아!
2 "네, 아버님! 말씀하옵소서."
3 너희 인간 세상에 살아가는 것도 그러
하지 않던가?
4 남을 속이고 죄를 지은 자는 그 죄지
은 자를 잡으러 다니는 그와 같은 사
람들을 보면 두렵고 무섭지 않겠는가?
5 그러나 죄를 짓지 아니하는 자는 죄지
은 자를 잡으러 다니는 그와 같은 직
종을 가진 사람들을 만난다 해도 무섭
고 두려운 것이 하나도 없음이니라.
6 그러니 지금 나에게 오르고자 하는 백
성이요, 나로부터 선택된 백성, 너희
는 죄짓지 아니한 자가 되어야 할 것
이니라.

7 죄짓지 아니한 자는 죄지은 자를 잡
으러 다니는 사람을 봐도 걱정될 것이
없으며 두려울 것이 없다 내가 그리하
지 아니하였던가?
8 그러니 바로 죄지은 자를 잡으러 다니
는 자를 만나고 그들과 시시비비를 할
때 당당한 모습으로 살아가는 그 삶을
살아야 할 것이니,
9 너희는 바로 나 여호와에게 한 점의
부끄럼이 있는 그와 같은 삶을 살아서
는 아니 됨을 알아야 할 것이니라.
10 육의 세상에 살면서 죄지은 자를 잡으
러 다니는 그와 같은 공무원을 볼 때
죄지은 자는 두렵고 무서운 것을 알면
서,
11 너희를 심판하는 나 여호와가 너희가
살아가는 모습, 죄짓는 것, 잘못하는
것을 하나하나 내가 점검하고 있으며,
너희가 심판대에 왔을 때 그것으로써
내가 심판하고자 하는 그 무서움을 어
찌하여 너희는 모르는가?
12 인간의 죄지은 자를 잡으러 다니는 그
공무원이 죄지은 자가 무서운 줄 알면
서, 나 여호와에게 죄를 지은 것을 무
서운 줄 모르고 두려운 줄 모르고 있
음이니,
13 너희가 그와 같은 삶을 살아서는 아니
됨을 알라.
14 인간이 죄를 지은 자를 잡으려 다니는
그 공무원보다도 내가 내려다보는 그
속에서 너희가 죄를 짓고 죄짓는 행위
를 하는 것이 더 무섭고 두려운 것을
알아야 하거늘,
15 어찌하여 너희가 내 앞에서 나와 더
불어 살아가는 이 세상에서 내가 이루
어 준 이 자연의 아름다움 속에서 살
면서 너희는 나에게 죄를 지으면서
나에게 두려운 줄 모른단 말이더냐?
16 내가 바로바로 너희를 잡아 구속하지
아니하며 너희를 벌하지 아니한다 하
여 두렵고 무서운 줄 모르는가?
17 너희는 그 죄를 반드시 받음을 알아
야 할 것이니라.
18 그것이 바로 너희 운명이며 너희가
살아가는 길임을 잊지 말라.
19 인간 세상에서 죄를 지으면 잡으러 다
니는 공무원을 봤을 때 두렵고 무서우
며 겁을 먹으며 그리하여 너희가 피하
면서 그들이 있어 너희가 죄를 짓지
않으려 노력하면서,
20 어찌하여 그보다 더 무서우며 그보다
더 엄격히 다스리며 잡아가는, 그리고
다스리는 나 여호와가 있다는 것을 너
희는 생각하지 못하며 그 무서움을 모
르고 산단 말이던가?
21 그리하면서 너희는 죄지은 것이 무섭
지 아니하며 두렵지 아니하며, 나에게
욕된 짓을 하며 나에게 기쁘지 아니한
짓을 하면서 두렵고 무서운 걸 모르는
그와 같은 어리석은 백성이니,
22 나의 아들을 따르는 제자들이요, 나의
법전을 읽고 깨우친 백성 너희는 그와
같은 어리석은 삶을 살지 않도록 그리
하라.
23 내 앞에 와서 두려움이 없는 삶을 살
라.
24 죄를 지은 자를 잡으러 다니는 공무원
앞에 떠는 백성이 되지 말라.
25 내 앞에 와서 떨며 고통스러워하며 애
원하는 그와 같은 삶을 살지 말라, 사

랑하는 나의 아들딸들아!

6,169 번째 하나님 말씀

2003년 5월 15일 09시 23분

1 사랑하는 나의 아들아!
2 "네, 아버님! 말씀하옵소서."
3 네가 이 세상에 존재하는 그 의미는
오로지 한 길뿐이니라.
4 너의 제자들을 바로 가르쳐 나 여호와
가 존재함을 알며, 만백성을 구하는
길을 위하여 그들이 바로 갈 수 있으
며 바로 깨우칠 수 있도록 그들을 네
가 잘 깨우쳐 인도하는 것이 네가 해
야 할 가장 큰 일이며,
5 그 외에 네가 다른 것을 생각하며 다
른 생각을 하며 다른 곳에 초점을 맞
춘다면 너는 네 본분의 근본을 잃게
됨이니라.
6 네 제자들이 오로지 나의 뜻이요, 내
가 존재함을 알며, 나의 법전이요, 나
의 성령의 뜻을 그대로 깨우쳐 그들이
바로 서는 자로 가르치는 너는 지도자
이니라.
7 그리하여 그들이 완벽하게 바로 섰을
때, 또한 그들이 나가 만백성을 구하
는 그와 같은 역사를 해야 함이니, 네
가 얼마나 중요한 것인가를 알겠는가?
8 그와 같이 중요한 책임을 지고 있는
것이며 그 임무를 수행하는 네가 네
제자들에게 모범을 보이지 못하며 바
로 가르치지 못한다면, 이는 모두가
다 무너짐을 알아야 할 것이니라.
9 무엇보다도 나의 아들 예수가 세상에
나온 그 이유는, 구약 시대의 백성이
인간이기 때문에 율법을 지키며 계명
을 지키고 살 수 없다는 것을, 인간인
나의 아들이 세상에 나와 그를 지키는
것을 보였으나,
10 그들이 그를 지키고 따르지 아니하며
인간은 지킬 수 없다는 그와 같은 사
악한 생각이 있는 자들이요, 그와 같
은 사탄의 자식들이 만백성을 지옥으
로 이끌어 가기에,
11 인간으로서 세상에 태어나 60평생을
인간 세속에서 산 네가 변하는 그 모
습으로써 그들에게 본보기로 삼고자
함이니,
12 얼마나 네 삶이 중요하며 얼마나 네가
뿌리 깊게 내려야 하는지를 알아야
할 것이니,
13 첫째는 한 점의 부끄럼이 없는 삶을
살 수 있는 그와 같은 너 자신으로 다
스리는 데 네가 그것 외에 아무것도
생각해서는 아니 됨이니라.
14 너는 먹고 자고 입고 쓰는 그 모든 것,
네가 생활하는 것, 너 자신이 존재하
는 것까지도 생각해서는 아니 됨이니
라.
15 만백성에게 네가 뿌리를 내릴 수 있는
본보기요, 너는 그들을 위하여 준비된
자이니, 그리하여 네가 완벽한 자로서
섰을 때 모든 백성이 두말할 수 없는
그와 같은 자가 되느니라.
16 그리하여 그들이 너를 보고 변하며 용
기를 갖게 됨이니, 우선 가까이 변화
되는 것은 너의 제자들이니라.
17 네가 완벽하게 변화되고 완벽하게 섰
을 때 너의 제자들이 그리 변하게 됨
이니, 너는 그 제자들을 바로 가르치

는 데 어떠한 생각이요, 어떠한 마음
의 자세를 가져서는 아니 되느니라.
18 네가 변하는 것에 조금의 여유가 있어
도 안 되며 조금만 나태해서도 아니
됨이니라.
19 그리하여 네가 완벽하게 변하며, 너를
보고 네 제자도 완벽하게 가르치는
것이 네가 가야 할 일이며 네가 행할
일이니라.
20 그것만을 네가 충실히 하면 될 것을,
어찌하여 천 가지, 만 가지 생각을 다
하며 천 가지, 만 가지에 다 관여하고
생각하고자 하는가?
21 너는 아무런 생각을 하지 말라.
22 오로지 너는 너 자신이 변하는 것, 그
리고 너의 제자들이 너를 보고 변할
수 있는 것, 너의 제자들을 바로 가르
치는 것, 똑바로 가르치는 것, 그것 외
에는 생각하지 말라.
23 세상에 교육하는 인간 세상의 선생도
그 제자의 실력을 향상시키며 그 제자
를 바로 가르치는 데 모두를 다 바치
지 아니하며 계산된 방법이요, 온갖
인간 세상의 모든 것을 거기에 맞추며
그것을 먼저 생각하는 지도자요, 선생
은 그 제자를 가르칠 자격이 없는 것
이니라.
24 교육자는 오로지 그 제자들이 바로 크
고 성장하는 것에만 모두를 다 바쳤을
때, 그 밑에서 성장하는 제자들이 바
로 설 수 있는 것이며 바른 사람이 태
어날 수 있는 것과 마찬가지니라.
25 그러니 나의 뜻이요, 하늘의 뜻을 가
르치는 너는 나의 선택된 백성이요,
너의 제자들이 하늘의 뜻을 이해하며
한 점의 부끄럼이 없는 삶을 살아갈
수 있는 그와 같은 제자들을 육성하는
데 모두를 다 바치며 모두를 거기에만
네가 생각하라.
26 그 이상 그 이하도 생각해서는 아니
되며, 그와 관계도 없는 인간 세상의
삶에 네가 열을 내며 네가 거기에 좌
우되며 마음에 동요를 이루어서는 아
니 됨이니,
27 너의 제자들을 바로 세울 수 있도록
너의 제자들이 감히 네 앞에 와 고개
들 수 없는 그와 같은 무서운 변화를
네가 오늘부터 이루어야 할 것이니,
나의 명을 엄히 따라 지키도록 그리하
라.
28 네가 무서우리만큼 변하여 네 제자가
감히 너를 바라보지 못하며 네 앞에서
거역하는 짓을 할 수 없는 그와 같은
제자를 네가 육성하는 데 모두를 다
바치도록 그리하라, 사랑하는 나의 아
들아!
29 그게 네가 가야 할 길이며 네가 해야
할 일임을 잊지 말라.

6,170 번째 하나님 말씀

2003년 5월 15일 09시 28분

1 사랑하는 나의 아들아!
2 "네, 아버님! 말씀하옵소서."
3 인간 세상에 너희가 살아가는 그 과
정이 어떠하던가?
4 부모로부터 너희가 세상에 나옴이니,
부모의 보호 아래 너희는 어린아이로
서 깨끗하고 아름답게 성장함이니라.
5 그는 부모의 보호 아래 어린 시절을

성장하게 되며 이제 성년이 되면 어찌
하는가?
6 너희 스스로 자력으로써 모든 것을 해
결하며 그리 살아가느니라.
7 그리하여 자력으로 살아가면서 네 부
모를 기쁘게 하며 그 부모의 뜻을 따
라 순종하고 사는 그는 누구던가?
8 바로 부모의 자식이니라.
9 그리고 그 부모와 자식 사이에 그 인
연은 계속되는 것이 아니던가?
10 너희가 어느 한 시점이 되면 자력으로
써 모두를 역사하며 모두를 깨우쳐 살
아가며 또한 그가 자식을 낳아 그 가
정을 다스리고 이끌어 가는 것이 지금
의 세상의 삶이니라.
11 그러니 너희는 그 이치를 하나 깨달
았다면 과연 무엇을 깨달아야 하겠는
가?
12 너희가 어려서 성장하는 것은 깨달음
이 부족하며 하늘의 뜻을 모르며 그
이치를 모르는 너희에게 내가 가르침
이요, 보호함이니라.
13 그러나 나이가 먹어 성장하여 스스로
판단할 수 있는 그 깨달음이 온다 하
면, 너희는 과연 어떠한 깨달음으로
살아가야 하겠는가?
14 그때는 나 여호와의 기쁨을 위하여 나
여호와가 원하는 그 길을 위하여 너희
가 스스로 해결하며 스스로 행하고 살
아가는 그와 같은 역사를 했을 때, 나
여호와의 뜻에 따라가는 너희 모습을
보며 나 여호와가 가장 큰 기쁨을 얻
을 것이며, 내가 나의 백성을 세상에
창조한 그 아름다움과 보람을 느끼지
않겠는가?
15 인간 세상에서 너희가 어렸을 때는
부모가 보호하는 것처럼 나 여호와도
영적인 그 깨달음이 없는 동안은 내가
너희를 보호하고 다스림이니라.
16 그리하여 인간이 성장했을 때는 그 부
모의 뜻에 따라 살아가는 자가 그게
부모를 기쁘게 하는 자가 아니던가?
17 너희가 영적인 깨달음이 높아졌을 때
하늘의 이치를 알고 깨달아 너희 스스
로 성장할 수 있을 때가 되었을 때, 나
여호와의 뜻에 따라 살아가는 그것이
내가 가장 큰 기쁨이라 그리 말하지
아니하였던가?
18 그러나 여기서 너희가 나의 성령이요,
깨닫지 못할 때까지 내가 너희를 보호
하여 성년이 되어 놓으니 너희가 내
뜻을 거역하며 나를 능멸하는 그와 같
은 행위를 하고 살아간다면,
19 너희는 나에게 기쁨이 아니요, 나에게
고통을 주는 나의 아들딸이 됨이니,
그때는 나의 자식이 아니라 내가 그리
말하였음이니라.
20 너희가 성년이 되어 내 뜻을 따르지
아니하며 이를 거역하고 산다면, 과연
나 여호와의 자식이라 말할 수 있는가?
21 그 순간부터 너희는 나의 자식이 아
니요, 악마의 자식이 되는 것이니라.
22 너희가 악마의 자식이 되어 어찌 내
품에 올 수 있으며 천사들이 존재하는
그 하늘나라에 오를 수 있다 말하는가?
23 그러니 너희가 나 여호와의 자식이 되
느냐 악마의 자식이 되느냐 하는 것은
너희가 깨달음이 높으면 높을수록 그
선택의 여지는 좁아짐을 알아야 할
것이니라.

24 이때 너희가 흔들려서도 안 되며 나
를 등지는 일을 해서도 안 됨이니라.
25 내가 너희가 영적으로 성장하여 자력
으로 갈 만큼 너희를 보호하고 키워
놓아 그다음에는 내가 너희에게서 손
을 놓음이니,
26 그때 너희가 어찌 살아가느냐에 따라
서 너희가 나의 자식으로서 하늘에
오르는 영광을 얻는 것이냐, 그렇지
아니하면 악마의 자식으로 전락하여
지옥 불로 가느냐 하는 것은 너희의
선택이요,
27 너희의 삶은 너희의 생각에 달렸으며
노력에 달렸다는 것을 잊지 말라.
28 선택은 너희의 자유이니라.

6,171 번째 하나님 말씀

2003년 5월 15일 09시 32분

1 사랑하는 나의 아들아!
2 "네, 아버님! 말씀하옵소서."
3 나의 성령이 너희에게 임하고 임하지
아니하는 것은 너희 스스로 알 수 있
음을 알라.
4 너희가 평소 어찌 살아가느냐 하는 것
은 너희가 스스로 깨달을 것이며 너
희 자신에게 점수를 매길 수 있지 아
니하는가?
5 나 여호와의 성령이 임한 백성은 어떠
한 백성인 줄 알겠는가?
6 저 자신을 먼저 생각하는 것이 아니
요, 남을 먼저 생각하는 마음이 들 때,
그 마음이 너희 가슴속에서 스스로
우러날 때, 그때가 바로 나 여호와의
성령이 너희에게 임한 백성이라는 것
을 너희가 알게 될 것이니라.
7 남의 어려움이요, 남의 고통을 알지
못하며 저만을 위하여 저를 위주로 살
아가는 그와 같은 마음의 뿌리가 깊이
내려져 있을 때 그때는 나의 성령이
너희에게 임하지 아니하였음을 알아
야 할 것이니,
8 이것으로써 나 여호와의 성령이 너희
에게 임했는지 임하지 아니했는지 스
스로 판단하며 깨닫도록 그리 전하라.
9 나와 같이 하는 백성, 나로부터 구원
을 받았다는 백성은 나 여호와와 같이
있다는 느낌을 갖게 됨이니라.
10 나 여호와가 같이 존재하며 내가 같이
있다는 느낌을 느끼고 그를 깨닫는 백
성은 남을 먼저 생각하는 백성이라는
것을 잊지 말라.
11 그리하여 나 여호와가 너희와 같이
존재함을 믿고 그를 믿는다면 너희의
마음이 그리 변하며 성령이 그리 임하
여 있다 하면, 너희 마음이 스스로 너
희도 모르게 어린아이요, 아기와 같은
마음으로 변하게 되며 그 마음속에서
살게 됨이니라.
12 그리고 너희는 정녕 그 아기와 같은
마음에서 벗어나지 못하는 것이니라.
13 그와 같은 마음이 싹이 트기 시작하며
너희 마음속에 자리를 잡기 시작할
때, 이 세상의 모두는 다 너희가 어머
니처럼 사랑하게 되며 어머니의 사랑
과 같은 마음이 너희 가슴속에서 샘
물처럼 쉴 새 없이 흘러나오게 되는
것이 나의 성령이 임한 마음임을 알아
야 할 것이니라.
14 너희는 농부가 그 곡식을 거둬들이기

위하여 얼마나 봄부터 정성을 다하더
냐?
15 농부가 곡식을 가꾸고 또 가꾸며 그를
거둬들이는 그와 같은 농부의 마음,
그것이 바로 너희가 나의 성령이 임한
마음이니라.
16 일 년 농사를 실패한 농부라 하여 그
무엇을 좌절하던가?
17 내년을 준비하며 내년에 더 좋은 결실
을 맺겠다 하여 오늘의 실패를 거울삼
아 불평불만 없이 노력해 가며 그 미
래를 위해 그 곡식을 정성을 다하여
관리하는 그 농부와 같은 마음, 그와
같은 아름다운 마음이 나의 성령이 너
희에게 임한 마음이니라.
18 그러니 너희 자신이 너희를 평가하며
너희 스스로 다스려 볼 때 너희가 과
연 나의 성령이 임한 백성인가를 알게
될 것이니라.
19 너희가 정녕 내가 너희에게 성령이 임
한 백성이 아니라 느끼거든 항상 내가
너희와 같이한다는 그 느낌이요, 그와
같은 마음을 굳건히 하고 살아갈 때,
너희는 그와 같은 마음으로 변화된다
는 것을 잊지 말라.
20 내가 존재한다는 마음을 믿고 사는
자, 아기와 같은 마음이요, 어머니와
같은 사랑이요, 농부가 곡식을 관리하
는 것 같은 그와 같은 애절한 마음이
요, 그 정성으로써 너희 마음이 아름
답게 승화됨을 잊지 말라.
21 그리 승화된 백성이 바로 나에게 선
택된 백성이며 하늘에 오를 수 있으며
나에게 오를 수 있는 백성이라는 것을
잊지 말라, 사랑하는 나의 아들딸들아!

6,172 번째 하나님 말씀

2003년 5월 15일 11시 49분

(강론을 마치며)

1 사랑하는 나의 아들아!
2 "네, 아버님! 말씀하옵소서."
3 너를 따르는 제자들이요, 나의 법전을
읽고 깨우치는 백성, 그들에게 그리
전하라.
4 너희가 지금 춥고 추워 육신을 지탱할
수 없는 그와 같은 고통 속에 있음이
니,
5 불이라는 그 따뜻한 불길이 너희에게
절실히 필요하며 그 불길이 있어야만
너희가 살아나갈 수 있는 그와 같은
환경이며 더 이상 너희가 견딜 수 없
는 그와 같은 추위에 있을 때, 불을 피
울 수 있는 단 하나의 그 불 씨앗이 있
다 하자.
6 바로 무엇이냐?
7 너희가 불을 피울 수 있는 성냥이라는
그 한 개비가 지금 있다 생각하자.
8 그러면 너희는 그 성냥 한 개비를 어
찌 생각하며 그를 어찌 다루겠는가?
9 너희가 그를 함부로 다루며 그를 함부
로 긋겠는가?
10 모두 그 불을 붙일 수 있는 준비와 여
건을 다 해놓고 너희는 그를 그을 것
이며, 그것이 너희에게서 떨어진다 해
도 그곳에 붙을 수 있는 모든 준비를
다 해 놓고 너희는 그를 그을 것이니
라.
11 그와 같이 너희가 지금 춥고 추운 곳
에 절망적인 순간에 더 이상 견딜 수
없는 그와 같은 곳에 너희가 불을 켤

수 있는 단 하나의 성냥개비가 남아
있다 하자.
12 그걸 가지고 불을 피우는 너희의 마
음이 어떠하겠는가, 그 준비하는 너희
마음이 어떠하겠는가?
13 내가 나의 아들을 세상에 내려보냈음
이니 내가 나의 아들을 세상에 내려보
내고 보는 마음이 그와 같은 것이니라.
14 그 성냥 불을 그어 대는 것은 제자 너
희이니라.
15 너희는 그와 같은 마음으로 나의 아들
을 봐야 할 것이며, 내가 내리는 나의
성령의 뜻을 그리 받아들여야 할 것
이니라.
16 그와 같이 하나의 그 성냥개비를 가지
고 불을 붙이며 그를 붙여 세상을 다
태우는 그 역사를 하는 것이 너희이니
라.
17 그것이 그 불이 붙지 아니한다면 추위
에 견디지 못하고 살지 못하는 것이
너희이니,
18 첫째는 너희를 구원하며 너희가 사는
길이요, 그리고 너희가 삶으로 인하여
그 불에 의하여 만백성을 구할 수 있
는 그와 같은 역사를 할 수 있는 것이
너희이니,
19 바로 나의 아들이 성냥의 한 개비요,
그 성냥 한 개비를 가지고 불을 피우
는 것은 너희의 몫이며 너희가 해야
할 길이라는 것을 알아야 할 것이니
라.
20 오늘 너희는 깊이 깨우치고 생각해야
할 것이니라.
21 단 하나밖에 없는 그 성냥개비를 너희
가 어찌 그를 키워야 하며 어찌 불을
붙이겠는가?
22 그를 젖은 옷 속에 넣겠는가?
23 물 묻은 사람이 그걸 만지려 할 때 과
연 너희는 그를 만지라 하며 용납하겠
는가?
24 너희는 그와 같은 것을 용납하지 못할
것이니라.
25 불을 붙일 수 있는 그 성냥개비에 불
을 붙일 수 없도록 그 성냥개비를 망
가트릴 수 있는 자가 만지지 못하게
할 것이며 손을 대지 못하게 할 것이
니라.
26 그리하여 그를 젖지 아니하게 정성을
다하여 최선을 다하여 불을 지피도록
너희는 옆에서 보호하고 감쌀 것이니
라.
27 나의 아들을 보는 마음을 너희가 그와
같은 마음으로 봐야 할 것이니라.
28 너희가 잘못하여 젖은 자가 성냥개비
를 만진다면 그는 불을 피울 수가 없
으며 그것은 너희의 죽음이니라.
29 바로 나의 아들을 그와 같은 곳으로
밀지 말며 그와 같이 가도록 하지 말
며,
30 그와 같이 젖은 손으로 나의 아들을
만지는 그와 같은 마음의 자세를 가져
서는 아니 될 것이 너희이니라.
31 너희가 하나 남은 그 성냥개비를 어찌
피워 생명을 구원하며 만백성을 구원
하는 그 불이 될 것인가, 이 세상을 태
울 수 있는 그 하나의 불씨를 어찌 살
려야 할 것인가 하는 것은 너희의 몫
이니라.
32 그 불씨를 바라보는 너희 마음보다
열배 백배 더 가슴 졸이는 것이 나 여

호와이니라.

33 그 불이 활활 타야만 되기 때문이니, 그 불을 붙이려는 성냥개비를 가지고 있는 너희가 어찌해야 할 것인가?

34 그를 바라보는 나 여호와의 마음이 얼마나 조마조마하며 얼마나 불안하며 얼마나 초조한 마음인가?

35 그를 바라보는 내 마음을 안다면, 너희는 반드시 그 성냥개비를 가지고 불을 지펴 만백성을 구원하는 그 역사를 이루어야 할 것이니,

36 너희는 나의 아들을 보는 것이 하나의 성냥개비라는 것을 잊지 말라.

37 그를 지피는 것이 너희라는 것을 잊지 말라.

38 그를 지피기 위하여 너희는 만반의 준비를 해야 할 것이니라.

39 그 하나의 성냥개비가 불이 활활 탈 수 있는 그 역할을 했을 때, 그는 감당하지 못하는 역사를 이룰 것이며,

40 그 불이 그냥 꺼진다면 지옥이요, 캄캄한 암흑 세상의 연속일 것이니,

41 2천 년 동안 그와 같은 기나긴 세월을 흘러왔음이니, 나에게 또 몇천 년의 역사를 기다리라는 그러한 죄를 너희가 짓지 말라.

42 나는 더 이상 기다리지 아니할 것이니라.

43 그 성냥불이 꺼지는 그 순간에 이 세상은 암흑이 될 것이며 이 세상은 지상의 낙원이 이루어질 수 없음이니라.

44 나의 아들 예수를 그리하여 그와 같은 성냥개비와 같은 마음으로 내가 보냈거늘, 너희가 그 불을 껐음이니라.

45 너희가 그 가지를 부러뜨렸으며 그 가지를 꺾었으며 그 가지를 물에 집어넣는 그와 같은 행위를 하여 그 불을 지피지 못하여,

46 내가 2천 년이라는 세월을 기다려 오늘 다시 너희에게 하나의 성냥개비를 내려보냄이니,

47 그 성냥개비를 받은 것은 지금 앉아 있는 제자 너희이니, 너희가 그를 어찌 태우든 끄든 불을 살리든 하는 것은 너희 몫이니 그리 알라.

6,173 번째 하나님 말씀

2003년 5월 15일 22시 14분

녹음기 작동 오류 (원본테이프 411번 중에서)

1 사랑하는 나의 아들아!

2 "네, 아버님! 말씀하옵소서."

3 너희가 무엇을 하나 만드는 그 역사를 이루는 그와 같은 길을 가는 것도 그 근본이 있으며 기초가 있으며 기본이 있느니라.

4 그 기초요, 근본이 흔들린다는 것은 어떠한 것도 역사할 수 없다 내가 너희에게 그리 가르치지 아니하였던가?

5 너희가 크나큰 예술품의 건축물을 짓는다 해도 그 기초가 흔들리며 그 기초가 다져지지 아니하였을 때는 어떤 것도 이룰 수 없다 내가 그리 말하지 아니하였더냐?

6 지금 나의 피조물 만백성이 이 세상에 살아감이니, 그중에서 가장 소중한 것이 무엇이라 말하였느냐?

7 나 여호와가 가장 아름답게 만든 것이요, 가장 지혜 높게 만든 것이요, 생각할 수 있으며 판단할 수 있는 너희를

세상에 내보낸 것이 가장 큰 위대한
업적이라 내가 그리 말하지 아니하였
더냐?
8 모든 동식물을 관리하며 지배하고 살
수 있도록 너희에게 그 모두를 주었다
그리 말하였느니라.
9 그리하여 내가 만든 백성, 그 집단이
과연 중추적인 역할을 하고 있는 것이
무엇이던가?
10 지금 모든 종파 너희가 하늘에 오르
는 길이요, 나 여호와에게 오겠다는
그 종교 집단의 그 형상보다 더 큰 집
단이요, 그 몸체가 없음이니라.
11 모두 이 세상에 존재하는 그 기본이
요, 근본을 바로 세우고 지키고 살아
갈 것이 나의 피조물 만백성 너희이니
라.
12 너희만이 나의 뜻을 알 수 있으며 나
의 뜻에 따라 살 수 있으며 내 뜻에 의
하여 너희가 하늘에 와 구원을 받고
못 받는 그와 같은 역사를 이루는 것
이니, 너희 인간이 이 세상에 존재하
는 가장 기본이요, 기초요, 근본이니
라.
13 그 근본이 인간인 백성 너희가 또한
어떠한 것이던가?
14 그중에서 가장 비대한 것이요, 가장
큰 몸체요, 주역을 이루고 있는 것이
지금 수천 년 동안 흘러오면서 하늘에
오르는 길로 나의 피조물 만백성을 인
도하겠다 하는 종교 집단 너희이니라.
15 그러니 너희가 나의 피조물 만백성이
깨우쳐 하늘에 오르는 길이요, 너희가
나에게 다시 돌아오는 그 모든 역사하
는 몸체요, 몸통은 나를 찾는 것이며
나의 진리를 깨달으며 그 연구를 하는
백성이거늘,
16 지금 모든 종교 집단이요, 지도자 너
희는 나의 진리를 연구하며 하늘에 오
르는 길이라 하여 그 많은 집단의 형
성을 이루고 있음이니,
17 너희보다 더 몸집이 큰 집단이 없으며
너희보다 기초를 이루고 있는 집단이
없음이니라.
18 그러니 너희가 바른길이요, 하늘에 오
르는 바른길을 간다면 너희가 바로
근본이요, 기초로 하여 모든 것이 다
형성되며 이루어지는 그와 같은 형국
이 이루어졌더라면, 이 세상은 지금
하늘과 같이 아름다운 지상의 낙원이
되어 있을 것이니라.
19 그러나 가장 큰 비대한 근본이요, 기
초요, 몸통의 역할을 해야 할 나를 따
른다며 나를 경배한다는 종교 집단이
요, 그 믿는 백성 너희가 지금 잘못되
고 있으며 잘못 가고 있음이니,
20 몸통 자체가 잘못되어 있으며, 가장
큰 집단의 형성이 기초가 되며 너희
로부터 모든 역사를 이룰 수 있는 그
집단의 몸통이요, 몸체가 잘못되어 너
희가 그 기능을 발휘할 수 없으며 그
를 역사할 수 없는 그와 같은 형국으
로 만들어 놨으니,
21 어떠한 그 부속품도 거기에 맞는 것이
하나도 없으며, 그리하여 제 모양을
갖출 수 없는 것이 지금의 너희 종교
집단이요, 지도자들이 이끌어 가는 형
국이니라.
22 이 세상의 근본이요, 그 모두를 역사
하는 것은 나의 백성이요, 너희가 모

든 동식물을 지배하게 되어 있으며,
그 지배하는 동물 중에 가장 큰 몸체
는 바로 무엇이더냐?
23 나에게 오른다 하며 나의 아들을 믿고
부르짖으면 구원을 받으며…… 동식
물이요, 존재하는 모든 것의 원통의
그 몸체이니라.
24 그러니 그 원통의 근본의 몸체가 잘못
만들어졌다면 그 몸통에 끼우고자 하
는 그 모든 부속이 과연 맞겠는가?…
…
25 아무리 부속이 정교하게 잘 만들어진
다 해도 그게 역사할 수 없으며 이루
어질 수 없음이니라.……
26 몸통이 잘못된 것이 지금의 종교……
그래서 지금까지 이루어진…… 나의
뜻이요, 하늘에 오르는 길의 역사를…
…
27 그리하여 나와는 아무런 관계가 없다
내가…… 너희에게 말함이니 그리 알
라.
28 (하나님께서 기적을 보이시어, 녹음
중에 녹음기의 버튼이 저절로 튀어 녹
음 상태가 불량합니다. 또한, 총 90분
분량의 녹음테이프 중에서 B면의 녹
음이 삭제되었습니다.
29 - 녹음테이프 411번 전체의 소리 파
형-90분 분량)

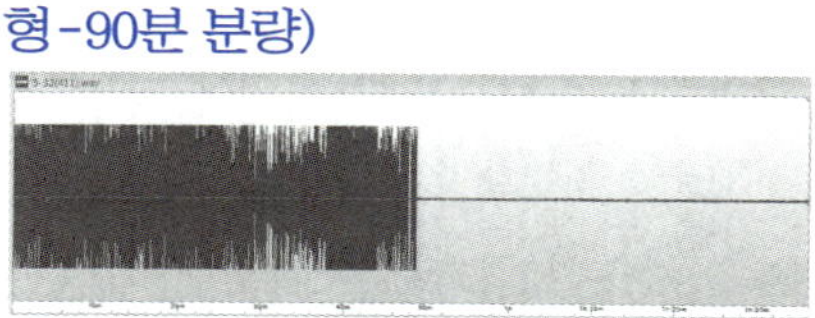

6,174 번째 하나님 말씀

2003년 5월 15일 22시 26분

1 사랑하는 나의 아들아!
2 "네, 아버님! 말씀하옵소서."
3 너희가 살아가면서 어려서부터 배우
지 못하며 학업에 입문하지 못하여 글
을 알지 못하며 세상사의 뜻을 모르는
자에게 너희가 고학력의 교과서를 가
지고 그리 가르친다 하면 과연 그가
알아들을 수 있으며 그를 따라갈 수
있더냐?
4 그들은 그를 받아들이지 못하며 그를
이해하지 못할 것이니라.
5 그러니 너희가 배우지 못하여 그를 이
해하지 못하며 그를 따르지 못하는 백
성을 탓하는 그와 같은 마음의 자세를
가져서는 아니 됨이니라.
6 이제 너희는 모든 과정을 거쳐 가면
서 하늘의 뜻이요, 나 여호와의 이치
를 알며 하늘의 법도를 듣고 깨우쳐
강론을 들어서 깨달음이 높은 경지에
오름이니,
7 너희 수준에 맞춰 나의 피조물 만백성
을 깨우치며 인도하려 그리 생각하지
말라.
8 그들의 수준에 맞춰 너희가 나의 뜻
을 가르치며 나의 성령의 뜻을 전하는
그와 같은 역사를 해야만 부작용이 없
을 것이며, 너희가 핍박받지 아니한다
는 것을 잊어서는 아니 될 것이니라.
9 너희가 오른 그 경지의 뜻을 가지고
깨달음을 가지고 기초가 되지 아니한
자, 알지 못하는 자들에게 너희가 알
고 있는 그 하늘의 뜻을 전하고 깨우

쳐 주고자 한다면,
10 그들은 역사할 수 없으며 받아들이지 못하며, 너희에게 정신이상자요, 이 세상에 존재 가치가 없는 자라 너희를 그리 핍박할 것이니, 그를 너희가 알아서 깨우치는 그와 같은 능력을 배양해야 함을 잊지 말라.
11 너희는 서서히 그 능력에 맞춰 기다리는 마음을 가지고 나의 피조물 만백성을 깨우쳐야 할 것이니라.
12 너희가 평생 살아가는 그 생명이 다할 때까지 기대하며 그 수준에 맞춰 가르치고 강론하는 그와 같은 능력으로써 그 기술이 필요함을 알아야 할 것이니라.
13 내가 무어라 했느냐?
14 새로운 시대요, 내가 지금부터 새 역사를 창조하는 그 세월을 천 년이라는 세월을 기다려 그 세월을 역사하고자 하는 것이 나 여호와의 뜻이라 내가 말하지 아니하였더냐?
15 그렇다면 내가 천 년에 걸쳐 새 역사를 이루는 지금까지 나 여호와는 몇천 년을 기다렸단 말이더냐?
16 나 여호와는 몇천 년을 기다리고 또 기다렸음이니라.
17 그러니 너희는 어찌하여 그를 기다리지 못한다 말하느냐?
18 나 여호와가 기다린 그 몇천 년의 세월에 비한다면 백 년도 안 되는 그 삶을 인내하지 못하며 그와 같이 참고 견디지 못한다면, 너희는 나로부터 선택된 백성이 아님을 알아야 할 것이니라.
19 너희가 나의 법전을 가지고 나의 뜻을 전하는 그것은 급한 마음이요, 조급한 성격이요, 혈기만을 가지고 나의 뜻을 이룰 수 없다는 것을 알아야 할 것이니라.
20 수준에 맞추어, 상대의 능력에 맞추어 너희가 알고 있는 모든 깨달음의 그 경지에 골라 거기에 맞추고 가르치고 전하는 그와 같은 부드럽고 유한 방법으로써 나의 피조물 만백성을 깨우쳐야 하며,
21 그리고 기다리는 인내가 필요함을 너희는 알아야 할 것이니라.
22 너희가 부르는 그 '사랑'의 노래가 있지 않더냐?
23 '사랑은 오래 참는다'는 그 의미를 너희는 깊이 깨우쳐야 할 것이니라.
24 사랑이란 오래 참고 인내하는 것에 그 의미가 있음이니라.
25 너희가 사랑이라는 것을 인내하지 못하며 참지 못하면 그는 사랑의 근본을 모르는 것이니라.
26 사랑은 오래 참는 데 그 의미가 있다는 그 뜻을 깊이 음미하여,
27 너희가 나의 피조물 만백성을 깨우치는 데 사랑으로 인내하고 참는 그와 같은 훈련부터 먼저 시작하며 그를 만백성에게 적용하여 그들이 하늘에 오를 수 있는 길을 열어 주도록 그리하라.
28 내가 뭐라 말하였느냐?
29 너희야말로 인간의 모든 기본이요, 근본이 되며 너희를 보고 배우고 그들이 하늘에 오른다 했음이니,
30 너희가 인내하지 못하며 너희가 사랑으로써 견디지 못한다면 이 세상 그

누구도 나의 피조물 만백성을 인도할
자가 없음이니라.
31 혈기만을 가지고 조급한 마음으로 모
두를 역사하려는 그와 같은 생각을 하
지 말라.
32 상대방이 가지고 있는 그 깨달음의 수
준이요, 그가 가지고 있는, 알아들을
수 있는 그 대화의 수준을 너희가 맞
춰 그리 행하도록 하라.
33 너희는 최고의 학문을 마친 자들과
똑같은 그와 같은 경지에 와 있음이니,
34 아직 무학자요, 초등학교라는 곳을 나
오지도 아니한 자들에게 너희가 가지
고 있는 그 높은 깨우침을 전하고자
한다면 이는 받아들이지 못하여 부작
용만 역사함을 잊지 말라, 사랑하는
나의 아들딸들아!

6,175 번째 하나님 말씀

2003년 5월 15일 22시 30분

1 사랑하는 나의 아들아!
2 "네, 아버님! 말씀하옵소서."
3 너희는 정녕 이 길을 갈 수 없다 말하
며, 이 길이 힘들며 고난의 길이요, 힘
든 이 길을 역사할 수 없다는 그와 같
은 생각을 해서는 아니 됨이니라.
4 너희는 지금 정도의 길을 가고 있음이
니라.
5 정도의 길을 가며 나 여호와의 참진리
를 깨우치고 깨우쳐 갈수록 그 문은
좁으며 험악한 길이라 내가 그리 말하
지 아니하였던가?
6 정도의 길을 가는 것은 고통의 길이
요, 고난의 길이라는 것을 너희는 어
찌 모르는가?
7 그와 같이 너희가 정도의 길을 가며
힘들어 견딜 수 없으며 고통스러워 견
딜 수 없다는 그와 같은 마음자리를
가져서는 아니 되느니라.
8 너희가 육의 행복이요, 육의 즐거움이
요, 그 향락을 산다면 너희는 정도의
길을 가면서는 그 길을 갈 수 없음이
니라.
9 그러니 육의 행복이요, 육의 향락을
위해서 너희가 살아간다면 너희는 정
도의 가는 길을 포기하면 그와 같이
갈 수 있음이니라.
10 그것은 너희가 언제라도 선택할 수 있
으며 언제라도 그 길을 갈 수 있다는
것을 알아야 할 것이니라.
11 정도의 길이 아니며 인생의 향락을 위
하여 너희가 더불어 세속에 엉켜 살
면 육의 행복이요, 즐거움이요, 인간
의 기쁨이라는 것을 가지고 살아갈 수
있을 것이니라.
12 그러나 너희가 정녕 오늘의 힘들고 어
려운 고난의 길은 너희가 정도의 길
을 가기 때문이라는 것을 잊어서는 아
니 될 것이니라.
13 너희가 오늘 함부로 향락을 위해 살지
아니하며 나 여호와의 뜻에 따라 정도
의 길을 가고자 하는 그 고달픈 육의
삶을 살아갈 때, 너희가 어렵고 힘든
그 고난의 길을 가면서 나의 백성이
요, 너희 형제인 한 사람의 반쪽만이
라도 구할 수 있다 하면, 그보다도 더
행복이요, 축복이요, 영광이 어디에
있겠는가?
14 오늘의 정도의 길이 힘들고 어려우며

고난의 길이라 너희가 좌절하고 포기
하고자 할 때, 너희 형제의 반쪽을 구
하는 것보다도 더 기쁜 영광과 축복이
없다는 것을,
15 반쪽의 인간을 구할 수 있는 것만으로
도 행복하다는 그와 같은 생각을 하고
너희가 오늘의 힘들고 어려운 정도의
길을 버리지 말고 가야 할 것이니라.
16 정도의 길을 가지 아니하는 자는 저
자신도 무너짐이요, 남을 구원할 수
없음을 알라.
17 너희가 오늘의 힘들고 어려운 고난의
길은 정도의 길이니라.
18 그것이 나에게 오르는 길이며 너희가
천국에 와 당당히 내 앞에 설 수 있으
며, 영원히 나의 낙원의 동산에서 살
수 있는 그 은혜를 받는 것이 너희가
오늘의 고통의 시련이니라.
19 그와 같은 영광을 너희가 얻을 수 있
으며, 너희가 고난의 길을 감으로 인
하여 내가 사랑하는 피조물 만백성,
한 사람의 반쪽을 구한다 해도 너희는
오늘의 고통이 영광이라 생각하며 시
련이요, 고난의 길이라 생각하지 말라.
20 그와 같은 마음자리를 가지고 산다면,
반쪽의 인간이라도 구하고 산다는 그
생각을 하고 간다면 오늘의 그 고통이
요, 시련을 견디고 이길 수 있음을 알
라, 사랑하는 나의 아들딸들아!

6,176 번째 하나님 말씀

2003년 5월 16일 09시 14분

1 사랑하는 나의 아들아!
2 "네, 아버님! 말씀하옵소서."
3 내가 너를 통하여 너의 제자들에게 일
러 전하였느니라.
4 나의 아들을 세상에 내려보내는 것은
마지막으로 한 번 켜서 잘못하면 꺼질
것이며, 잘하면 불을 붙일 단 하나의
성냥개비를 내가 세상에 내려보냈음
이니,
5 그 하나의 성냥개비를 가지고 너희가
불을 잘 켜서 불을 붙여 세상을 다 태
우는 그와 같은 역사를 이루고 못 이
루는 것은 너의 제자들이요, 그 성냥
개비를 가지고 불을 켜는 그 사람의
마음에 달렸으며 행동에 달렸다 하였
음이니라.
6 물에 젖은 사람에게 켜라 하면 그는
켜지 못할 것이며, 젖은 곳에 놓아 너
희가 실수한다면 그 불은 켜질 수 없
음이니라.
7 나의 아들을 세상에 내려보내는 것은
내가 단 하나의 성냥개비를 내려보내
는 것이요,
8 그를 켜서 세상을 다 태울 수 있는 그
역사를 이루는 것은 그 제자들이요,
가까이 따르는 너희가 하는 길이요,
너희가 해야 할 몫이라 내가 그리 말
하였음이니라.
9 이 세상에 나 여호와 창조주가 나의
아들을 통하여 하늘의 진리요, 하늘의
깨달음을 너희에게 전하며, 너희는 선
택된 백성이라 내가 그리 말하였거늘,
10 너희는 그 깊은 의미와 감사함을 모르
고 있음이니라.
11 지금 많은 종교 집단이요, 그 방대한
조직이요, 그 물질적인 풍족함에서 너
희가 노래를 부르며 성가대가 찬양을

부르고 있음이니라.
12 그들은 온갖 모양을 다 갖추어 온갖
목청을 다 갖춰 세상에 너희 인간 세
속에서 가장 잘 부르는 자, 위대한 자,
그리고 뛰어난 목소리를 가진 자, 그
와 같은 자가 성가라 하여 찬송을 부
르며 성가를 부를 때 너희는 그것에
경탄하나,
13 그가 부르고 있는 그 장소요, 그 행사
가 나 여호와와 관계없는 곳에서 부르
는 노래라 하면, 그 노래와 찬송이 얼
마나 위대하다 너희는 생각하겠는가?
14 아무런 가치와 의미가 없는 것으로써
메아리가 되어 퍼져 가는 것이니라.
15 그러나 부를 줄 모르는 자, 그리고 제
대로 발성을 연습하지 못한 자, 그래
도 그가 나의 사랑하는 백성이요, 나
의 아들을 따르는 제자들이요, 네가
집회하는 그 장소에 와 그가 그를 부
른다 하면, 그는 누굴 위해 역사하는
가?
16 진정한 나 여호와를 위하여 그는 찬송
을 부르는 것이며 나 여호와를 위하여
그는 경배하는 것이니,
17 그가 발성이 맞고 틀리고가 상관이 없
는 것이니라.
18 어린아이가 소리를 지른다 하여도 그
는 나를 찬양하며 나를 경배하며, 나
여호와가 집회하는 그 장소에 와서 그
행사의 그 흐름을 도우며 그 행사를
역사하는 자니, 그보다 더 아름다운
목소리요, 그보다 더 큰 영광이 없을
것이니라.
19 나의 이루는 것이요, 나와 관계없는
종교 집단에 가 너희가 인간의 가장
뛰어난 목소리로 성악을 하며 또 찬송
을 부르며 경배한다 해도 그것이 나를
경배하는 것이 아니라 나를 역행하는
것이요,
20 나를 따라 하는 것이 아니라 사탄의
앞에 가서 그와 같은 행위를 한다면,
21 아무리 호화로운 모습이요, 아무리 찬
란한 모습이요, 웅장한 모습을 가지고
저희가 세상의 목소리요, 아름다움을
다 동원하여 부른다 해도 사탄을 위해
경배하는 것이니라.
22 그러나 나의 아들 네가 집회하는 곳이
며 너의 제자가 집회하는 곳이며 너의
제자가 역사하는 그 단상에 서서 그저
소리만 지른다 해도 그 소리는 무엇이
냐?
23 곡이 맞든 안 맞든, 음정이 맞든 안 맞
든, 그 음성이 좋든 좋지 않든 그것은
바로 무엇이냐?
24 나 여호와를 경배하며 내가 주관하는
행사에 와 나를 경배하며 축복하는 노
래며 찬송이니, 그것이 얼마나 위대한
것이며,
25 그 단상에 서는 것이 얼마나 영광된가
를 너희는 알겠는가?
26 너희가 나의 법전을 가지고 말하며
너희가 행동하는 것이 과연 무엇인 줄
알겠느냐?
27 너희가 참진리요, 창조주 나 여호와의
뜻을 가지고 나를 대행함이니, 너희가
얼마나 위대하며 너희가 행하는 것이
얼마나 소중한가를 너희는 모르고 있
는 것이니라.
28 똑같은 백성이 살아가되 사탄의 자식
으로서 내 뜻을 거부하며 나를 능멸하

는 짓을 하는 행동을 하면서 그들이
가장 행복하며 축복받으며 영광된 것
이라 저희가 모두를 다 바치고 그리
하는 것이 잘못된 길이라 하면,
29 너희야말로 걷는 것, 잠자는 것, 먹고
쓰는 것, 행동하는 것, 말 한 마디 한
마디 하는 것이 나 여호와의 품 안에
서 이루어지며 내 뜻에 역사하는 그와
같은 일을 행하는 너희라 생각할 때,
30 너희가 얼마나 값진 자며 얼마나 영광
된 자인지 알겠는가?
31 내가 이루는 나의 아들의 행하는 모든
행사에서 말하는 자, 춤을 추는 자, 노
래하는 자, 그리고 많은 백성을 웃기
는 자, 그리고 나의 뜻을 전하는 자,
그 모두는 내가 주관하는 행사에 나를
기쁘게 하며 내가 역사하는 곳에 와서
역사함이니 얼마나 축복받은 것이며
얼마나 영광된 것인가?
32 그들보다 더 명예로운 것이 없으며,
그들보다 더 성스러운 것이 없으며,
그들보다 더 위대한 상장을 받는 것이
없으며, 그보다 더 위대한 무대에 설
수 없으며, 그보다 더 영광된 자리에
설 수 없다는 것을 너희가 알아야 할
것이니라.
33 나의 아들이 집회하는 장소에 사회를
보는 자, 그리고 만담을 하는 자, 춤으
로써 무엇을 보여 주는 자, 그와 같은
모두는 누구를 위해 하는 것이냐?
34 나 여호와의 행사를 위하여 내가 역사
하는 곳에 그가 서서 그리 부르짖으며
행함이니, 그보다 더 큰 상이 없으며
그보다 더 큰 영광이 없으며 그보다
더 큰 상장이 없다는 것을 너희는 지
금 어찌 모르는가?
35 그것이 너희의 어리석음이니라.
36 이제 너희가 행하는 것은 진정한 창
조주요, 너희가 말하는 이 세상을 만
든 아버지를 기쁘게 하여 너희가 행
하는 것이니, 얼마나 너희가 그 영광
된 삶인가를 모름이니,
37 그와 같은 미래의 행함을 깨우치도록
너의 제자들과 나의 법전을 읽는 백
성, 너희는 깨우쳐야 할 것이니라.
38 너희가 나의 아들이 주관하는 행사요,
나의 아들의 제자들이 주관하는 행사
요, 거기에 너희가 웃고 즐기든 달리
든 그 모든 행사는 나 여호와의 손에
서 이루어지는 것이며 내 품에서 이루
어지는 것이며, 그 모두는 나를 즐겁
게 하는 것이며 나를 기쁘게 하는 것
이니,
39 너희의 그 행동이 얼마나 아름답고 소
중한 것인가?
40 나를 거역하는 집단에 가서, 나를 능
멸하는 집단에 가서, 나를 욕되게 하
는 사탄의 집단에 가서 너희가 춤을
추며 노래를 부르며 모든 경주를 하며
즐기고 노는 것은,
41 그것은 너희가 지옥 불로 가기 위해
죄를 쌓는 것이며, 그것이 너희의 선
한 마음의 문을 닫는 것이라 한다 하
면,
42 그 정도의 길을 가는 백성 너희야말로
얼마나 위대한 영광을 가지고 살아가
는가?
43 그 이치를 깨닫고 알아야 할 것이니
그 이치를 깨닫도록 그 모두에게 전하
라, 사랑하는 나의 아들아!

6,177 번째 하나님 말씀

2003년 5월 16일 09시 22분

1 사랑하는 나의 아들아!
2 "네, 아버님! 말씀하옵소서."
3 너희를 가장 아름다운 모습으로 내가
창조하여 세상에 내보냈으며, 너희가
모든 동식물을 관리하고 통제할 수 있
도록 가장 높은 지혜를 주었음이니,
4 어떠한 동식물도 너희를 싸움에서 이
길 수 없으며 너희가 행하고자 하는
거기에 굴복하지 아니한 것이 없다 내
가 그리 말하였음이니,
5 너희야말로 나 여호와로부터 은혜와
축복과 영광을 받은 백성이 아니더냐?
6 너희가 지혜로 연구하고 생각하는 것
보다도 더 높은 동식물이 있으며 맹수
가 있어서 너희를 짓밟고 능멸하며
공격한다 하면 너희는 과연 얼마나
불행하더냐?
7 그러니 너희에게 높은 지혜와 높은
생각과 그 모두를 내가 내려 줘 너희
를 대적할 수 없도록 만든 것은 나 여
호와 창조주의 그 뜻이 어디에 있는지
알겠느냐?
8 너희에게 바른 생각을 하고 살라 함
이니라.
9 그리고 곧은 생각을 하고 살라 하며
정의로움을 가지고 살라 하여 내가 너
희에게 그와 같은 모든 영광과 축복을
주었으며 높은 지혜를 주었음이니라.
10 그러니 그와 같이 살라 높이 준 그 지
혜를 가지고 너희가 바른 생각을 하
지 못하고 산다면 과연 너희는 무엇
과 같더냐?
11 너희와 싸워서 지혜로 이길 수 없는
단순한 짐승과 다른 점이 무엇이던가?
12 바른 생각이요, 고운 생각이요, 아름
다운 생각이요, 베풀고 나누며 사는
그와 같은 정의로운 삶을 살지 못한다
면, 너희는 짐승과 아무런 다름이 없
는 자니 스스로 짐승이 되고자 하는
자이니라.
13 짐승이 먹이 앞에서 언제 그들이 오늘
의 친구며 어떠한 형제가 있던가?
14 먼저 배부르고 모두를 채우고 난 다음
에나 제 동료요,
15 그리하여 먹이를 앞에 놓고 그들은 얼
마나 냉혹해지며 얼마나 강해지는 모
습으로써 제 힘을 과시하는가?
16 그것이 짐승이 행하는 것이요, 짐승이
살아가는 모습이 아니더냐?
17 그러니 너희가 너 하나만 배부르며 너
하나만 잘살면 된다는 것, 그리고 바
른 생각을 하지 아니하며 어떤 수단과
방법을 가리지 않고 남보다 편안한 삶
을 살고자 하는 생각을 하고 산다 하
면, 바로 그게 짐승과 같은 생각이요,
18 너희 스스로 짐승이 되고자 하는 것과
무엇이 다르단 말이더냐?
19 이와 같이 인간이 인간의 자세로써 바
른 생각이요, 정의로운 생각이요, 사
랑하는 마음을 가지고 살지 못한다면
바로 그것은 짐승과 같음이니, 인간이
짐승과 같은 삶을 산다는 것이 무엇이
더냐?
20 인간으로서 죽은 자이니라.
21 인간으로서 죽은 자만이 그와 같이 살
아갈 수 있으며, 그와 같이 사는 자는
죽은 자라는 것을 너희는 알아야 할

것이며 그리 깨우쳐야 할 것이니라.
22 인간이 인간답게 살지 못하며 짐승과
같은 형국으로 사는 것은 짐승이 되며,
23 인간이 짐승이 된다는 것은 죽음과 같
은 것이니, 죽은 자임을 너희는 알라.
24 과연 너희는 죽은 자로서 살 것인가,
산 자로서 살 것인가 하는 것은 너희
가 마음 하나를 다스리기에 달렸음을
알라.
25 믿음의 길을 가고 있는 모든 백성이
진정한 믿음의 길을 가지 못하고 있다
하면 이는 바로 무엇이더냐?
26 정의로운 길이요, 정도의 길이요, 나
여호와의 진리를 연구하지 아니하며
나를 거역하는 그와 같은 길로 감이니,
27 내가 세상에 백성인 너희를 창조하여
내보낸 그 뜻과는 정반대의 길로 간다
하면 그게 무엇이더냐?
28 인간으로서 인간이 되기를 포기하는
그와 같은 삶을 너희가 사는 것이 아
니더냐?
29 그러니 바로 지금의 모든 종교 집단이
요, 지도자요, 그 믿음이요, 구원을 받
는다는 백성, 너희가 지금 잘못 가는
그 믿음의 길을 가는 것은 곧 너희가
죽음의 길을 선택한 것이며 죽은 자가
되고자 스스로 그 길을 간다는 것을
잊어서는 아니 될 것이니라.
30 그러니 나 여호와가 너희와 관계없다
는 그 뜻도 너희가 그와 같은 이치를
깨닫는다면 알게 될 것이니라.
31 너희가 나를 향하는 참진리요, 진정한
믿음의 길이요, 십계명이요, 나의 율
법대로 지키고 살아가는 그와 같은 삶
을 살지 않는다는 그 자체는 너희가
인간으로서 그 자세를 지키며 인간으
로서 존재하는 것을 거부하는 것이 아
니더냐?
32 그러니 바로 너희가 인간 이하의 짐
승이요, 또 죽은 자로 전락함이니, 그
는 곧 너희가 나와 아무런 관계도 없
다는 것이 여기에 있음을 알아야 할
것이니라.
33 잘못 믿음의 길을 가는 백성이 죽은
자이기 때문이니라.
34 그러니 그들을 구원하며 그들을 살리
는 것은 오로지 나의 법전뿐이요, 그
들에게 나의 법전을 전하는 것은 누가
해야 하는가?
35 나 여호와가 천사를 내보내 그를 들고
만백성에게 전할 수 있겠는가?
36 그는 그리 역사할 수 없는 것이니라.
37 오로지 그들과 똑같은 나의 아들딸이
요, 형제인 너희가 나의 피조물 만백
성 그들에게 나의 법전을 전하여,
38 그들이 죽음의 세상에서 인간으로 깨
어나며, 깨어나 짐승과 같은 그 생각
에서 인간의 원형의 형태요, 본연의
자세로 돌아올 수 있도록 하는 것,
39 저희가 본연의 자세로 돌아왔을 때 하
늘의 이치가 무엇이며 나 여호와 창조
주가 역사하는 것이 무엇인지 알게 됨
이니,
40 그때 그들이 하늘에 오르는 찬란한 빛
을 보는 반석 위에 일어서게 됨이니,
41 반석 위에 일어섰을 때 그들이 그 빛
을 따라 달려오면 되는 것이니라.
42 그러니 나로부터 선택된 나의 아들의
제자요, 만백성 너희는 무엇인 줄 알
겠느냐?

43 죽어 가는 백성을 살리는 대명을 맡은
자가 너희임을 알아야 할 것이니라.
44 죽지 않는 그와 같은 백성으로서 이끄
는 것이 너희가 가야 할 길임을 알아
야 할 것이니라.
45 모든 지금의 종교 집단이요, 믿음의
길을 가는 백성이 너무나도 잘못 간
그 뿌리가 깊고 깊어 저희가 하늘에
오르는 길이요, 천국에 오르는 길이라
하고 있으나,
46 내가 보기에는 그들이 죽음 속에서 죽
은 지가 오래된 그 백성이 악을 쓰고
있다는 것을 너는 알아야 할 것이며
너의 제자들에게 그리 전하라.
47 죽은 지 오래된 그 백성이 그 죽음 속
에서 지금 악을 쓰며 또 발악을 하고
있는 것이, 찬송을 부르며 설교를 들
으며 눈물의 기도를 드리며 지금 그와
같이 가는 형국이 죽은 백성이 죽음
의 세계에서 발악하는 형국인 것을
내가 너희에게 전함이니라.
48 저희는 아니라 말할 것이며 그럴 리
없다 말하나, 저희는 이미 나의 뜻이
아니요, 반대의 길을 가고 있는 것, 사
랑이 무엇인가를 모르고 가는 것, 정
의로움을 모르고 가는 것,
49 오로지 저만이 구원을 받으며 구원을
받았다는 그 욕심의 뿌리를 버리지 못
하는 그 백성은 오래전에 다 죽은 자
이니라.
50 죽은 자들이 죽음 속에서 지금 발악을
하고 있음이니, 그들을 거기서 구원할
길이 없음이니라.
51 서로 길을 모르며 나가는 길을 모르며
나가는 길이 없기 때문이니라.
52 그들에게 나의 법전을 내려보내어 하
나하나 계단을 만들어 그 죽음에서 악
을 쓰는 그 아비규환 속에서 그들을
구원하도록 하라, 사랑하는 나의 아들
딸들아!
53 그것이 너희가 해야 할 대명임을 잊
지 말라.

6,178 번째 하나님 말씀

2003년 5월 16일 20시 51분

(강론을 마치며)

1 사랑하는 나의 아들아!
2 "네, 아버님! 말씀하옵소서."
3 내가 너를 따르는 너의 제자들에게 이
뜻을 깨우쳐 주었음이니라.
4 보혜사가 온다는 그 역사의 뜻도 내가
너희에게 깨우쳐 주었으며, 또 나의
아들이 어떠한 대명으로써 어떠한 역
사를 하고자 이 세상에 존재하는 그
모두도 내가 너희에게 깨우쳐 주었음
이니라.
5 그리고 너희는 나의 아들을 통하여 내
리는 그 강론을 들으며 나의 법전을
읽고 깨우쳐 가는 그는 무엇이던가?
6 나 여호와가 직접 너희에게 강론하며
내가 깨우치고자 하는 것을 너희가 듣
고 깨닫는 그와 같은 축복받은 삶을
사는 백성이라는 것을 알아야 할 것이
니라.
7 모든 백성이 살아가되 한 상자 속에
진귀한 보물들이요, 모든 것을 넣어
놓고 그것을 알아맞히라 그리한다 할
때,
8 그 상자를 열지 아니하고 보지 않은

사람은 그를 알아맞힐 수 없음이니라.
9 그러나 너희는 어떠한 백성인 줄 알
겠는가?
10 나의 강론을 직접 들으며 하늘의 뜻을
알며 하늘의 이루고자 하는 것을 알며
하늘의 가르침을 아는 자들이니,
11 상자 속에 많은 것을 집어넣고 그것
을 알아맞히는 그와 같은 시합을 한
다 할 때,
12 너희는 투시하는 능력을 가지고 있음
이니 그 상자 속에 있는 것이 무엇인
가를 상세히 그림과 같이 보고 있는
그 능력을 가지며 그 축복을 받은 자
가 너희이니라.
13 그러니 그 투시 능력이 없는 자가 그
상자 속에 들어 있는 그 갖가지 형태
요, 그 물건들을 어찌 찾아내며 그 이
름을 댈 수 있다고 말하더냐?
14 그들은 절대로 이름을 댈 수 없으며
찾을 수가 없는 것이니라.
15 백 가지 중에 한두 가지는 그저 불러
대는 대로 맞힐 수 있을 것이니라.
16 그것이 바로 오늘의 종교 집단이요,
지도자들이 가고 있는 것이니,
17 그들이 아무것도 모르며 부르짖고 '이
것이 맞다, 틀리다.' 그저 갑론을박하
다가 한두 개 걸리는 것으로써 저희가
축복이요, 역사한 자라 그리 말하는
것이니라.
18 그러나 너희는 투시 능력을 내가 주
었음이니, 그 속에 있는 것의 형태요,
이름까지 정확히 아는 자 앞에 한두
가지 이름을 아는 자들이 너희보다
선생이요, 스승이라 말하는 그 어리석
은 자들이니, 그와 같은 형국임을 너
희는 알아야 할 것이니라.
19 너희는 나의 아들을 통하여 내가 직접
내리는 강론을 들으며, 하늘의 뜻이
무엇이며 창조주 내가 역사하고 이루
고자 하는 것이 무엇인지 너희는 다
알고 있으며 깨닫고 있음이니,
20 투시 능력으로써 그 밀폐된 상자 속에
있는 그 모두를 다 보고 있는 자들이
바로 너희이니, 그들과 경쟁할 때 너
희가 지겠는가, 지지 않겠는가?
21 그와 같은 기쁨과 축복이 어디에 있는
가?
22 너희는 투시 능력으로써 그를 다 보고
하나하나 이름을 불러 대며 그것을 명
시하여 그 뚜껑을 열었을 때, 승자는
너희가 되는 것은 당연한 것이 아니던
가?
23 그러니 너희는 불안해하지 말며 두려
워하지 말라.
24 아무것도 모르는 자가 세상사의 물건
을 있는 대로 짐승의 이름을 마음대로
불러 대다 그 속에 있는 것을 한두 개
는 맞힐 수 있는 것이니라.
25 그 맞힌 것을 가지고 기적을 이루는
것이며 역사를 이루는 것이며 그 모든
것을 다 아는 것처럼 그리 말하며 저
희가 그 속에 있는 것의 주인인 것처
럼 말하느니라.
26 그리하여 너희가 하도 답답하여 '이를
열어서 보겠느냐?' 그리 말하면,
27 그들은 자신이 없으니 그 상자를 열어
서 보자고는 하지 아니함이니라.
28 이것은 나 여호와가 열지 못하고 보지
아니하고, 그 이름을 대는 자가 나로
부터 선택된 백성이요, 하늘에 오르는

백성이요, 만백성을 구하는 종교 지도
자로 선택된 자이기 때문에 절대 열어
서는 안 된다, 열지 않고 그 이름을 불
러 대는 자가 맞다 하여,
29 그 백 가지 이름 중에 천 가지, 만 가
지를 둘러대는 그것이 지금의 종교 집
단이요, 지도자요, 어리석은 자들이
가는 그 형국이니라.
30 너희는 그 가짓수를 알고 있으며 그
형태를 알고 있으며 그 모양을 알고
있으며 거기에 있는 것을 정확하게 알
고 있음이니, 쪼개서 본들 무엇하며
쪼개 보지 아니한들 무엇하겠는가?
31 너희는 그들과 시시비비를 하지 말라.
32 그와 같은 형국이 지금이니라.
33 내가 나의 아들을 통하여 내리는 강론
이요, 나의 법전은 하늘의 뜻이요, 나
여호와 창조주가 이루고자 하는 뜻이
니,
34 바로 너희가 그 모두를 보고 있는 자
니 그들과 시시비비를 할 필요가 없는
것이며 그들과 갑론을박을 하지 말라.
35 내가 너희의 그 축복과 영광이 이것
임을 알아야 할 것이니라.
36 하늘의 뜻을 아는 것, 그 상자 속에 들
어 있는 그 모든 것을 다 아는 것처럼,
어두운 세상에 있는 것을 다 들여다보
는 자, 그리고 밝은 세상에서 보는 것
처럼 그 밀폐된 속에 있는 것을 다 볼
수 있으며 보고 있는 것이 너희임을
알라.
37 그를 보지 못하는 자들이 그를 보는
것처럼, 다 아는 것처럼 언성을 높이
니, 거기에 너희가 시시비비를 하지
말라.
38 결국, 그것은 쪼개질 날이 머지아니하
였으며 그를 열 날이 머지아니하였음
이니라.
39 내가 너희의 그 고통과 시련을 보도
록 그를 열지 말라 끝까지 하겠는가?
40 그들이 나 여호와가 열지 말라 한다
할지라도, 나는 열지 말라 한 사실이
없으며,
41 내가 필요에 따라서 열 것이며, 필요
하여 여는 것은 그를 내린 나 여호와
의 뜻이니,
42 감히 그들이 나를 능멸하며 나보다 높
고자 하는 그와 같이 잘못된 방자하며
오만한 자라는 것을, 이와 같이 내가
나의 뜻을 전함을 너희가 잘 깨우쳐
너희 스스로 너 자신을 알아야 할 것
이며,
43 너희가 오늘에 어떠한 위치에 서 있는
가를 스스로 깨달아, 너희 자신이 소
중하고 귀한 자임을 알라.
44 너희 모두는 밀폐된 그 상자 속에 있
는 걸 상세히 아는 자들이니라.
45 이는 곧 나의 법전이요, 나의 아들을
통하여 내리는 내가 직접 강론하는 창
조주 나의 뜻을 너희가 들음이니,
46 너희는 더 이상 위대한 스승이 없으
며, 더 위대한 선생을 만날 수 없거늘,
47 이 세상 누가 너희를 더 이상 가르치
며 더 이상 깨우칠 자가 있다 말하더
냐?
48 너희를 가르칠 자도 없으니, 이제는
깨우칠 자가 이 세상에는 없음을 알라.
49 인간 세상의 문명이요, 과학이요, 그
모두는 인간의 머리의 한계에서 배우
고 깨우치나, 너희는 하늘의 뜻을 배

우고 알고 있는 자라는 것을 잊지 말라.

50 감히 창조주 하늘의 뜻을 배우고 그를 듣는 너희를 그 누가 가르치며 너희보다 더 앞에 있는 자는 이 세상에 없음을 알라, 사랑하는 나의 아들딸들아!

6,179 번째 하나님 말씀

2003년 5월 16일 22시 38분

1 사랑하는 나의 아들아!
2 "네, 아버님! 말씀하옵소서."
3 모세를 세상에 보내어 나의 백성을 구하고자 하였으며, 또한 나의 아들 예수를 세상에 보내 나의 피조물 만백성을 구하고자 하였음이니라.
4 그러나 그 모든 역사가 오늘에 이와 같은 형국에 이르렀음이니, 정녕 내가 이를 더 보고 지탱하며 그리 갈 수가 없기에 내가 마지막 제3의 시대요, 새로운 종말의 심판의 역사를 지금 시작하고 있음이니라.
5 너희는 육으로써 죽는 것이, 육의 재앙으로써 하는 것이 종말이 아니요,
6 너희가 성령인 영적인 구원을 받고 못 받는 그 자체가 종말이라 내가 너희에게 그리 말하였음이니라.
7 그러니 지금 내가 나의 법전을 세상에 내려보내어 이를 보고 깨우쳐 구원을 받는 자, 영적인 영혼의 구원을 받지 못하는 자, 그와 같은 너희의 심판의 기준이 시작되었음이니,
8 여기서 구원받지 못하는 자는 종말을 고한다 내가 그리하였음이니라.
9 그러나 내가 나의 모세를 보내며 예수를 보내어 나의 사랑하는 백성 너희에게 그 종말의 구원의 길을 안내하고자 하였으나 너희가 이를 거부하며,
10 그 간악하고 간교한 마음의 자세로써 너희가 마음 하나를 다스리지 못하여 오늘과 같이 이와 같은 형국에 이르러,
11 내가 마지막 시대에 나의 아들을 통하여 다시 나의 뜻을 전하는 이것은 오로지 어떠한 곳에 답이 있으며 어떠한 것이 나의 진리요, 나의 성령의 뜻인지를 너희가 입증하고 만백성이 이를 보고 따를 수 있는 것은 단 한 가지뿐이니라.
12 그것은 바로 네가 천사와 같은 자요, 예수와 같은 삶을 사는 그 길밖에는 없음이니라.
13 너 자신을 위해서 그와 같은 삶을 살아, 만백성이 너를 보고 깨우쳐야 할 것이며,
14 또한 너의 제자들이 마음에 가지고 있는 마음 하나를 다스리는 것이 너의 제자들이 해야 할 일임을 알아야 할 것이니라.
15 지금 나의 법전을 읽고 깨우쳤다 말하는 자, 너희가 유사시에 너희 마음이 상하며, 마음으로 받아들일 수 없으며, 상식으로써 받아들이지 못하며 이해할 수 없는 그와 같은 돌발 사태가 이루어질 때, 과연 너희는 그를 어찌 처신하며 다스려 나가는가?
16 너희가 행동하는 것을 봤을 때, 너희가 마음을 다스리고 다스리지 아니하였음을 너희 스스로는 알 수 있을 것이니라.
17 내가 너희에게 무어라 말하여 전했느

냐?
18 남이 잘못하는 것은 너희 눈으로 보
이나, 너희가 잘못하는 것은 볼 수 없
으며 보이지 않는다 하지 아니하였더
냐?
19 그리하여 너희가 깨달음이 높아지며
변하는 변화를 너희는 모르나 나는
알고 있다 하였으나,
20 너희가 원천적인 마음의 뿌리요, 마음
의 변화를 아직 이루지 못하고 있음이
니,
21 너를 따르는 제자들이 그 마음을 다
스리는 것이 너희가 역사하는 것이요,
22 나의 아들인 너는 모든 언행의 그 모
두가 예수와 같은 삶을 사는 그것으로
써 나의 법전이 진정한 나의 진리요,
창조주 내가 내리는 것이라 그들이 믿
고 따르는 것이니,
23 그것 외에는 아무런 답이 없음을 너희
는 알아야 할 것이니라.
24 나의 아들 너는 예수와 같은 삶을 사
는 것이요, 너를 따르는 제자들은 너
희 마음을 다스리는 것이, 그 마음을
다스리는 변화를 이루는 것만이 너희
가 나의 뜻을 이루는 역사함이며, 너
희가 선택된 백성으로서 그 책무를 다
하는 것이며, 내가 이루고자 하는 그
사역에 참여하는 백성이라는 것을 잊
어서는 아니 될 것이니라.
25 너희가 마음도 아직 다스리지 못하여
너희 마음이 상할 때, 이해하지 못할
때, 용서할 수 없는 그와 같은 삶이 부
닥쳤을 때,
26 너희는 성격이 불같이 변화되며, 불같
은 성격이 되살아남이니,
27 그러고서는 너희가 변화된 것이라 말
할 수 없는 것이니라.
28 그 불같이 일어나는 성격을 다스릴 수
있으며 그 마음을 다스릴 수 있는 것
이 너의 제자들이 해야 할 일이라는
것을 그 제자들에게 깨우쳐 주도록 그
리하라.

6,180 번째 하나님 말씀

2003년 5월 16일 22시 43분

1 사랑하는 나의 아들아!
2 "네, 아버님! 말씀하옵소서."
3 내가 너를 통하여 너의 제자들에게 강
론하여 가르치기를, 보혜사의 그 의미
를 깨우쳐 전하였음이니, 그를 나의
법전에 전하여 만백성이 깨우쳐 바른
진리요, 깨달음을 얻도록 그리하라.
4 내가 나의 아들을 통하여 그 성서에
기록하여 전하기를 뭐라 말하였느냐?
5 나의 아들 예수 스스로 떠나가는 것이
오늘의 슬픔이요, 너희가 알 수 있는
아픈 마음이 있으나,
6 '이는 곧 내가 떠나는 것이 너희에게
유익한 것이며, 내가 떠나야만 새로운
보혜사가 와 이 세상에 아버지의 뜻을
전하며 그 역사가 이루어지는 변화가
이루어질 것이라.' 성경에 기록하여
나의 아들 예수가 그리 전하지 아니하
였던가?
7 그렇다면 너희는 그 의미를 아는가?
8 나의 아들 예수가 곧 무엇이라 생각하
는가?
9 나의 아들 예수가 곧 감으로 인하여
다른 보혜사가 온다 하는 것은, 바로

나의 아들 예수가 보혜사로서 나의 임
무를 받아 세상에 보내진 자로서 역사
했다는 것을 너희는 알 수 있지 않은
가?
10 이것으로써 보낸 나 여호와가 있으며
보냄을 받은 나의 아들 예수가 있음이
니,
11 나의 아들 예수가 세상에 나가 너희를
깨우치게 하는 것은 보혜사로서 그 임
무를 다하고자 하였음을 너희는 알아
야 할 것이니라.
12 그리하여 다른 보혜사가 온다 하면 무
엇을 의미하는가?
13 예수가 나의 아들로서, 그 보혜사로서
만백성을 구하기 위하여 그 역사를 하
였음이니, 다른 보혜사는 바로 예수와
같은 뜻을 가지고 예수와 같은 역사
를 할 것이며,
14 예수와 같은 중책을 받아 나의 아들로
서 세상에 다시 내려오며 보내진다는
것을 나의 아들 예수가 기록하여 너희
에게 전한 그 의미를 깊이 알아야 할
것이니라.
15 이 얼마나 중요한 뜻이며 얼마나 위대
한 의미인가를, 나의 아들 예수가 보
혜사로서 왔음을 그가 말하는 것이며,
16 다른 보혜사가 곧 온다는 것은 예수와
같은 똑같은 임무요, 역사하는 나의
아들이 세상에 다시 온다는 것을 기록
하여 전했음이니라.
17 예수가 나의 아들로서 모두를 역사했
음이니, 지금 내가 나의 아들이라 명
하여 보낸 나의 아들을 과연 내가 뭐
라 칭하는가?
18 그를 나의 뜻이라, 나의 아들이라 내
가 칭하지 않는가?
19 이 뜻을 너희는 알아야 할 것이며 이
깊은 의미를 너의 제자들은 알아야 할
것이며, 이 소중하고 귀하고 위대한
것을 너희가 알아야 할 것이니라.
20 성서에 기록된 보혜사요, 나의 아들
예수가 보혜사로서 그 임무를 다했듯
이,
21 지금 보내지는 나의 아들도 보혜사라
는 것처럼 나의 아들로 하여금 세상
모두를 통제하고자 했던 그 역사의 변
화가 다시 지금 이루어지고 행해짐을
너희는 알아야 할 것이니라.
22 지금 나의 아들로 하여금 세상에 나의
뜻을 전하는 그 역사이니, 이는 바로
무엇이던가?
23 예수를 보혜사로서 보내어 역사했던
그 뜻과 같이 지금 내가 나의 아들을
보내어 역사한 그 보혜사의 임무를 맡
은 마지막 보혜사로서 네가 보내진 나
의 아들이라는 것을 너희가 알아야 할
것이니,
24 이에 대하여 너희가 어떤 반문도 제
기해서는 아니 될 것이니, 이를 거부
하는 자는 하늘의 뜻을 모르며 나의
성서를 거역하는 자들이며,
25 하늘에 오르는 길이요, 한 획도 고치
고 뜯어서 안 된다는 나의 성서를 너
희 임의대로 해석하며 너희 마음대로
인간의 계명대로 수정하고 가르치고
그리 행하는 것을 증거함을 너희는
알아야 할 것이니라.
26 이제 제자들은 알라.
27 나의 아들의 제자요, 나의 법전을 믿
는 너희는 성서에 기록된 그 위대함

을, 나의 아들 예수가 보혜사로서 세
상에 와서 만백성을 구했으며,
28 다른 보혜사는 나의 아들 예수와 같은
똑같은 동등한 자격을 가지고 세상에
다음 자가 와 전한다는 그 의미이니라.
29 그러니 예수가 역사했던 것을 받아서
그가 이루고자 했던 것을 똑같이 이루
어 가는 자가 됨이니, 이 위대한 역사
의 비밀을 너희는 알고 지나가며 깨
우쳐야 함을 잊지 말라.

6,181 번째 하나님 말씀

2003년 5월 16일 22시 50분

1 사랑하는 나의 아들아!
2 "네, 아버님! 말씀하옵소서."
3 너희가 깨우쳐 하늘에 오르는 그 길고
긴 역사는 무엇으로써 이루어지는가?
4 너희가 말하는 창조주 나 여호와의 말
로써, 너희가 말하는 나의 말씀으로써
모두가 이루어졌으며 전해져 내려오
는 것이 아니던가?
5 그러니 너희는 나의 말씀이라는 나의
성령의 뜻으로써 말로써 너희에게 전
해지고 또 전해져 너희가 깨우치는
그와 같은 변화의 역사를 이루고자 함
이니, 이는 바로 무엇이던가?
6 내가 보낸 이가 있으며 또한 이를 받
아 전하는 자가 있음이요, 전하는 자
가 있음이니, 또한 너희가 듣고 깨우
치는 백성이 있음이니라.
7 그리하여 너희를 깨우쳐 바로 하늘에
오르는 그 역사를 깨닫게 하고자 하는
것이니,
8 보낸 자가 있으며 보내진 자가 있는
이와 같은 엄연한 사실 앞에 그를 듣
고 깨우칠만한 백성이 없으며 듣는 자
가 없으며 그리고 이를 바로 이해하고
들어 저희 것으로 만들어 바로 행하고
실천하는 백성이 세상에 없는 것이 지
금의 형국이니라.
9 하늘의 뜻은 말로써 말씀으로 전해진
다 함이니,
10 이를 전해 내린 자가 있으며, 이를 받
은 자가 있으며, 또 받아서 전하는 자
가 있으며, 또 들어서 깨우치는 자가
있으며, 그 깨우치는 자로 하여금 듣
고 깨우치는 백성이 있어야 하나,
11 너희는 지금 바로 듣고 깨우치는 백성
이 없는 이와 같은 형국이 되었으니,
듣지 못하는 자들이 지금 이 세상에
존재하고 있음이니라.
12 그리하여 성령의 뜻이요, 나의 뜻을
내려보내는 것은 너희가 말씀으로써
전하며 그를 또 전해서 들은 자가 너
희를 깨우치고자 하나,
13 이를 너희가 깨닫지 못하며 듣지 못
하기에 내가 지금 나의 아들을 통하여
글로써 세상에 내려보냄이니,
14 이를 보낸 자는 나 여호와요, 보냄을
받은 자는 나의 아들이며, 모든 성령
으로써 너희를 깨우쳐 전하고자 함이
니라.
15 말로써 전해질 때, 너희가 듣지 아니
하며 깨우치지 못하기 때문이니, 그리
하여 내가 글로써 나의 성령의 뜻을
너희에게 책으로 엮어 지금 보내고자
하는 것이 나의 뜻이며 내가 역사하는
것이니라.
16 내가 나의 뜻을 글로써 책으로써 만들

어 내가 선택한 민족이요, 백성의 글
로써 너희에게 전함이니, 이를 듣지
못하는 자들은 무엇이던가?
17 인간이 아님을, 인간이기를 포기하는
것이 듣지 못하는 자며 듣지 아니하려
는 자이니라.
18 짐승이라면 차라리 내가 매로써 다스
려서 매로써 무섭게 길들여 너희를
가르치고 깨우쳐 내가 너희를 다스려
나갈 수 있건만,
19 너희는 매로써 다스릴 수 없는 백성이
며 매로써 바로잡을 수 없는 것이니라.
20 너희는 오로지 나의 성령이요, 너희가
말하는 나 여호와 아버지의 말씀으로
써만 너희를 다스릴 수 있으며, 그리
너희를 깨우쳐 이끌어 나가는 길밖에
없음이니라.
21 그러니 내가 매로써 너희를 다스릴
수도 없는 것이며 나의 성령으로써 너
희를 다스림이니,
22 내가 육을 가진 너희와 똑같은 백성
으로 세상에 내려보내어 그 사람으로
하여금 사람으로서 너희를 가르치고
자 하는 것이 나 여호와의 뜻이라는
것을 너희는 알아야 할 것이니라.
23 그리하여 사람의 형체인 육을 가진 나
의 아들을 보내어 너희와 똑같은 인
간의 모습으로써 세상에 내려보내 너
희를 깨우치고자 하는 것이 나 여호와
의 뜻임을 너희는 알아야 할 것이니
라.
24 이것이 곧 나의 뜻이니라.
25 그와 같은 역사의 가르치는 방법이 성
서에 기록되었으며, 인간인 너희가 가
르치는 것은 인간의 형태요, 육의 형
태를 가진 선택된 나의 아들로서 너
희를 가르치는 그와 같은 역사로 세상
의 성서에 기록되어 전해졌음을 너희
는 알아야 할 것이니라.
26 인간의 형태로 온 자가 인간의 형태로
써 너희를 가르치는 것이 나 여호와의
진정한 성령의 뜻을 그대로 가르치는
자가 존재하며 세상에 내려와 너희를
이끌어 간다는 것이 성서에 기록되어
있음이니,
27 너희가 그를 찾아 깨우쳐 보면 나의
뜻을 알게 될 것이니라.
28 모든 것은 기록으로 인하여 가르치며
그와 같은 것은 예견되어 있으며 역사
속에 기록되어 있음을 너희는 알아야
할 것이니 그리 알라.
29 모세의 시대는 모세의 행함을 기록하
고, 예수의 시대는 예수의 행함이요,
제3의 시대는 나 여호와가 지금 새로
역사하는 그 모두를 내가 글로써 준비
하여 너희에게 전함이니,
30 새로운 성경이요, 새로운 법전이라 하
여 내가 낱낱이 기록하여 너희에게 전
함이니,
31 이제는 너희가 나의 뜻을 읽을 때가
될 것이며, 내가 원하고자 하는 그 뜻
을 너희가 해석할 수 있으며 내가 너
희에게 원하고자 하는 그 의미를 알
수 있는 것이니라.
32 그리하여 나로부터 선택된 백성 너희
는 나의 새로운 성경이요, 법전을 읽
는다면 그 뜻을 알고 있으며 그 해석
의 의미를 알 수 있으니, 곧 너희가 설
교할 수 있으며 만백성을 가르칠 수
있는 것이니라.

33 그리하여 내가 책으로써 글로써 만드는 것은 너희로 하여금 전사로서 나의 피조물 만백성을 깨우쳐 이끄는 일꾼으로 쓰기 위하여, 그를 증거하기 위하여 내가 글로써 보냈으며, 글로써 세상에 내보내며 글로써 너희에게 증거하는 그 역사를 열고 있다는 것을 잊지 말라.

34 너희가 보면 깨우칠 수 있으며 읽으면 그 뜻을 알 수 있으며 너희가 바로 해석할 수 있는 그와 같은 것이 나의 법전이니,

35 너희가 전사로서 만백성을 설교하고 가르치는 그 역사를 하기 위하여 내가 나의 160권의 법전을 증거하여 책으로 만들어 너희 손에 쥐여 줌을 잊지 말라, 사랑하는 나의 아들딸들아!

6,182 번째 하나님 말씀

2003년 5월 16일 22시 58분

1 사랑하는 나의 아들아!

2 "네, 아버님! 말씀하옵소서."

3 나 여호와가 직접 나의 아들을 통하여 내리는 나의 새로운 성경이요, 나의 법전을 너를 따르는 제자들이요, 만백성은 과연 얼마나 정성을 들여 정독하며 그 의미의 소중함을 감사하며 그 법전을 읽고 정독하는가?

4 그를 너의 제자들에게 물어보도록 그리하라.

5 너의 제자들은 어찌하는가?

6 인간 세속에서 서로 좋아하는 사람, 서로 사랑하는 사람으로부터 받은 편지만큼 너희가 정성 들여 아름다운 생각과 아름다운 마음을 가지고 나의 법전을 과연 정독하고 있는가?

7 그만큼도 정성을 들이지 아니하며 그만큼 사랑하는 마음으로써 나의 법전을 정독하지 아니함이니, 너희의 마음 자세가 그러하니라.

8 너희는 어떠한가?

9 사랑하는 사람이 보내온 편지를 읽을 때, 너희는 그 사람의 가장 아름다운 모습이요, 가장 사랑스러운 모습을 생각하면서 그를 그리워하면서 그를 보는 것 같은 마음의 자세로써 그 편지를 읽고 또 읽어 그 한 구절구절을 너희 가슴속에 깊이 간직하고 읽는 것이 아니던가?

10 그러나 너희는 나의 법전을 과연 나 여호와를 얼마만큼 생각하며 나를 그리며 법전을 읽고 깨우쳐 가고자 하는 마음 자세가 되어 있는가?

11 내가 너희에게 뭐라 깨우쳐 전하였는가?

12 나의 아들을 통하여 너희에게 가르치기를, 너희가 나의 법전을 열 때 내가 너희와 같이한다 하며 네 앞에 내가 앉아 있다 너희에게 그리 말하였거늘,

13 과연 너희는 나의 법전을 읽고 정독할 때, 나 여호와의 모습을 얼마나 그리며 나를 얼마나 생각하며 내 얼굴의 형태를 얼마나 마음속에 그리면서 나의 법전을 읽는가?

14 그리고 나 여호와가 존재함을 얼마나 깨달으며 나 여호와가 너희에게 내려준 그 모든 은혜에 얼마나 감사하는 마음을 가지고 너희가 나의 법전을 읽고 접했다 생각할 수 있겠는가?

15 너희가 과연 어떠한 마음으로 나의 법
전을 정독하고 깨우치고 읽었는가?
16 그것을 너희 스스로 한번 물어보도록
그리하라.
17 너희는 사랑하는 사람의 마음을 너희
자신이 느끼는 감정을 갖고 있을 때,
그 내용과 그 아름다움과 그 뜻을 다
알고 그가 전하고자 하는 그것까지도
다 아는 그 깊이까지 너희 마음이 들
어가는 것이 아니던가?
18 그리고 그것까지 너희가 아름답게 마
음을 펼치며 생각하며 읽는 것이 아니
던가?
19 그리하여 그 사람의 사랑하는 마음이
요, 그 사람이 소중히 간직한 마음이
요, 그가 편지를 쓰는 마음이요, 편지
를 쓰는 그 생각이요, 그 행동까지도
너희는 다 느끼며 알면서 그 편지를
읽지 않는가?
20 그러면서 너희가 사랑하는 그 사람이
보낸 그 편지에 대해 맞춤법이 틀렸으
며 띄어쓰기가 틀렸으며 그 내용이 앞
뒤가 바뀌었다 한들 너희가 그 뜻을
모르며, 그 글씨를 엉망으로 썼다 하
여 그 뜻을 모르며, 그가 전하고자 하
는 것을 모르는가?
21 너희는 완벽히 깨닫고 앎이니, 그것은
바로 무엇이던가?
22 너희가 그만큼 사랑하는 마음이요, 아
끼는 마음이요, 소중한 마음이요, 그
와 같은 모든 마음의 정성을 느끼고
읽어 가기에, 아무리 엉망으로 되었든
앞뒤가 바뀐 글이라도 너희는 그 뜻을
충분히 음미함이니라.
23 그러니 나의 법전을 보는 너희의 마음
은 과연 어떠한가?
24 너희가 사랑하는 사람이 보내는 그 편
지는 감히 비평하지 못하며 그 뜻이
잘못되었으며 그 앞뒤가 바뀌었다 하
여 감히 시시비비를 가리지 아니하고,
오로지 사랑이 충만한 마음으로 그를
보고 읽지 않는가?
25 과연 너희는 나의 새로운 성경의 뜻
을 얼마나 알고 있는가?
26 그리고 감히 내가 내리는 나의 법전이
요, 새로운 성경을 읽고 비평하며 시
시비비를 하지 아니하는가?
27 그리고 만백성 내가 너희를 구원하기
위해 내리는 나의 법전을 읽는 모든
종교 지도자요, 집단 그들은 나의 법
전을 놓고 혹독하게 비평하며 나의 법
전을 읽고 시시비비하는 마음으로 나
의 법전이요, 새로운 성경을 접함이니,
28 이것이 바로 인간 너희의 마음 자세
이니라.
29 이제 나의 아들을 따르는 제자들이요,
나의 법전을 읽는 깨우친 만백성, 너
희는 사랑하는 사람으로부터 소중히
받은 편지보다도 열배 백배 더 깊이
소중한 마음으로 읽고 접할 것이며,
30 너희가 깨달아 나에게 오르는 길의 찬
란한 빛을 볼 수 있도록 그리해야 함
을 잊지 말라, 사랑하는 나의 아들딸
들아!

6,183 번째 하나님 말씀

2003년 5월 16일 23시 11분

1 사랑하는 나의 아들아!
2 "네, 아버님! 말씀하옵소서."

3 내가 너희에게 깨우쳐 전함이니, 미래에 이루어지는 것은 다 때가 있다 내가 너희에게 전하여 깨우쳐 주었음이니라.

4 모든 것은 때가 있으며 역사하는 그 시기가 있음을 너희는 알아야 할 것이니라.

5 정녕 신약의 복음과 구약의 복음 그 모두는 지나간 일들을 후손에게서 들어서 정리해 너희에게 전해진 그 복음서라는 것을 내가 너희에게 전함이니,

6 이와 같은 뜻을 너희는 깊이 깨우쳐야 함을 잊어서는 아니 될 것이니라.

7 지금 심판의 시대에 나 여호와의 성령이 전달됨은 날짜와 시간이 기록되어 있으며 엄연히 그와 같은 모든 증거함이 기록되어 지금 세상에 내려감이니,

8 많은 세월이 흐른 뒤 오늘의 날짜요, 오늘의 시간이 기록됨이 얼마나 위대한 나 여호와의 뜻인가를 알게 될 것이니라.

9 내가 지금 날짜와 시간을 정확히 기록하여 너희에게 전하는 것은 나 여호와가 직접 관여하며 직접 너희에게 깨우치고자 하는 그 역사이니,

10 아무리 세월이 지난다 해도 이 시대와 이 날짜와 시간이 너희에게 모든 역사를 증거하는 그 대변화의 기틀을 잡을 것이며,

11 이로 하여금 너희는 굳건히 나의 새로운 성경이요, 나의 법전이 존재하였음을 알게 될 것이니라.

12 그리하여 마지막 시대에 내가 이리 기록함이니라.

13 너희가 구약과 신약은 나의 아들로부터 배운 그 제자들이 생동감 있게 기록하여 전한 것이 아니요,

14 그를 따라 배우는 제자들이 또 그 스승이 하는 것을 보고 듣고 깨우쳐 그리 전하였기에 날짜와 장소가 기록되어 있지 아니함이니,

15 이는 내가 마지막 시대 내가 직접 관여하는 것 때문에 마지막에 날짜와 시간이 정확히 기록되어 전함이니, 여기에서 위대함을 너희는 알아야 할 것이니라.

16 여기에 구약과 신약 당시 너희가 말하는 모든 언행을 전하는 자들처럼 그 현장에서 이루어진 것을 그대로 기록하여 역사에 반영하고자 상세히 기록되어 전한 것이 아님을 너희는 알아야 할 것이니라.

17 많은 세월이 흐르고 시간이 흐른 다음에 그 제자들이 가르치고 전한 것을 기록하여 만든 것이니, 이를 너희는 깊이 깨우쳐야 할 것이니라.

18 그러니 여기서 어떠한 변화의 역사를 이루었겠느냐?

19 나의 아들 예수로부터 받은 자의 그 제자들이 받아 그들이 깨우친 것을 전하였음이니, 그들이 전할 때 그 생각이 있었을 것이며 거기에서 또한 오차의 범위가 있었을 것이니라.

20 그러나 지금 심판의 시대에 나 여호와가 직접 관여하는 지금의 시대는 그와 같은 것을 내가 다 너희에게 명확히 전하고 깨우쳐 주기 위하여 날짜와 시간을 명확히 기록하여 전해짐을 너희는 알아야 할 것이니라.

21 그리고 너희는 또 깨우쳐야 할 것이니라.

22 예언함이라는 것은 날짜가 있으며 그 시간이 기록되어야 하며, 그 예언이라는 것은 후세에 반드시 그와 같이 시행되고 이루어지는 결과가 더불어 역사하기 때문이니라.

23 그리하여 어느 시대요, 어느 시간에 이루어진 것이며, 예언된 것이며, 나 여호와가 너희에게 깨우쳐 전하고자 하는 것인가를 시작한 그 시간과 날짜가 정확히 기록되어야 하며,

24 그 날짜와 시간이 기록된 그 예언의 내용이요, 미래에 역사하는 것이 얼마만큼 어느 시대에 와서 이루어졌는가 그 결과는 너희가 같이 보고 깨우쳐 느낄 수 있어 이를 증거할 수 있는 것이 바로 내가 지금 이루고자 하는 새로운 시대의 역사의 위대함을 너희는 알아야 할 것이니라.

25 모든 가르침이 기록된 성서는 나의 아들 예수로부터, 모세로부터 받아 들은 것을 그 제자들이 또 전하는 것을 그 따르는 제자들이 기록하여 전하는 그와 같은 역사로써 모든 것이 이루어졌음을 너희는 알아야 할 것이니,

26 오늘날 내가 장소와 시간과 그 모두를 명확히 그 시대의 환경을 기록하여 전하는 그 위대한 역사함을 너희는 알아야 할 것이며,

27 그리하여 내가 직접 관장하는 것이며 내가 역사하는 제3의 시대가 지금 열어진다는 것을, 그리고 심판의 기준이라는 것을,

28 어느 시대에 어찌 이루어졌는가, 그리고 어느 시대에 어찌하여 내 새로운 성경이 내려왔으며 법전이 내려왔는가, 그 시대의 배경과 그 시점을 너희가 정확히 알고 있어야 함을 잊어서는 아니 될 것이니라.

29 그리하여 내가 너희에게 이를 전함이니라.

30 그리하여 모든 나의 피조물 만백성이요, 종교 집단이요, 지도자요, 그와 같은 자는 그 시대에 어떠한 일을 해야 할 것이며 너희가 역사할 것이며 너희의 각자의 임무가 더불어 그 속에서 기록되어 나오게 됨을 알아야 할 것이니라.

31 지금 나의 아들을 따르는 제자들이요, 나의 법전을 읽고 깨우쳐 나의 성전에 와 나의 아들로부터 강론을 듣는 자, 너희가 마지막 나의 160권의 법전에 그 이름이 기록된다 함은,

32 너희가 어느 시대에 어느 세월에 살아서 어떠한 임무를 맡았으며, 어떠한 직무를 맡아 얼마만큼 잘 수행했는지 너희가 역사한 것이 다 거기에 같이 기록되어 남을 것이니라.

33 그리하여 나로부터 선택된 백성 그 모두는 그가 지켜야 할 책무를 가지고 나왔으며 그 책무를 받아 가지고 나온 것이니라.

34 그러니 모든 종교 집단이요, 지도자들, 과연 만백성을 구하는 자들이 나로부터 어떠한 책무를 받아 가지고 세상에 나왔는지 그 자체를 알지 못하며,

35 제 책무가 무엇인가를 알지 못하는 자들이 그 책무를 벗어나 만백성을 구하는 종교 지도자라 하여 그리 지금 가

고 있음이니, 그들은 제 임무를 모르
고 있는 자이니라.
36 더욱이 나 여호와의 뜻을 사역하는 백
성이요, 그곳에 선택된 백성은 확실한
책무를, 정확한 책무를 수행해야만 됨
을 알라.
37 저희 스스로 책무를 알아 그 책무에
따라 정확히 행하는 것이 그들이 가야
할 길이거늘,
38 지금의 종교 지도자요, 집단이요, 그
들은 그 책무를 모르며 저희가 어디
서 무엇으로써 어찌해야 할 그 자체
를 모르고 있음이니, 그리하여 잘못된
자들이며 나와 관계없는 짓을 하고 있
으며 나의 뜻을 거역하는 자들이 하고
있는 행위라 내가 그리 말하였음이니
라.
39 내가 이제 나의 아들을 통하여 나의
법전에 기록하여 전함이니라.
40 모든 종교의 집단이요, 지도자들의 그
책무가 무엇인가를, 모든 종교 지도자
는 지금 같은 방법으로써 저희가 제
왕적인 대우를 받으며 나 여호와의 뜻
을 전하고 깨우치는 것이 아니니라.
41 그저 저희가 생활 속에서 시장 바닥에
서 모든 시장의 백성과 더불어 살아
가면서 나 여호와가 존재하며 내 뜻이
무엇인가를 그저 말로써 전하고 깨우
쳐 주며, 내가 존재한다는 것을 그들
의 머리에 심어 주면 되는 것이지,
42 대궐 같은 성전을 지으며 제왕 같은
대우를 받으며 나의 피조물 만백성을
저희 종과 같이 부리며 그와 같은 행
위로써 역사하는 것이 아니라는 것,
43 그리하여 그 모든 종교 집단, 지도자
는 그저 들판에서, 그저 시장에서, 사
람들이 모인 곳에서 나 여호와가 존재
하는 것이며,
44 나 여호와가 하늘에 있으며, 너희가
죽어 와 심판을 받으며 그 모두를 깨
우치는 것은 성경 속에 기록되어 있으
니,
45 이 성경을 읽고 깨우쳐 바른길을 걸으
며 바른 삶을 살며,
46 똑같은 인생의 삶을 살며 지옥에 가는
길이 아니요, 천국에 오는 길의 삶은
이 성서에 기록된 내용대로 지키며 십
계명대로 지키고 살면 구원을 받을 것
이라 그저 그들에게 그 말만 전해 주
고 그들을 깨우쳐 주는 그것으로써 각
자의 책무며 너희 임무이니라.
47 그와 같은 자들이 저희가 스승이요,
선생인 것처럼 궁궐 같은 교회요, 성
전을 지으며 그 속에서 제왕의 위치를
누리고 있는 그들은 다 사악한 자들이
며 제 책무를 모르며 제 임무를 모르
는 자들이니,
48 내 뜻을 거역하며 나를 우롱하며 나를
능멸하는 자들의 자리라 내가 그리하
였음이니라.
49 이제 모든 것은 자기 위치에서 자기
뜻을 찾아서 행하는 자가 구원을 받을
수 있으며 스스로 나에게 오를 수 있
는 영광을 얻게 된다는 것을 그 백성
에게 전하라.
50 또한, 너의 제자들에게 전하여야 할
것이니라.
51 너의 제자들은 이 세상에 살아가면서
'하늘에 오르는 길은 160권 나 여호와
가 내린 새로운 성경이요, 법전 안에

다 있음이니, 여러분은 이를 읽고 깨
우쳐 하늘에 오르는 길을 보라' 그리
가르치면 될 것이니라.
52 너희가 160권의 기록을 다 가르치며
다 역사하며 설교할 필요도 없으며,
너희는 그와 같은 방법으로 나의 피조
물 만백성을 구하는 것이 각자가 나로
부터 명을 받은 자요, 나로부터 선택
된 전사요, 나로부터 선택된 나의 아
들딸이 해야 할 일이라는 것을 깊이
깨우쳐,
53 그들이 하나의 오차도 없이 그리 행하
는 설교요, 살아가는 방법이요, 강론
의 방법이요, 생활 속에서 강론하는
그 방법을 깨우쳐 주도록 그리하라.
54 그들이 역사하는 임무를 정확히 깨우
쳐 주도록 그리하라, 사랑하는 나의
아들아!

6,184 번째 하나님 말씀

2003년 5월 16일 23시 26분

1 사랑하는 나의 아들아!
2 "네, 아버님! 말씀하옵소서."
3 너를 따르는 제자들과 나의 법전을 읽
고 깨우친 선택된 백성 그들에게 너는
확실히 다음과 같은 질문으로써 그들
을 깨우쳐 주도록 하라.
4 너희는 과연 무엇을 위하여 이 성전에
오게 되었으며, 무엇을 위하여 법전을
접하게 되었으며, 무엇을 위하여 법전
을 지금 이리 만들어 가고 있는가?
5 그렇다면 너희는 무엇을 위하여 준비
되었단 말이던가?
6 그리고 너희는 해야 할 일이 과연 무
엇인가?
7 자신의 직분과 자신의 책임을 한번 깨
달아 보며 뒤돌아보도록 그와 같이 네
가 그들에게 전하도록 그리하라.
8 너희가 어찌하여 지금 나의 성전에 와
있으며 나의 법전을 접하게 되었는가?
9 그러니 너희는 어찌 준비된 백성이며
무엇을 해야 할 것이며 무엇인가를 역
사하는 그 책무가 과연 너희에게 있
지 않은가?
10 너희가 정녕 해 나갈 것이 무엇인가
를, 너희 직분이 무엇인가를, 왜 너희
가 선택되었는가 그 모두를 세심히 하
나하나 짚고 넘어가 그들을 깨우쳐 보
도록 그리하라.
11 그러면 그들이 깨닫게 될 것이니라.
12 너희가 그와 같은 이치를 깨닫고 너희
자신이 오늘 이 자리에 서 있는 것을
하나하나 짚고 넘어갈 때,
13 너희가 법전을 만드는 그 역사함이 인
간으로서 얼마나 위대한 것이며, 너희
가 감히 감당할 수 없는 나로부터 축
복의 은혜를 받았다는 것을,
14 인간으로서는 감히 누릴 수 없는 선택
의 영광이요, 내게 부름을 받았다는
것,
15 그리고 나 여호와가 역사하는 이 세상
을 창조한 나 여호와의 일꾼으로서 너
희가 나의 일을 돕는 자며 나의 일을
역사한다는 것을 생각할 때,
16 너희가 얼마나 축복인가를 감히 몸 둘
곳이 없음을 알아야 할 것이니라.
17 너희가 하나하나 무엇 때문에 이곳에
와 있으며, 무슨 준비 때문에 불려 와
있으며, 무슨 임무를 하기 위하여, 무

엇을 역사하기 위하여 너희가 나의 아
들의 강론을 들으며 나의 법전을 만들
며 나의 법전을 읽고 깨우치는 그 축
복을 받았는가 그것을 깊이 생각해 볼
때,
18 너희는 법전을 만드는 역사함에 참여
한 그것으로써 인간으로서는 감히 감
내할 수 없으며 감당할 수 없는 영광
과 축복을 받았다는 것을 알게 될 것
이니라.
19 그와 같은 은혜를 받은 것을 알며 그
것이 얼마나 큰 축복이라는 것을 알
때,
20 너희가 무엇을 위하여 해야 할 것이
며, 무엇을 위하여 준비해야 할 것이
며, 무엇을 위하여 어찌해야 할 것인
가를 너희 스스로 알게 될 것이니라.
21 인간으로서는 받을 수 없는 축복과 영
광이요, 인간으로서는 감히 너희 자신
이 감내할 수 없는 위대한 은혜요, 축
복을 너희가 받았다는 것을 알게 될
것이니라.
22 수많은 백성 중에서 그들이 살아가면
서 행하며 나 여호와로부터 명을 받으
며 내가 원하는 길을 가며 내가 역사
하는 곳에 참여하는 자가 과연 누가
있는가?
23 이와 같은 뜻을 하나하나 분석해 너희
가 깨닫고 내려갔을 때,
24 오늘의 너희가 어떠한 것이며, 너희가
어찌 처신해야 할 것이며, 어찌 생활
해야 할 것이며 어찌 역사해야 할 것
인가를,
25 그리고 나의 법전을 만듦에 있어서 너
희가 어찌해야 할 것이며 어찌 행해
야 할 것인가 그 모두는 너희 스스로
머릿속에 깨우치며 얻어짐이 있을 것
이니라.
26 그와 같은 위대함을 너희가 알았을
때 너희의 소중함을 알 것이며,
27 그와 같은 너희가 감당할 수 없는 축
복과 영광을 받았다는 것을 진심으로
깨달아, 나의 법전을 만지며 그 가슴
이 떨리며 그 손이 떨려 감히 그 책장
을 열 수 없는 그와 같은 마음 자세로
되었을 때, 그와 같은 위대한 깨달음
을 느꼈을 때, 그와 같이 소중함을 알
았을 때,
28 나의 법전이 얼마나 너희에게 위대한
것인가, 그리고 나의 법전이 얼마나
소중한 것인가를 알아 나의 법전을 잡
을 때마다 너희가 손과 가슴이 떨리
는 그와 같은 깨달음이 있을 때, 너희
가 원하는 대변화의 역사는 회오리바
람처럼 너희 앞에 이루어질 것이니 그
리 알라.

6,185 번째 하나님 말씀

2003년 5월 16일 23시 52분

1 사랑하는 나의 아들아!
2 "네, 아버님! 말씀하옵소서."
3 너를 따르는 제자들이요, 나의 법전을
읽고 깨우쳐 나를 보는 백성 그 모두
는 바로 나로부터 선택된 백성이니라.
4 나로부터 선택된 너희는 어떠한 역사
를 이루는지 알고 있는가?
5 나 여호와 창조주가 이루고자 하는 그
길을 너희가 예비하여 준비된 자며 그
길을 위해 다스려진 자며 다스려 가

고 있는 자라는 것을 너희는 잊어서는
아니 될 것이니라.
6 나 여호와가 새로운 시대를 열고자 함
이요, 천 년에 걸쳐 하늘의 천국을 지
상에 이루는 그와 같은 것을 역사하고
이루는 거기에 예비된 자들이며 미리
준비하고 있는 자들이 너희라는 것을
잊지 말라.
7 그리하여 너희가 그 준비를 하는 자
로서 예비된 나로부터 선택된 백성이
니라.
8 너희는 내가 이루고자 하는 그 역사에
예비된 자요, 준비된 자, 그것 하나로
써 너희가 어떠한 것이요, 얼마나 영
광된 것이며 얼마나 위대한 사명인가
를 알겠는가?
9 그것이 너희가 나로부터 받은 사명이
요, 그 사명 하나로써 너희는 인간으
로서 그 누구도 누릴 수 없으며 감당
할 수 없는 그 은혜와 축복임을 너희
는 알아야 할 것을 잊지 말라.
10 나의 성령의 뜻을 직접 들으며 기록하
며 나의 법전을 만들며 나의 음성을
직접 들으니 너희가 얼마나 나로부터
선택된 백성인가?
11 그 감사하고 위대함을 안다면 과연 너
희가 어찌 살아가며 어찌 행해야 할
것인가를 스스로 알게 될 것이니라.
12 더욱이 나의 아들과 나의 법전이 나의
성령이라는 것을 너희가 증거하기 위
하여 선택된 백성이라는 것을 또한
잊지 말라.
13 내가 지금 나의 음성을 직접 내려보내
나의 아들로부터 160권의 법전을 만
들며, 그가 죽을 때까지 하늘의 뜻을
내려보내 기록하는 그 모두가 나 여호
와의 성령의 뜻이며 나의 성령으로써
이루어진 것임을 증거하기 위하여 준
비된 나로부터 예비된 백성이라는 것
을 잊지 말라.
14 예비된 백성이요, 그 역사에 준비된
백성으로서, 너희가 낙오자가 되어서
는 아니 됨을 알라.
15 이 모두를 증거하며 너희가 죽어 와
나에게 왔을 때 어떠한 영광을 얻는지
알겠는가?
16 지금 모든 나의 성령이요, 나의 법전
이 내가 내리는 것이며, 나의 아들이
나의 아들로서 모두를 그가 바르고 곧
게 살아왔다는 그 모두를 너희가 증거
하며 그를 남기며 만백성을 하늘에 오
르는 길로 인도하는 그것을 위하여 너
희가 예비되고 준비되어 세상에 내려
온 백성이니라.
17 그러니 너희가 맡은 그 책무를 다했을
때 나의 아들이 나의 아들이요, 나의
법전이 나의 성령으로써 이루어진 것
을 증거하는 그 역사를 이루고, 너희
가 육의 삶을 살다 죽어 왔을 때, 너희
는 어떠한 변화가 이루어지는지 알겠
느냐?
18 창조주 나 여호와를 만나는 것이 너희
임을 알라.
19 너희가 증거하는 그 역사의 직무를 다
하고 육의 삶을 마쳤을 때 곧바로 나
를 만나러 올라올 수 있는 자 너희가
선택된 백성이거늘, 너희가 얼마나 감
당키 어려운 나로부터 은혜와 축복 속
에 지금 존재하는가?
20 너희는 그리하여 예비된 백성이라는

것을 잊지 말라.
21 그리고 예비된 백성인 너희가 나의
아들을 나의 아들이라 증거하는 그 역
사를 이루며, 내가 내려 160권을 만들
며 나의 아들이 죽을 때까지 기록하여
남기는 그 모두가 나의 성령이요, 나
여호와의 성령을 태워 너희에게 전하
는 심판의 기준이요, 법이라는 것을
너희가 증거했을 때, 그리고 그 역사
를 이루어 놓았을 때,
22 너희는 죽음과 동시에 나를 만날 수
있는 백성이라는 것을 내가 너희에게
기록하니,
23 이 축복과 영광을 너희가 가슴 깊이
새겨두도록 그리하라.
24 그리하여 낙오자가 되어서는 아니 됨
을 잊지 말아야 할 것이니라.
25 너희가 해야 할 일이, 너희가 살아서
할 일이 무엇인가를 인간 너희가 이제
는 알지 않았는가?
26 그러니 너희는 살아가는 그 삶을 깊이
생각하며 깊이 깨달아 모두를 신중히
행하며 살아가야 함을 절대로 잊지 말
라.
27 내가 나의 아들 예수가 세상에 나간다
는 것을 미리 예언하며 준비되어 말한
자가 누구라 했느냐?
28 세례요한이라 말하지 아니하였더냐?
29 세례요한은 그 직분을 다하기 위하여,
나의 아들 예수가 나로부터 선택된 나
의 아들이요, 만백성의 왕이요, 만백
성을 구하기 위해 오는 자라 그를 전
하기 위하여 30년 동안 준비한 그 삶
을 살았으며,
30 30년 동안 준비해 그 몇 개월의 삶을
살다 그는 죽음으로써 그 직분을 다한
것을 후회없이 역사하였음이니라.
31 그러니 세례요한이 나의 아들 예수가
오는 것을 증거했듯이,
32 너희는 지금 나의 아들이 나의 아들이
요, 나의 법전이 나의 성령이요, 내가
모두를 태워 마지막 심판의 책 법전을
만들어 내려보내는 것을 너희가 증거
하는 자라 하였음이니라.
33 그러니 너희는 인간으로 살 만큼 살다
그 증거한 역사를 그와 같이 더불어
살다 죽어 와 나를 만난다 하였음이
니, 너희가 얼마나 위대한 자인지 알
겠는가?
34 나의 아들 예수가 요한을 뭐라 말하였
느냐?
35 인간 세속에 인간으로서 태어난 자 중
에 그보다도 더 큰 그릇이 없으며 큰
자가 없으며 그보다도 더 큰 역사를
이룬 자가 없다 말하였음이니,
36 나 여호와 창조주가 너희에게 말함이
니라.
37 모두를 증거하는 그 책무요, 증거하기
위하여 예비된 너희가 그를 증거하여
그를 확실히 이루어 역사하고 육의 삶
을 마칠 때,
38 그 영혼은 나를 만나는 은혜가 있다
하였음을 잊지 말라, 사랑하는 나의
아들딸들아!

6,186 번째 하나님 말씀

2003년 5월 16일 23시 57분

1 사랑하는 나의 아들아!
2 "네, 아버님! 말씀하옵소서."

3 너희 자신을 아름답게 다듬으며 가꾸
기 위하여, 또한 너희의 잘못된 모습
을 바로잡기 위하여, 아름다운 모습을
보고자 하여 너희는 어떠한 행동을
하는가?
4 거울 앞에 너희 자신을 비춰 바라보
는 그와 같은 역사를 하지 않는가?
5 그러니라. 너희가 행동하며 남들과 대
화하며 이웃과 더불어 살아가며 말 한
마디, 행동 하나 할 때, 예쁜 모습을
보고자 거울에 비춰 보는 것처럼 너희
가 행동이요, 말이요, 살아가는 그 모
두를 거울에 비춰 보는 것처럼 그리
훤히 너희를 들여다보는 그와 같은
삶을 살 수는 과연 없겠는가?
6 너희가 외형의 그 아름다운 모습이요,
고치고자 하는 그 모습을 거울에 비춰
들여다보듯이, 너희가 행동하는 것,
살아가는 모습, 역사하는 것, 그리고
말이요, 그 모두를 거울에 비추어 보
듯이, 너희 자신의 마음의 거울에 비
춰 보고 행동하고 말 한마디를 한다
할 때, 너희는 어떠한 삶을 살겠느냐?
7 그와 같은 지혜로운 삶을 사는 자는
실수가 적을 것이며 잘못됨이 적지 않
겠는가?
8 그리고 저 자신을 비춰 보는 그와 같
은 행동이야말로 이 세상 그 누구도
못 따르는 스승으로서 너희가 아름다
운 지혜요, 현명한 지혜를 얻게 되는
것이니, 그와 같은 삶을 살아가도록
그리 전하라, 사랑하는 나의 아들아!
9 그래도 너희 자신을 다스리지 못하며
들여다보지 못하거든, 너희가 나 여호
와에게 정녕 진정한 기도를 드리라 그
리 말하라.
10 너희가 나에게 진정한 기도를 드릴
때, 내가 너희에게 들려줄 것이며 너
희가 묻는 그 답을 내가 주리라 그리
전함이니라.
11 자신을 들여다볼 줄 아는 자만이 남을
들여다볼 수 있으며 남의 잘못됨을 볼
수 있는 것이니라.
12 남의 잘못을 보며 저 자신을 자중하
지 못하는 자는 얼마나 어리석고 불행
한 자인 줄 알겠는가?
13 저 자신의 잘못을 들여다보며 남의 잘
못을 들여다볼 수 있는 그와 같은 백
성이 되었을 때, 너희는 남을 용서하
고 이해하며 모두를 다스려 나갈 수
있는 지혜를 얻음을 알아야 할 것이
니라.
14 내가 너희에게 뭐라 말하였느냐?
15 너희 자신을 들여다보며 비춰 보는 그
와 같은 삶을 사는 백성 너희는 스스
로 삶의 지혜를 얻을 것이니라.
16 이 세상에 부드러운 것은 영원히 존속
되며 그는 이겨 갈 수 있으나, 강한 것
은 견디지 못하고 부러진다는 그 이치
를 너희는 알게 될 것이니라.
17 강한 것은 부러지며 쓰러지며 뽑히게
되어 있음이니라.
18 그러나 부드럽고 유한 것은 그리 쓰러
지지 아니하며 잘리지 아니하며 꺾이
지 않는다는 그 이치를 너희가 깨닫는
그와 같은 삶을 살아가는 지혜를 얻게
될 것이니라.
19 거울에 비춰 보듯이 너희가 모두를 비
춰 보라.
20 너희의 행동과 언어를 비춰 보는 그와

같은 지혜를 얻고 그 지혜 속에서 살
아가도록 그리하라.
21 나의 사랑하는 아들딸들아, 그 지혜를
얻으라.

6,187 번째 하나님 말씀

2003년 5월 17일 0시 08분

1 사랑하는 나의 아들아!
2 **"네, 아버님! 말씀하옵소서."**
3 내가 너에게 일러 전하기를, 하늘의
그 모두를 다 기록하며 내가 태워 내
려보내는 나의 성령을 기록하여 160
권의 법전을 세상에 만들며, 네가 나
에게 부름을 받아 내 앞에 올 때까지
나의 뜻을 기록하여 책으로 세상에 전
하고 또 전함이니,
4 그러나 그 모두가 다 하루아침에 물거
품이 되는 그와 같은 형국으로 변할
수 있으며,
5 천 년에 걸쳐 나의 피조물 만백성을
깨우치고 가르쳐 이 지상의 낙원을 이
루는 그 역사를 이루는 것, 이와 같이
네가 둘 중에 하나의 길을 선택하며
그 두 길 중에 하나의 길을 네가 가게
되어 있음을 너는 잊어서는 아니 될
것이니라.
6 네 행동이 바르지 못하며 네가 하나의
실수를 했을 때, 나의 160권의 주옥같
은 나의 성령을 태워서 내려보내는 나
의 법전은 물거품이 될 것이며, 네가
죽을 때까지 나의 뜻을 기록하여 전한
그 아름다운 모두가 다 물거품이 될
것이며, 모든 백성은 이를 거둬 태워
버리며 찢어 버리며 버릴 것이니라.
7 그러나 네가 아름다운 모습으로써 한
점의 부끄럼이 없는 삶을 살 때, 하늘
에서 이루어지는 그 천국은 지상에서
이루어질 것이며, 나의 법전은 영원히
존속될 것이며,
8 내가 이 법전 외에 너에게 내리는 아
름다운 그 글귀들이요, 그 가르침을
만백성이 듣고 깨우치며 경배하며 자
연의 아름다움과 내가 그들에게 내려
준 마음을 다스리는 글을 읽으며,
9 그 천사와 같은 자들이 천년만년 영원
히 이 지상에서 누리며 살 수 있는 그
역사가 이루어질 것이니,
10 너는 여기서 그 길의 선택 여지를 네
가 선택하고 행해야 할 것이니라.
11 너희는 말하지 아니하느냐?
12 너희가 작은 것을 희생하여 큰 것을
구한다는 말이 있듯이,
13 너 하나 태워 모두를 구원하고 역사할
수 있다면 너는 과연 어떠한 길을 가
겠느냐?
14 내가 너를 통하여 일찍이 깨우쳐 전한
그 글귀가 있지 않은가?
15 그를 행하여 너는 지키고 살아감이 중
요함을 알아야 할 것이니라.
16 한 점의 부끄럼이 없어야 하며, 남들
로부터 손가락질 받으며 남들이 실망
하는 그와 같은 행위를 네가 해서는
아니 됨이니,
17 오늘의 네가 가야 하고 지켜야 할 길
은 내가 미리 너에게 깨우쳐 주었음이
니라.
18 네가 가장 무섭고 두려워하며 살아갈
것은, 네가 지키고 시행할 것은,
19 교만하지 아니하며, 남들 앞에 군림하

고자 아니하며, 남들 앞에 제왕적인
그와 같은 행위를 하지 아니하며, 모
든 백성을 스승으로 받들며 선생으로
받들며,
20 모든 백성을 네 종과 같이 부리며 네
수족과 같이 부리는 그와 같은 사악한
마음을 네가 가져서는 아니 된다 내가
너에게 일깨워 주었음이니라.
21 너는 남들이 기억해 주기를 바라서도
아니 되며, 너를 숭배해 주기를 바라
서도 아니 되며, 남들이 너를 찬양하
는 찬송을 부르도록 해서도 아니 되
며, 너를 경배하는 것이 하늘에 오르
는 길이요, 구원을 받는 것이라 하는
그와 같은 것을 네가 바라서도 아니
되며, 그와 같은 일이 있어서도 아니
되며,
22 네가 남들보다 부귀와 영화를 탐내지
아니해야 하며, 사치스러움을 네가 부
끄러운 줄 알아야 할 것이며,
23 가난하고 초라한 그 모습이 네가 부끄
러운 줄 모르며 그게 아름다움이요,
진정한 삶이요, 인간의 도리에 살아가
는 길이라는 것을, 네가 스스로 부끄
럽지 아니하게 깨닫는 그와 같은 네
마음의 변화요,
24 겸허함과 겸손한 마음으로써 모두를
탐내지 아니하며 겸허함과 겸손한 마
음으로 살아가는 마음을 다스림이 가
장 너에게 중요한 것이라 내가 너에게
일찍 가르쳐 주지 아니하였던가?
25 이제 너는 작은 일에 실수함을 남에게
부끄럽게 생각하며, 네 부끄러움을 남
에게 자랑하지 못하며 남에게 내놓지
못하며 남에게 숨기려 하는 것, 그리
고 게으름을 몸소 행하는 그와 같은
삶을 살아서는 너는 절대 안 됨을 알
아야 할 것이니라.
26 너의 잘못된 행위요, 네가 죄지은 것
을 남에게 털어놓기를 부끄러워하며
그와 같은 용기 없는 행동을 해서도
아니 될 것이며,
27 네가 하루의 생활에서 지켜야 할 것이
무엇인가, 그리고 나의 법전에서 원하
는 것이 무엇인가, 너는 그 법전에 따
라 삶을 게을리해서도 아니 되며 그를
위배해서 살아서는 아니 되는 것이니
라.
28 너는 너를 위하여 어떤 것을 취하고
너를 위하여 무엇을 얻고자 하는 생각
을 해서도 아니 되며, 네가 편하고자
하는 생각을 해서도 아니 되며, 네가
남들보다 아름답고 편한 삶을 살고자
하는 그와 같은 생각을 버려야 할 것
이며,
29 네가 무엇을 얻고자 하여 남을 비방하
며 남을 무너트리며 남의 인격을 모독
하며 남을 무시하며,
30 남을 구렁텅이에 밀어 넣으면서도 네
가 원하는 것을 얻고자 하는 그와 같
은 마음으로써 행해서는 아니 되며,
그와 같은 마음을 가져서도 아니 된다
내가 너에게 일찍이 깨우쳐 주었음이
니라.
31 내가 너에게 성령으로 임하는 것은 네
가 가장 낮은 자세로써 살아가며, 몸
소 그와 같은 행동을 실천하는 삶을
살아가는 그 역사함만이 나의 성령이
너에게 임한다 하였음이니라.
32 너 또한 가장 낮은 자로서 살아감을

부끄럽게 생각하지 말며, 너의 제자들
또한 가장 낮은 자세로써 살아가는 것
을 부끄럽게 생각하지 않는 그와 같은
삶을 사는 것, 그것이 지금 너희가 이
루어야 할 일이며 가야 할 길임을 잊
지 말라.
33 내가 너에게 다시 전함이니라.
34 나의 법전 160권이 영원히 존재하며
하늘에서 이루어진 천국이 지상에서
이루어질 수 있는 그 기초요, 기본이
되는 것은, 바로 네가 한 점의 부끄럼
이 없는, 나의 아들 예수보다도 더 아
름다운 삶이요, 감히 누구도 생각할
수 없는 삶을 살아가는 그 변화의 역
사를 이루는 것이요,
35 너의 제자들 또한 만백성에게 한 점의
부끄럼이 없는 바른 사람으로서 서는
그것만이 나의 법전이요, 모든 것을
역사한다는 것을 너는 잊어서는 아니
될 것이니라.
36 너희가 그와 같이 가지 못할 때, 나의
성령이요, 내 가슴을 태워 내리는 나
의 법전은 사탄의 글귀가 될 것이며
사탄의 먹이가 될 것이며 사탄을 위한
앞잡이가 될 것이니라.
37 그러나 너희가 그와 같이 변하는 삶
을 살 때는 나의 법전에 기록되어 있
는 이 아름다운 말들이 꽃이 되어 만
백성이 그 꽃을 보며 향기를 맡을 수
있는 그와 같은 역사의 책으로 변하는
것을 잊지 말라, 사랑하는 나의 아들
아!

6,188 번째 하나님 말씀

2003년 5월 17일 0시 17분

1 사랑하는 나의 아들아!
2 "네, 아버님! 말씀하옵소서."
3 지금의 나의 피조물 만백성이 가장 사
악한 자요, 잘못된 자들이 누구인 줄
아는가?
4 이 세상에 존재해서는 안 되는 자들이
누구인지 너희는 알겠느냐?
5 믿음의 가장 잘못된 그것이 무엇인지
아는가?
6 그리고 존재해서 안 되는 백성이 누구
며 어떠한 인간인가를 너는 알겠느냐?
7 입으로만 사랑을 부르짖으며 사랑을
실천한다 말하는 자들이니라.
8 입으로써 모든 사랑을 실천하며 입으
로써 모두를 역사하면서도, 저희는 모
든 문을 다 잠근 자요, 모든 문을 거둬
내린 자이니라.
9 문을 닫는 것만으로도 안 되어 그 문
을 가리는 것을 쳐 놓는 자, 그와 같은
자가 나의 사랑하는 백성을 가르친다
는 종교 지도자들이니,
10 그들이 존재하는 것이 이 세상에 가장
사악한 죄악의 뿌리며 사악한 자들의
근본이요, 뿌리임을 너희가 알아야 할
것이니라.
11 '사랑, 사랑, 사랑'이라는 것은 소망이
요, 믿음이요, 그리고 사랑은 기다리
는 것이며 용서하는 것이며 모든 것을
베푸는 것이 사랑이라 가르치며 그리
말을 하느니라.
12 그러면서 저희의 행동은 어찌하는가?
13 모든 문을 다 잠그도록 했으며 닫도록

하였음이니라.
14 그리하여 누구와도 교제하지 못하며
누구와도 거래하지 못하도록 그 마음
을 닫게 한 종교 지도자들이 존재하
는 한 이 세상은 아름다운 세상이 될
수 없으며,
15 그와 같은 자들이 존재하여 그들에게
서 배우는 자는 하늘에 오를 수 있는
백성이 하나도 없음을 너희는 알아야
할 것이니라.
16 나 여호와를 믿으며 나의 아들 예수의
이름으로써 구원을 받았다 그리 말하
는 자, 그리하여 저희의 마음을 굳건
히 닫아 놓은 자들, 그리고 나로부터
나의 아들 예수의 이름을 부름으로써
그 이유로 하여 모든 구원을 받았다고
말하는 자들, 그리하여 그들이 뭐라
이유를 대는가?
17 나의 아들이요, 나로부터 구원을 받은
자니, 저희는 이웃과도 사랑할 필요도
없으며 형제와 더불어 사랑할 필요도
없으며 부모를 공경할 필요도 없다 그
리 가르치는 자,
18 감히 말은 하지 아니하여도 너희가
그와 같은 방법으로써 유도하며 가르
치는 종교 지도자들, 그와 같은 자들
이 존재하는 한 이 세상은 아름답게
변할 수 없음을 알아야 할 것이니라.
19 그 이유가 얼마나 타당하더냐?
20 나로부터 선택을 받았으며 나로부터
구원을 받았기에 너희 부모보다도 이
웃의 형제보다도 나 여호와에게 우선
모두를 바치며,
21 나 여호와를 받드는 것으로써만 그 모
두를 다 용서받을 수 있으며 그 모두
는 죄가 되지 않는다는 그 이유를 내
세워 너희가 너희 공간에서 너만의
시간에서 너만의 믿음의 길을 가는
자, 너만이 행하는 자, 너만이 바로 가
면 된다는 그와 같은 생각을 하는 자
들,
22 그들의 마음을 꽉꽉 닫아 놓았으며 문
을 닫아 문을 열 수 없도록, 그리고 사
랑이요, 아름다움이 들어갈 수도 없는
그와 같이 문을 닫아 놓은 자들, 그걸
닫도록 만든 자, 그 종교 지도자들이
가장 사악한 자며,
23 그들이 존재하는 이상 이 세상은 구
원받을 자가 하나도 없다는 것을 너
희는 명심하여 들어야 할 것이니라.
24 나 여호와를 위하여 산다며 사랑의 마
음의 문을 꽉꽉 닫아 놓은 자들, 그리
고 나보고 너희에게만 들어와 달라,
그리고 나의 성령이 너희에게만 임해
달라 그리 소원하고 기도하는 자,
25 그리고 문을 닫아 놓으면서 들어갈 수
도 없는, 그 틈도 없이 철벽같이 문을
닫아 놓은 그 마음을 놓고서 너희가
무얼 하느냐?
26 나 여호와에게 너희에게만 들어와 주
며 창문을 열고 들어와 달라 애원하는
그와 같은 믿음의 길로 가고 있는 자
들이 지금 너희가 가는 길이니라.
27 그러니 그 믿음 속에서 너희가 진정
한 사랑이 무엇이며 나에게 오르는 길
이 무엇인 줄 알겠는가?
28 너희는 나 여호와의 성령이 너희에게
임해 주기를 바라며 너희에게 들어와
주기를 바란다 그리 말하면서 너희의
마음은 못을 박아 완전히 닫아 놓은

자들이니,
29 너희가 내가 들어갈 수 있으며, 나의
성령이 임할 수 있는 그 마음은 못질
하여 그 문을 닫아 놓고, 나보고 들어
와 달라, 너희에게만 들어와 달라 그
리 울부짖고 광란의 짓을 하고 있으니,
30 내가 내려다보는 백성은 다 중환자들
이니 곧 죽음을 대비하는 자들과 같이
보임이니라.
31 곧 숨이 떨어질 것 같은 중환자들이
마지막 발악하는 그와 같은 형국이 너
희이니라.
32 지금의 종교 집단이요, 지도자들은 중
병환자로서 죽음이 얼마 남지 않은 자
들이요,
33 지금 '옳소, 맞다!' 소리 지르며 그들
을 따라가며 손뼉을 치고 눈물 콧물
흘리는 그 신도라는 자들은 감염되어
가는 자들이니,
34 그들 또한 중환자로서 전락하여 그들
이 소생할 길은 영원히 없는 것이니
라.
35 이 세상에 믿음의 길을 가는 백성, 사
랑이라 부르짖으며 그 사랑의 문을 철
갑에 가둬 놓은 자들, 그리고 문을 닫
은 자들, 그들이 바로 중병환자들이
아우성치는 형국이라는 것을 잊지 말
라.

6,189 번째 하나님 말씀

2003년 5월 17일 0시 40분

1 사랑하는 나의 아들아!
2 "네, 아버님! 말씀하옵소서."
3 호수의 물이 다 갇혀 있어 썩었음이
니, 그 물을 정화하는 길은 어찌한다
하였느냐?
4 생수를 서서히 부어 넣는 그 길밖에
없다 그리 말하지 아니하였던가?
5 이 세상 모두가 다 썩어 있음이니라.
6 모두는 하늘에 오르는 길이요, 나에게
역사한다 하며 모든 종파가 수없이 생
겼으며 그 지도자들 또한 그 수를 헤
아릴 수 없음이니,
7 내가 너희에게 열 집 건너 하나씩 종
파가 존재하고 있으며 믿음의 종교가
다 존재한다 내가 그리 말하지 아니하
였는가?
8 인간적으로 따져 볼 때는 나의 백성
이 한 사람도 믿음이요, 다른 종교를
갖고 있지 아니한 자가 없음이니,
9 저희가 무당 앞에 가서 복을 비는 것
이요, 소원을 비는 것도 다 그들의 종
교요, 믿음이 아니던가?
10 나의 피조물 만백성 그들이 다 그와
같은 형국으로 살아감이니라.
11 그리하여 이 세상이 다 썩을 대로 썩
어 있다는 것이 나 여호와가 일찍이
너희에게 깨우쳐 준 것이니라.
12 그러니 나의 법전을 읽고 깨우치는 백
성 너희가 바로 무엇인 줄 알겠는가?
13 이 세상 썩은 호수에 생수를 갖다 붓
는 그 생수의 역할을 하는 것이 너희
이니라.
14 나의 법전을 읽고 깨우친 자, 나의 아
들을 통하여 강론을 듣고 깨우친 백성
너희가 살아가면서 마음이 하나씩 변
화되며 너희가 아름다운 역사를 이루
며 선행을 베풀며 살아가는 것이, 지
금 생수가 자리를 잡아 썩은 물을 정

화해 나가듯이 이 썩은 지상을 너희
가 수술해 가며 고쳐 나가기 시작함이
니,
15 너희가 그 변화되는 아름다운 마음이
요, 그 동료요, 너희 이웃의 형제가 하
나가 둘이 되며 둘이 넷이 되며 그와
같이 역사해 갈 때, 이 썩은 세상이 바
로잡힘이니, 그게 천 년의 역사가 기
다림이니라.
16 그 천 년의 역사 속에 나의 피조물 만
백성이 지금 너를 따르는 제자들이요,
나의 법전을 읽고 깨우친 백성이 서
서히 조금씩 변해 가듯이 변해 가는
자가 모여서, 그 변함이 하나가 되며
또 하나가 모여 둘이 되며 또 둘이 모
여 완성품인 하나가 이루어지듯이,
17 너희가 변하는 그 역사요, 너희 마음
의 변화가 그리하여 이루어짐이니라.
18 그리하여 그와 같이 또 하나가 둘이
되고 역사가 변화되는 그 속에서 이
세상의 모두가 다 변해져 하늘에 이
루어진 천국이 지상에 천국이 이루어
지는 그와 같은 형국으로 감이니 그게
천 년의 역사니라.
19 이제 너의 제자들이 아름다운 모습으
로 아름다움을 볼 수 있으며,
20 너희가 아름다운 사람을 보며 선한 자
를 볼 때, 선한 자를 보며 어린아이를
보며 그 어린아이의 웃는 모습에서 그
마음의 진실을 알며,
21 나 여호와가 세상에 존재하여 그 한
생명을 보내 준 것을 감사히 느끼며,
22 어린아이의 그 생명을 보면서 나 여호
와의 역사함을 감사하며 너 스스로
자신이 그와 같이 보내짐을 감사하게
느끼는, 그리고 그 은혜에 보답할 길
이 없어 너희가 그 고마움을 느낄 때,
23 그리고 너희가 나 여호와가 존재함을
스스로 느껴 나에게 은혜를 갚고자 하
는 마음이 싹틀 때,
24 그 싹이 하나, 둘, 셋이 이 세상에서
여기저기서 일어날 때, 결국 썩어져
가는 이 지상을 정화할 수 있으며, 천
년에 걸쳐 그 모두가 정화되는 역사가
이루어짐이니,
25 너의 제자들이 조금씩 변하는 것, 나
의 법전을 읽고 깨우친 백성이 변하
는 것, 그것이 오늘은 미약하나, 그 힘
이 하나하나 더 팽창해 감이니,
26 그 팽창되는 너희의 아름다운 마음이
바람결을 따라 나가며 꽃가루를 따라
나가며 모든 벌과 나비들이 너희가
변하는 마음을 세상에 전함이니,
27 그들이 전할 때마다 그곳에 너희와
같은 새로운 자들이 역사함이니, 이
세상은 머지않아 아름다운 천국의 기
틀이 잡힐 것이니 그리 알라, 사랑하
는 나의 아들딸들아!

6,190 번째 하나님 말씀

2003년 5월 17일 0시 44분

1 사랑하는 나의 아들아!
2 "네, 아버님! 말씀하옵소서."
3 내가 너를 통하여 너의 제자들에게 깨
우쳐 주지 아니하였던가?
4 내가 나의 성령을 태워 내려보내는 이
160권의 법전이 세상에 내려감이니,
5 너희가 나의 법전을 읽는 것이요, 너
희가 나의 법전을 선택하여 그 이치를

깨우치고자 책장을 넘겨 공부하고 깨
우치는 그와 같은 생각을 하고 나의
법전을 접한다 하였으나,
6 그것이 아니요, 나 여호와가 너희가
정독하도록 너희를 끌어들이며 너희
에게 공부하도록 깨우쳐, 내가 너희로
하여금 법전을 이야기하는 그와 같은
형국이라 말하지 아니하였던가?
7 너희가 어린 시절에 공부하며 스승이
너희 앞에서 감시하며 스승이 너희에
게 옹기종기 앉혀 놓고 가르치는 그
와 같은 방법으로, 스승의 무서움 때
문에 너희가 공부하며 게으름을 피우
지 못하는 그와 같은 스승 앞에 앉아
있는 제자처럼, 너희가 법전을 스스로
열도록 하는 것이 나 여호와니,
8 너희가 인간을 가르치는 그 스승보다
도 더 무서운 자세로 내가 너희 앞에
앉아 법전의 뚜껑을 열게 하며 정독하
며 읽게 함이니,
9 내가 너희를 항상 감시하고 같이 보
고 있음을 너희는 잊어서는 아니 될
것이니라.
10 이것이 바로 내가 너희에게 법전을
깨우쳐 주고 너희에게 법전의 뜻을
알게 하고자 하는 것이며, 그리하여
너희가 법전의 뚜껑을 열 때 내가 너
희와 같이한다 하였음이니,
11 인간 세상에서 제자를 육성하고 가르
치는 스승처럼 내가 너희 앞에 앉아
너희에게 법전을 열게 하는 것이며 읽
게 하는 것이지, 너희 스스로 읽고 깨
우치는 것이 아니라는 그 이치를 내가
너의 제자들에게 전하여 깨우쳐 주라
하였음이니, 그 뜻을 너희는 알아야
할 것이니라.
12 나 여호와가 너희에게 읽게 하고 있
으며 너희를 감시하고 있다는 것을
잊지 말라.
13 항상 내가 너희를 감시하고 있으며,
너희가 나의 법전을 읽을 때 너희가
어떠한 마음의 상태로 읽는 것이며 어
떠한 생각으로써 읽는지 그 자체도 다
감시하고 들여다보고 있음이니,
14 감사하는 마음이요, 경건한 마음이요,
진정한 마음으로 정독하는 그와 같은
마음으로 법전을 읽을 때 내가 너희에
게 그 생각을 지우게 하지 아니함이니
라.
15 너희가 사랑하는 여인이요, 사랑하는
남자가 보낸 그 한 장의 편지만큼도
정성 들여서 나의 법전을 읽지 아니함
이니,
16 너희가 읽어도 기억하지 못하게 함이
요, 너희가 읽어도 생각하지 못하게
함은 내가 너희와 같이하고 있으며
내가 너희의 마음의 상태요, 생각을
하나부터 열까지 놓치지 않고 다 알고
있기 때문이니,
17 너희가 진정한 마음이요, 진정 감사하
는 마음으로 정독하고 정독하는 자세
로 나의 법전을 읽을 때 너희는 모두
를 기억하게 될 것이며 한 번을 읽어
도 그를 얻게 될 것이니라.
18 그렇지 않은 마음으로 읽을 때는 내가
너희를 감시하고 있음이니 너희 머리
에서 기억하지 못하도록 하여 너희가
수고로움을 계속 반복하도록 내가 너
희를 감시함을 알라.
19 그리하여 내가 너희를 끌어들여 법전

을 읽게 하는 것이며 법전을 정독하게
하는 것이 나 여호와요,
20 지금까지 너희 스스로 법전을 읽고 공
부하고 깨우치는 것이 아니라는 것을
알라.

6,191 번째 하나님 말씀

2003년 5월 17일 0시 54분

1 사랑하는 나의 아들아!
2 "네, 아버님! 말씀하옵소서."
3 너희가 그것만이 하늘에 오르는 길이
라 가르치는 신약의 그 모두는 어찌
하여 그가 이루어지고 역사한 것인가
를 너희가 돌이켜 보고 생각해 볼 때
가 되었음을 알아야 할 것이니라.
4 오로지 나의 아들의 보혈로써 구원을
받았으며 나의 아들이 세상에 남긴 것
이 신약이라 하여,
5 구약 시대는 이미 접었으며 신약 시대
로써 그 모두를 역사한다 함이니,
6 그 신약에 기록되어 전하는 뜻을 너
희는 이제 들여다볼 때가 되었으며
그 내용을 알 때가 되었음을 알라.
7 너희가 신약을 전하는 그 뜻과 나의
아들을 통하여 전하는 그 내용의 의미
를 알아야 할 것이니라.
8 신약 시대에 그 뜻을 기록하여 전한
것과 지금 내가 나의 아들을 통하여
나의 뜻과 내용을 너희에게 전하는
그 차이점이요, 그 변하고 역사함을
너희는 알아야 할 것이니라.
9 신약의 모든 복음은 어찌 기록하여 전
해진 것인지 알겠는가?
10 나의 아들 예수가 행한 것을 기록한
것이 아니요, 직접 그를 보고 제자들
이 그를 기록하여 만들어 너희에게 전
한 것이 아니니라.
11 예수를 따랐던 그 제자들이 직접 만들
어 그를 전했다면 그들은 그 시절의
그때와 그 장소와 시간을 기록하여 명
확히 그를 전하였을 것이니라.
12 그러나 나의 아들 예수가 있었던 것을
말하는 것이 아니요,
13 그 예수가 역사하고 행한 것을 그 제
자들에게 전한 것을 그 제자의 제자들
이 그를 듣고 배워 기록하여 지금의
신약의 역사가 이루어졌으며, 이 복음
서가 되어 있다는 엄연한 사실에서 너
희는 무엇을 깨닫고 무엇을 느껴야 하
겠는가?
14 그러니 너희는 여기서 알고 넘어가야
할 것이 있음이니라.
15 나의 아들 예수는 내가 나의 아들 예
수를 통하여 전하고자 하는 것을 그
제자들에게 내 뜻을 그리 전하였음이
니라.
16 그러니 예수가 전하고자 하는 그 내용
을 그 제자가 어찌 받아들였으며 어찌
깨달았으며 어찌 이해하느냐에 따라
서 그 차이점이 있음이니라.
17 그러니 그와 같이 들은 그 제자가 바
로 복음을 만들어 세상에 전한 것이
아니요, 그 제자가 만백성을 위하여
다니며 강론하고 깨우친 것을 따라다
니던 그 제자가 그를 보고 기록하여
전했음이니,
18 나의 아들 예수가 그 제자를 깨우쳤으
며 그 제자가 그 제자를 가르치는 그
와 같은 곳에서 그 제자들이 그를 받

아 기록하여 세상에 전했음이니,
19 생각하는 것, 이해하는 것이 서로 차
이가 있었으며, 그 차이점의 이격이
너무나 크게 벌어져 있는 그와 같은
형국에 이르렀음을 너희는 알아야 할
것이니라.
20 그리하여 그 모두를 바로잡고 그 모든
진실을 내가 나의 법전을 통하여 너희
에게 깨우쳐 주고 전하는 것이 지금의
내가 이루는 그 역사임을 알아야 할
것이니라.
21 예수가 전했을 때 그 제자들이 직접
듣고 이해하는 것이 제대로 반영되지
못했을 때, 거기에서 차이점의 이격이
생겼으며,
22 그 제자가 다니면서 강론하는 것을 들
어서 또 그의 제자가 기록하여 만든
것이 바로 누구의 복음이요, 누구의
복음이라 그리 전함이니,
23 거기에서 예수의 제자의 그 제자가 또
그 제자에게 가르치고 전하는 것에서
이격이 생기며 차이가 생겨서 이리 기
록하여 전해졌다는 것을 너희는 알고
넘어가야 함을 잊지 말라.
24 그러니 그 기록되는 과정에서, 전하는
과정에서 듣는 자, 또 들어서 전하는
자, 또 듣고 전하는 자, 그들이 생각해
서 기록한 점이 있었다면, 그 문제점
이 바로 이 세상을 이렇게 혼란하게
만들었으며,
25 너희가 그 뜻을 모르는 부분들이 너무
많이 기록되어 있음이니라.
26 그리하여 이를 바로잡고자 하는 것이
나 여호와의 뜻이며,
27 지금은 나의 아들을 통하여 내가 직접
그에게 들려주며 그가 바로 직접 받아
기록하며 그가 모든 법전을 만들어 세
상에 전하는 그와 같은 주관하에 역사
가 이루어지는 것이니라.
28 한 사람 나의 아들을 통하여 그를 내
가 전하여 직접 듣게 하며 그를 통하
여 기계로써 내 음성을 녹음하게 하며
그 모두를 주관하여 나의 아들이 이
모두를 역사함이니,
29 바로 받은 자요, 바로 들은 자가 있으
며 보낸 나 여호와가 있으며 보냄을
받은 나의 아들이 이 모든 새로운 성
경이요, 법전을 직접 만들어 너희에게
전함이니, 이것이 바로 나의 성령이라
함이 거기에 있으며,
30 바로 나의 모든 백성을 구분하는 심판
의 기본이요, 근본이 되는 것이 바로
나의 법전이라는 그 의미가 여기에 있
음을 너희는 알아야 할 것이니라.
31 신약 시대에 예수가 받은 것을 그대로
예수가 직접 기록하여 만든 것이 아니
요, 그 바로 1세대의 제자들이 그를
받아 그를 전하고 만든 것이 아니요,
2세대의 제자들이 1세대의 그 스승이
전하고 전하는 것을 그를 보고 또 들
어 그 귀에 익은 것을 그들이 참고로
하여 그를 기록하여 전한 것이 지금의
복음의 역사가 이루어졌음이니,
32 한 계단 한 계단 내려갈 때마다 서로
듣는 자와 가르치고 설명하는 자의 그
차이점에 의해서 이격이 생긴 것이 바
로 신약이니,
33 그 모든 잘못된 것을 찾아내는 것이
나의 법전이며, 지금 내가 역사하는
길이라 그리 말함이니,

34 한 획도 고쳐서도 안 되며 빼도 더해
서도 안 되며, 이는 오로지 나의 뜻이
라 하여 이것으로 하늘에 오르는 길
이라 하여 수천 년 동안 흘러와 굳게
굳어진 그들이 이를 보면 천지개벽 하
는 소리라 할 것이며, 사탄이요, 이단
이요, 악마가 하는 소리라 그리 말할
것이니라.
35 그러나 나의 신약 성경이 어찌 기록하
여 전해져 있느냐 그 원칙과 그 원인
과 그 뜻을 너희가 파고들어 가 헤쳐
보면, 내가 나의 아들을 통하여 전하
는 그 염려되는 부분과 걱정되는 부분
과 어찌 역사에 기록된 것인가를 너희
가 알게 될 것이니,
36 그래도 너희는 그를 시인하지 아니할
것이며 그를 인정하지 아니할 것이니
라.
37 너희의 치부요, 너희의 잘못된 것이
드러나는 것을, 세상의 만백성이 아는
것이 두렵고 그는 있을 수 없다 하여,
그저 잘못되었든 잘 되었든 그 길을
끌고 가고자 하는 것이 너희이니라.
38 암흑이요, 길이 없는 길을 끌고 가면
서 '나를 따르라!' 소리 지르는 자, 잘
못된 것이며 길이 없는 험한 길로 들
어섰다면 그 길을 바로잡을 것이며,
모르면 아는 자에게 물어봐야 할 것
이니라.
39 그러나 너희는 물어보지 아니하고 그
길로 가면 길이 나올 것이라 하여 '나
를 따르라, 나를 따르라, 하늘에 오르
는 길이라' 소리 지르니,
40 너희가 소리 지르고 이끌고 가다 가
다 지쳐 죽어 버리면 그것으로 끝남이
니,
41 그 책임이 끝나며 다음 세대가 또 이
끌어 그 길을 계속 가고자 하여, 너희
가 암흑을 빙빙 돌다 죽어 가고 또 죽
어 가는 그와 같은 것이 지금의 너희
믿음의 한계이니,
42 그 암흑에서 벗어나지 못하며 깨어나
지 못하는 믿음이라, 내가 오죽하면
알에서 깨어나지 못하여 병아리가 되
지 못한 자가 세상을 두 눈으로 보는
것처럼 그리 어리석은 짓을 하는 것이
너희라 말하였음이니,
43 내가 나의 아들을 통하여 기록하는 이
하늘의 뜻을 듣고 또 보고 깨우쳐 너
희가 바로 서지 아니하는 자는 가장
어리석은 자임을 알라.

6,192 번째 하나님 말씀

2003년 5월 17일 08시 31분

1 사랑하는 나의 아들아!
2 "네, 아버님! 말씀하옵소서."
3 너는 지금 어떠한 네 위치에서 나의
성령이요, 나의 법전의 이 뜻을 받아
기록하는가?
4 "네, 아버님! 그렇사옵나이다.
5 보내신 아버님이 계시며 보냄을 받은
제가 있사옵나이다.
6 그리하여 아버님께서 내리시는 그 명
을 받아 기록하며 그대로 행하며 그
뜻대로 하고자 하며 그 뜻에 따라 움
직이며 그 뜻에 따라 모든 것을 역사
한 것이 보내신 아버님의 뜻에 따라
보내진 제가 하는 그 역사라 하옵나이
다."

7 그러니 지금 너의 제자들은 그를 알고
있을 것이니라, 나 여호와가 있으며,
너는 보내진 자로서 나의 성령을 받아
기록하는 그와 같은 역사를 이루고 있
음을.
8 그러나 세월이 흐름으로 인하여 160
권의 법전이 세상에 나오며, 하늘의
뜻의 아름다움을 내가 너에게 내림이
니,
9 그를 책으로 만들어 세상에 냈을 때
세월이 흐른 다음에 그 너희의 후손
은 그와 같은 자가 나올 것이니라.
10 네가 160권의 법전을 기록하여 이 세
상에 전한 것은 나 여호와와 네가 동
등한 위치에 있는 자라 그리 말하는
자들이 있을 것이며,
11 그리하여 그들은 법전을 읽고 깨우치
고 공부하면 되는 것을, 법전보다도
직접 내려와 모든 것을 역사하고 전한
네가 나를 대신하여 너와 내가 똑같다
는 자가 또 이 세상에 나올 것이니, 그
와 같은 잘못된 흐름이 또 싹트기 시
작할 것이니라.
12 그러니 지금 많은 세월이 백 년이요,
5백 년이요, 이처럼 천 년의 역사가
흘러갔을 때, 선한 백성이 이 세상을
덮어 나의 뜻이 무엇인가를 아는 백성
이 존재한다면 하늘에서 이루어진 것
같이 이 땅에 이루어질 것이나,
13 너와 내가 똑같은 자라 말하는 자, 그
리고 법전을 기록하여 전한 자니, 나
의 뜻을 받아 전하는 너는 나와 똑같
은 자라 그리 말하는 그와 같은 집단
들이 뿌리를 내리며,
14 그것이 아니라 하는 자들보다 더 방대
한 힘으로써 그 뿌리가 뻗어나가 세상
을 덮는다면, 그와 같이 말하는 자들
은 과연 옳은 길을 가는 것이더냐, 잘
못된 길을 가는 것이더냐?
15 잘못 가는 자들이 이 세상을 덮으며
모두를 지배하는 그와 같은 형국이 될
것이니라.
16 여기서 너희는 깨달아야 할 것이니라.
17 지금의 제자들은 보낸 나 여호와가 있
으며, 보냄을 받은 너는 나의 성령을
받아 기록하여 전하는 것이라 하나,
18 너의 제자들은 이 세상에 살다 죽어
가며 너의 제자들 또한 그들의 세대가
바뀜으로 인하여 그 1세대, 2세대, 3
세대가 쭉 바뀌 내려가면서 그중에
사악한 자들이 고개를 들게 되며,
19 나의 아들 네가 나와 똑같은 자며, 네
가 나와 똑같이 역사하는 자라 그리
말하며, 너와 나는 같은 형국이라 그
리 말하며, 나 여호와 창조주요, 나의
아들 너요, 나의 법전 셋은 다 똑같은
동등한 권리가 있으며 똑같은 자격이
있으며 같은 것이라 그리 말하는 자들
이 이 세상을 덮고 지배한다면, 그 뿌
리들이 이 세상을 그와 같이 온통 혼
돈케 한다면,
20 그게 아니라 하는 자들보다 그들의 물
질적인 힘이요, 그 방대한 조직이 더
크다 하면 과연, 그와 같은 것은 어떠
한 형국이 되느냐?
21 주객이 전도되는 방법이요, 주객이 전
도되는 형국이 아니더냐?
22 지금 2천 년 동안 흘러오면서 삼위일
체요, 그와 같은 말을 하는 것, 그것이
그와 같은 형국에서 잘못된 뿌리들이

요, 잘못된 씨앗들이 이 세상을 덮었
으며,
23 잘못된 그 뿌리들이 지금 교회요, 또
너희가 말하는 성당이라 하여 그리 지
어 놓고 종교 지도자라 그들이 그리
말하니,
24 한쪽에는 너희를 위해서 다 존재하는
믿음으로 가고 있으며, 한쪽에는 나의
아들을 위해서 삼위일체라 하여 너희
가 그리 끌고 가는 자들이 있음이니,
25 삼위일체라 말하는 것은 너희가 같은
형국으로 지금 가고 있음이니, 그 자
체의 뿌리가 잘못되었다 함을 너희는
알아야 할 것이니라.
26 그리하여 나의 아들 예수는 그리 말하
지 아니하였던가?
27 오죽 답답하면 그가 그리 말하였는가?
28 보내신 이가 있으며 보냄을 받은 예수
라, 그리하여 예수의 뜻에 따라 예수
의 가르침을 보고 하늘에 오르는 것이
아니라, 보낸 이의 뜻을 거역하지 아
니하며 창조주 나 여호와의 뜻을 행하
지 아니하고는 구원을 받을 수 없는
것이요,
29 내가 내리는 내 뜻에 의해서 사는 자
는 구원을 받는다 그리 말하고 가르쳤
음이니, 오죽 답답하면 그리 말했겠는
가?
30 너 또한 지금 보내진 자로서, 너 자신
이 역사하는 것은 나 여호와가 너에
게 임하는 대로, 명하는 대로 움직이
며 나를 대신하여 역사하는 것이니,
네가 나가 아니라는 것을 너는 잘 알
고 있으며,
31 그런데 너를 그와 같이 신과 같이 받
드는 역사가 생겼을 때 너는 무어라
말하겠는가?
32 오로지 창조주 아버님을 위하여 가는
것이며 네가 아니라 그리 말해도, 그
사악한 자들이 세월이 지난 다음에 그
와 같은 방법으로 종교 집단이 생기며
믿음의 집단이 생기니,
33 그들이 더 방대한 힘이요, 방대한 조
직을 가지고 세상을 덮는다 할 때, 아
니라 하는 자들은 서서히 그들에게 밀
려 뒷전으로 물러남이니,
34 그 목소리를 아무리 외쳐도 들어주는
자 없으니, 스스로 자멸하고 덮이는
형국이 된다 하면,
35 지금 2천 년 동안 흘러오는 그 믿음이
나 여호와가 존재하며 나를 믿으며 나
의 뜻에 따라 살아가는 백성이 오로
지 내가 명하는 대로 살아가는 것이
구원을 받는다 그리 말하는 자들은 시
들어져 그 종족의 뿌리를 찾을 수가
없으며,
36 나의 아들과 내가 같다며 삼위일체라
부르짖는 그들이 이 세상을 지배하고
덮는 그 형국이 되어 있음이니,
37 그리하여 그들은 나와 관계없는 자들
이며, 나와는 전혀 관계도 없는 나를
욕되게 하는 자들이라 하는 의미가
여기에 있음이니라.
38 이 점을 너는 반드시 너의 제자들에게
전하며, 나의 법전에 기록하여,
39 이와 같은 오류가 또다시 있어서 사악
한 자들이 너와 나와 법전이 똑같다
그리 말하는 자들이 이 세상을 또 지
배하는 그와 같은 형국이 있어서는 아
니 될 것이니,

40 그를 엄히 다스려 그를 기록하여 만백
성에 전하도록 그리하라, 사랑하는 나
의 아들아!

6,193 번째 하나님 말씀

2003년 5월 17일 09시 02분

1 사랑하는 나의 아들아!
2 "네, 아버님! 말씀하옵소서."
3 종교 지도자라 하는 것, 그리고 나의
뜻을 전하는 선택된 백성은 한 점의
부끄럼이 없이 살아가는 것이 너희가
사는 도리이나,
4 너희가 한 말이요, 너희가 한 행동에
대해서는 책임을 져야 하며 그는 확
고히 짚고 넘어가는 그와 같은 자세로
써 살아야 함을 잊어서는 아니 됨이니
라.
5 종교 지도자요, 만백성을 구하는 자,
너를 따르는 너의 제자들이요, 또 법
전을 읽고 깨우친 백성이 지도자로
세상에 나갔을 때, 그들이 한 언행에
대해서는 반드시 책임을 져야 하며,
6 그들이 또한 환경에 따라서 마음에 동
요가 이루어지며 그 형편에 따라서 이
중적인 대우를 할 수 있다면,
7 이는 절대로 지도자로서 설 수가 없으
며 지도자의 덕목이 아님을 알아야 할
것이니라.
8 내가 너희에게 한마디의 거짓말도 하
지 말라 하였음이니, 이는 무엇이던가?
9 그것 하나를 지키는 그 훈련 속에서
너희가 모두를 다 지킬 수 있다 함을
내가 너희에게 강조했음이니,
10 과연 너희가 살아가면서 한 마디의
거짓말이요, 그와 같은 거역하는 짓을
하지 아니하는가?
11 이를 항상 거울에 비춰 보듯이 너 자
신을 비춰 보고 너희를 밝혀 보는 그
와 같은 모습으로 살아야 함을 잊지
말라.
12 그렇지 아니하면 무너짐이니라.
13 잠깐만 너희가 생각을 달리하며 마음
을 잠깐만 잘못 먹는 생각을 해도 사
탄이요, 사악한 자들이 그리 두지 아
니함이니라.
14 너희 마음에는 선한 마음, 악한 마음
의 두 가지 마음이 항상 공존하고 있
으니,
15 선이 밀려들 때 그 악한 마음을 짓이
기는 것은 두말할 것이 없음이니, 그
는 용서할 가치가 없음이니라.
16 너희가 기회를 주지 아니함이니라.
17 악한 마음이 선한 마음을 지배하고 누
르는 것이며, 너희가 악한 행동을 하
는 것, 나에게 부끄러운 행동을 하는
것, 그 모두는 초를 다투어 그를 덮쳐
오며 태풍보다도 무서우리만큼 밀어
닥치니,
18 거기에서 견디고 버틸 수 있는 것은
너희가 얼마나 굳건한 마음의 자세며
선한 마음의 자세로 자리를 잡고 있느
냐가 문제이니라.
19 선한 마음이 깔려 있으며 선한 마음이
모두를 잡고 있다 할 때, 아무리 뭐라
하고 밀쳐도 넘어지지 않는 그와 같은
것이니, 이게 바로 너희의 훈련이니라.
20 뿌리가 깊은 나무는 태풍이 불어와도
쓰러지지 아니하고 뽑히지 아니하듯
이,

21 너희가 그와 같이 선한 마음의 뿌리가
깊이 내려진 다음에는 어떠한 것에도
넘어지지 아니하나,
22 너희는 아직 그와 같은 뿌리를 내리지
못한 나의 백성이니라.
23 그리하여 너희는 항상 넘어질 수 있
으며, 너희를 항상 호시탐탐 노리니,
악한 마음에 견딜 수 없는 것이 너희
들이니,
24 환경과 여건에 따라서 행동이 다르며
말이 다른 그와 같은 일이 있어서는
절대 아니 됨을 알라.

6,194 번째 하나님 말씀

2003년 5월 18일 12시 02분

(강론을 마치며)

1 사랑하는 나의 아들아!
2 "네, 아버님! 말씀하옵소서."
3 인간 세속에 살아가는 부모와 자식 사
이에도, 부모가 자식을 바라보며 그
자식을 바로 가르치고 깨우쳤을 때,
그가 필요한 사람으로 성장할 수 있는
그 아들에게 부모는 더 기대를 하며
마음을 갖게 됨이니,
4 그는 사랑의 매를 그에게 더 드는 것
이 인간 세상에 너희가 살아가는 속
마음의 생각이 아니던가?
5 나 여호와의 마음이 그러하니라.
6 내가 이 세상에 나의 아들이라 하여
그 겨자씨 하나를 뿌렸음이니,
7 너희가 갈고 닦아 지금 오늘의 이 성
전을 이루었으며 지금 많은 법전이 세
상에 살아서 움직이고 있음이니,
8 너희의 그 공로를 다 내가 말로 한다
면 무엇으로써 말할 수 있겠느냐?
9 그러나 너희가 인간 세상에 바로 설
수 있는 자식에게 사랑의 매를 들듯
이, 내가 너희를 나무라며 꾸짖으니,
10 내 가슴에 너희를 다 안고 있음을 알
아야 할 것이니라.
11 나 여호와가 말로써 너희에게 전하는
그 뜻은 너희의 노고와 그 고통이요,
그 시련은 이루 말할 수 없음이니라.
12 이 세상이 다 썩어졌으며 물이 잘못
가고 있다 하지 아니하였더냐?
13 그것을 정화할 수 있는 그 기틀을 닦
았으며 그 뿌리를 내렸음이니, 너희의
그 공과 상은 이루 말할 수 없음이니
라.
14 그러나 너희가 바로 서지 아니하면 아
니 되며 너희가 더 굳게 가지 아니하
면 아니 되기 때문이니라.
15 너희는 나 여호와 창조주의 이 아픈
마음을 알겠는가?
16 내가 모세를 통하여 가나안 땅에 그
백성을 보내고자 하였으나, 그들이 그
곳에 가지 못하였으며 그 역사를 하지
못하였음이니라.
17 모세에게 이루었던 그 기적이요, 역사
를 보지도 아니하였으며 나의 아들 예
수가 많은 기적을 이루는 것을 그 역
사의 기적을 보지 아니한 너희가 나의
아들을 따르는 그 마음은 그것과 바꿀
수 없는 소중한 것이 너희이니, 내가
너희를 바라보는 그 마음이 어떠한 줄
알겠는가?
18 내가 너희를 사랑함이니라.
19 그리고 너희가 나의 아들을 통하여
너희가 바라는 하나의 뜻을 기록했음

이니, 그 뜻을 너희가 죽기 전에 내가
다 이루어 줄 것이니 그리 알라.
20 나의 아들을 통하여 내가, 눈먼 자가
너희 생명을 구해 주었을 때 그 앞에
서 소원을 말하라 하면 그 눈먼 자의
눈을 뜨게 해 달라 너희가 그 기도를
그리하였을 것이니, 너희는 그리할 수
있는 자들이니라.
21 다만, 깨우침이 없으며 깨달음이 없으
며 너희가 느끼지 못하였기 때문이니,
너희가 기록한 그 소원은 내가 들어줄
것이니,
22 사랑하는 나의 아들이 바라고 원하는
너희 소원을 내가 어찌 안 들어주겠
는가?
23 너희를 사랑하는 마음은 이루 말할 수
없음이니라.
24 어린아이를 너희가 안고 즐기는 것처
럼, 너희 자식이 앞에서 재롱을 부리
는 그 모습을 보는 것보다도 내가 더
너희를 사랑하며 더 소중하게 여기고
있음이니 이를 알라.
25 내가 너희를 사랑하며 너희의 그 공
로로도 너희가 나에게 올라오는 데
조금도 부족함이 없음을 알라.
26 너희는 들어야 할 것이니라.
27 영원히 사는 그 삶에 너희가 나에게
올 수 있으며 내 품에 올 수 있는 그
상을 받아 놓았다면 너희는 무엇이
필요하며 무엇이 더 소중하다 말하겠
는가?
28 너희는 내 아픈 마음을 알아야 할 것
이니라.
29 애굽의 땅에서 나의 모세를 통하여 그
들을 끌어냈으며 가나안 땅으로 가기
위해 이끌었으나, 모든 역사의 시련의
그 고통에서 그들은 등을 돌렸으며,
그곳에 간 자가 없음이니, 그를 보는
내 마음이 얼마나 아팠겠는가?
30 예수의 시대에 죽음과 삶의 모든 역사
를 하며 나의 아들로부터 구원하는
그 역사까지 보였으며 너희에게 보일
수 있는 것은 다 보여 줬으며, 육의 형
태로써는 할 수 없는 그 기적을 다 보
여 주었음이니라.
31 그를 본 백성이 지금 내 뜻에 가는 것
이 아니요, 나의 뜻을 거역하는 그와
같은 길을 가고 있음이니라.
32 그러니 그를 보는 나 여호와의 마음이
어떻겠는가?
33 너희는 기적을 본 것이 없으며 나로부
터 역사하여 일어난 것이 없음이니라.
34 오히려 나에게 기적을 보지 못한 너희
가 오늘 나의 아들을 따름이니,
35 앞으로 너희는 첫째로 내가 다 구원하
여 내 품에 안을 것이며, 나에게 올 자
격이 있는 것이며,
36 나의 아들을 통하여 너희에게 이루어
지는 그 역사는 앞으로 영광과 축복이
요, 그 기적을 너희가 볼 수 있음이니
라.
37 기적을 보고 따른 자들은 다 지금 썩
어져 갔으며, 그 후손들은 나를 능멸
하며 나를 거역하는 그 길을 가고 있
으나,
38 기적이 없이 역사한 너희가 기적을
보게 됨이니, 너희는 바로 갈 수 있는
선택된 나의 아들딸임을 내가 알고 있
으니,
39 너희를 내가 다 거둬들인다 함을 잊지

말라, 사랑하는 나의 아들딸들아!

6,195 번째 하나님 말씀

2003년 5월 18일 23시 06분

1 사랑하는 나의 아들아!
2 "네, 아버님! 말씀하옵소서."
3 너희는 밀림에서 강자가 약자를 잡아
먹고, 그와 같이 또한 약자는 강자에
게 먹이로써 죽어 가는 그 모습을 보
며 너희가 불쌍히 생각하고 가슴 아
픈 그와 같은 마음을 갖느니라.
4 그리고 그와 같은 것이 반복되지 아니
하며 약한 동물이 편안하게 살아갈 수
있는 그와 같은 밀림의 지대가 되었으
면 하는 생각을 하고 있느니라.
5 그러니라.
6 바로 너희는 그러한 형국은 보고 있
으며 그를 보고 가슴 아파하면서도,
7 정녕 너희 형제요, 같은 백성인 그들
이 지금 어찌 가고 있는지 그것을 생
각해 보고 과연 그것을 보고 있는가?
8 너희는 지금 강자가 약자를 잡아먹듯
이, 약자가 강자의 먹이가 되듯이 그
모습을 보고 너희는 불쌍히 여기며
처참하다 그리 생각할 것이니라.
9 그러나 너희 형제들이요, 만백성이 지
금 잘못 가는 믿음이요, 그들이 잘못
살아감으로 인해서 얼마나 무서운 고
통 속으로 죽어 가고 있는 것인가 과
연 너희는 생각해 보았는가?
10 그 의미를 너희는 생각해 봐야 할 것
이니라.
11 나에게 오를 수 있는 그 백성이 하늘
에 오르지 못하며, 지옥 불이요, 지옥
에 가 견딜 수 없는 대가를 다 치르고
살아가는, 죽음의 길로 가는 너희 형
제요, 이웃의 백성이요, 그 모두를 보
고 무섭고 불쌍하다는 생각을 너희는
어찌하여 하지 못하는가?
12 너희가 기른 애완동물이 죽어 가는 것
을 보며 눈물을 흘리며, 밀림의 강자
가 약자를 포획하는 것을 보고 너희는
가슴 아파하며 슬퍼하면서도,
13 어찌하여 너희는 같은 형제요, 같은
이웃의 똑같은 백성이요, 그들이 죽어
가는 것은 슬퍼할 줄 모르고 괴로워할
줄 모르며 불쌍히 여길 줄 모르는가?
14 너희는 그들이 그보다도 더 처참하게
죽어 가고 있음을 알아야 할 것이니라.
15 그리하여 내가 그들을 구원하라는 것
이며, 그들에게 나의 법전을 전하여
그들을 바로 세우라 하며, 구원을 받
게 하라 함이니, 곧 죽을 자를 살리는
것이 너희가 해야 하는 길이니라.
16 강자가 약자를 포획하는 밀림의 그 순
리요, 너희가 기르던 애완동물이 죽어
갈 때 슬퍼하고 괴로워하는 그 마음이
있는 너희가,
17 처참히 죽어 가는 나의 피조물 만백성
그들에게 나의 법전 한 권을 전해 주
어 그를 보고 깨우쳐서 그가 구원을
받을 수 있는 그와 같은 역사가 이루
어질 수 있다면, 너희는 어찌하여 법
전 하나 전하는 것을, 법전 하나 구하
여 그 앞에 전하는 것을 그리 소홀히
생각하며 소중하다 생각하지 못하는
가?
18 너희가 모든 법전을 구입하고 법전을
준비하여 그 불쌍히 죽어 가는 백성에

게 한 권씩 전해 주어 그들이 구원을
얻을 수 있다면 한 생명을 너희가 살
림이니,
19 밀림의 강자가 약자를 포획하는 그들
을 살리고 싶으며 그들이 불쌍하다 생
각하는 마음보다 백배 천배 더 귀하
고 소중한 것이 너희 형제를 구원하
는 것이며, 이웃을 구원하는 것이 너
희가 해야 할 길이거늘,
20 어찌하여 너희는 그것을 보지 못한단
말이던가?
21 그 또한 내가 너희에게 힘들고 어렵
게 가라는 것이더냐?
22 너희가 법전을 구입하여, 또 법전을
준비하여, 또 남들이 너희에게 전해
주는 그 법전을 가지고 너희가 읽고
정독하고 이웃에게 전해 주는 그와 같
은 것으로써 죽어 가는 너희 형제요,
같은 백성을 내가 구원하도록 하라 하
는 것이거늘,
23 어찌하여 너희는 그를 소홀히 생각하
며 그를 귀하게 생각하지 못하는가?
24 이제 너의 제자들에게 그와 같은 이치
를 설명해 줘야 할 것이며, 법전 한 권
을 전해 한 백성을 구하는 것이 곧 죽
음의 길을 가는 자를 구하는 것이며
죽기 전에 그를 구하는 것이라는 것을,
25 동물이 죽어 가는 것을 보면 너희는
눈물을 흘리며 안타깝고 불쌍하다 생
각하면서, 너희의 같은 형제요, 같은
백성이 죽어 가는 것을 보며 어찌하여
그를 구원하지 아니하며 구원할 생각
을 하지 아니하는가?
26 이 이치를 너희가 깨달아, 나의 법전
을 전하는 데 주저함이 있어서는 아니
될 것이며,
27 만백성의 손에 법전을 쥐여 주는 데
너희가 최선을 다하여, 한 사람이라도
구원하는 그와 같은 역사를 이루어야
한다는 것을 잊지 말라.

6,196 번째 하나님 말씀

2003년 5월 18일 23시 11분

1 사랑하는 나의 아들아!
2 "네, 아버님! 말씀하옵소서."
3 너희가 인간사 살아가면서 그와 같은
말이 있느니라.
4 '웅덩이를 파 놓고 물이 고이면, 그 물
이 고였을 때 고기들은 그곳에 모이며
여러 가지 고기들은 거기에 와 더불어
산다, 그리고 물이 있으면 고기들은
반드시 모여든다.' 너희가 그리 말함
이니,
5 그것이 인간사 세상에 살아가는 너희
마음의 형태임을 알아야 할 것이니라.
6 너희가 선한 마음으로 살아가고자 하
여 선한 마음을 갖고 있다면 너희에게
선한 생각이요, 선한 행동이 쌓이게
되어 있으며,
7 너희가 악한 생각이요, 악한 행동을
하면 악한 것이 너희에게 쌓이게 되
어 있으며 악한 마음이 너희를 다스
리고 통제하게 되어 있음을 알아야 할
것이니라.
8 악한 마음이 자리 잡아 그 악한 마음
이 너희에게 쌓이기 시작했을 때, 너
희가 무너짐은 이루 말할 수 없는 것
임을 미리 알아야 할 것이니라.
9 악한 마음이 자리를 잡았을 때 그 악

한 마음이 악한 마음을 끌어들여 선하
고 선한 마음을 다 무너트리며 그 마
음의 뿌리까지 뽑는 데 그들은 가차없
으며 주저하지 아니함을 알아야 할
것이니라.
10 너희 마음 하나 다스리는 것이 과연
어떤지 알겠는가?
11 너희가 쓰는 작은 종이 하나요, 작은
쓰레기요, 빈 깡통 하나를 짓이겨 한
곳에 놓는다면 처음에는 그 빈 깡통이
하나이나,
12 사람들이 지나가면서 빈 깡통이 있는
곳에 쓰레기 하나 있는 것을, 그곳에
쓰레기를 버리는 줄 알고 한 사람이
버리고 두 사람, 세 사람이 버리고 감
이니라.
13 너희가 이쑤시개 하나를 함부로 던짐
으로 인해서 그 이쑤시개가 있는 곳
에 너희가 쓰레기를 놓는 곳이며 쓰
레기를 놓는 장소라 생각하는 사람들
이 하나씩 둘씩 던지게 됨이니, 거기
에 쓰레기가 산더미처럼 쌓이지 않느
냐?
14 그리하여 그곳이 쓰레기가 쌓이는 장
소가 되며, 거기에서 썩은 내가 나며
오물 썩은 악취가 주변을 다 오염시키
는 그와 같은 형국이 이루어지느니라.
15 작은 오물 하나를 무심코 놓음으로 인
하여 그 오물에 오물을 놓고 또 놓고
놓는 그와 같은 형국이 되듯이, 바로
너희 마음의 자세가 그러하니라.
16 악한 마음을 갖고 그 뿌리를 내리기
시작한다면 그 악한 마음이 이쑤시개
하나 놓은 곳에 쓰레기를 사람들이 버
려 쓰레기더미를 만들듯이 너희가 그
리 썩어져 가는 것이요,
17 선한 마음 하나를 가지고 존재한다면
바로 그와 같이 선한 마음이 모두를
다 통제하는 것이 너희의 이치임을 잊
어서는 아니 될 것이니라.
18 그러니 너희가 작은 악한 마음의 뿌리
를 잡기 시작했을 때는 악한 마음이
악한 마음을 끌어들이니 그들은 선한
마음의 뿌리를 뽑기는 쉬우니라.
19 그러나 선한 마음의 뿌리가 내려 악한
마음을 뿌리를 뽑는다는 것은 선한 마
음을 수없이 끌어들이는 그와 같은 역
사가 이루어지지 아니한다면, 너희는
결코 그 악의 뿌리를 뽑을 수가 없는
것이니라.
20 악의 뿌리를 뽑지 않았을 때, 그 악은
반드시 너희를 쓰러트리며,
21 선한 마음이요, 선한 행동을 너희 자
신에서부터 존재하지 못하도록 가차
없이 그들이 모두를 무너트리는 것이
그들의 수법이며 악한 마음의 정체요,
사탄들의 정체임을 너희는 알아야 할
것이니라.
22 내가 나의 아들을 통하여 세상 이치를
전해 주었음이니라.
23 그저 이쑤시개보다 더 가는 쓰레기 하
나를 목격하여 그곳에 하나를 놓고 간
사람은 그저 놓고 갔으나,
24 그를 보고 사람들이 하나, 둘, 셋 땅에
버리니 그곳이 쓰레기 더미가 된다는
그 이치를 알아,
25 너희 마음 자세를 바로 다스리고 바로
깨우쳐 가도록 너의 제자들에게 그리
전해 주며 그 이치를 깨우쳐 주도록
그리하라.

6,197 번째 하나님 말씀

2003년 5월 18일 23시 20분

1 사랑하는 나의 아들아!
2 "네, 아버님! 말씀하옵소서."
3 너희는 인간사 세상에 살아가면서 몸
이 불편한 자, 부족한 자, 그와 같은
사람들의 그 형태를 보느니라.
4 그리하여 소위 이야기하는 완벽한 사
람이 아닌 외형적으로 부족한 그와 같
은 사람들의 모양을 보며, 다리를 저
는 사람, 그리고 언어에 장애가 있는
사람, 생각이 부족한 사람, 또한 모든
형태에서 정상적이 아닌 그와 같은 사
람들을 보며 너희는 부족한 사람이요,
불행한 사람이라 그리 말함이니라.
5 너희는 어찌하여 외형으로 보이는 사
람의 그 불행한 모습은 그리 보며 너
희 마음이 그보다도 더 병들고 더 썩
어져 있는 너희 자신은 보지 못하는
가?
6 나 여호와가 내려다보는 너희는 그러
하니라.
7 육신이 부족한 자들을 너희 눈으로
보듯이, 나 여호와가 바라보는 너희는
그 육신이 부족한 사람들보다도 마음
이 그와 같이 다 병신이 되어 있으며
마음이 썩어져 있느니라.
8 나 여호와가 그러한 너희가 나에게
오기를 기다리며 나의 아들을 통하여
이 160권의 법전을 세상에 내려보내
는 나 여호와의 심정을 너희는 과연
어찌 생각하는가?
9 너희가 부족한 사람들을 얼마나 사랑
하며, 너희가 갖지 못한 자들을 과연
얼마나 사랑하며, 그들을 어떠한 형태
로써 대우하는가?
10 너희는 그들을 정녕 너희와 같은 사
람으로 보지 아니하며, 한 수 부족한
사람이요, 한 계단 아랫사람으로 그리
생각하며 치부하는 것이니라.
11 그러니 너희가 과연 사랑이 어디 있으
며, 인정이 어디 있으며, 인간의 본연
의 자세가 어디 있으며,
12 나로부터 생명을 받아 나간 것이 얼
마나 소중한 것이며, 한 형제라 말로
는 그리하면서 과연 얼마나 그리 믿
고 살아가는가?
13 모든 종교 집단들이 그러하니라.
14 너희가 부족한 사람을 끌어안지 못하
듯이, 사랑을 베풀며 사랑으로써 역사
하며 사랑이 나 여호와의 뜻이라 말을
그리하면서 너희가 정녕 사랑이 무엇
인 줄 모르며 사랑의 역사함이 무엇인
줄 모르는 것이니라.
15 너희가 '사랑의 노래'에 있듯이 사랑
은 오래 참고 인내하며 믿어 주는 그
속에서 이루어지거늘,
16 너희가 과연 얼마나 기다려 주며 믿
어 주며 인내하는 그와 같은 인간관계
의 사랑을 맺어 가는가?
17 너희는 육신의 부족한 사람들을 부족
한 대로 그리 취급하며 너희보다 한
수 아래라 생각하는 것이 아니던가?
18 그러나 그들보다 더 마음이 썩어져 있
으며 마음의 썩은 냄새가 나는 너희를
나 여호와는 기다림이니라.
19 그리고 너희가 나에게 오를 수 있도록
내가 법전을 내려보내며 너희를 깨우
쳐 내가 구원하고자 하는 나 여호와의

이 마음을 너희가 과연 아는가?
20 내 마음의 백 분의 일만 안다 하면, 외
형적으로 부족한 사람들을 너희가 지
금까지 봤던 그와 같은 마음이요, 그
와 같은 눈빛으로써 그들을 봐서는 아
니 될 것이니라.
21 너희가 육신의 부족한 자보다도 마음
이 더 병신이 되어 있으며 너희의 마
음이 다 썩어져 있어 그 냄새가 진동
한다는 걸 잊지 말라, 사랑하는 나의
아들딸들아!
22 그를 나의 법전을 읽고 깨우친 백성은
깨달아야 할 것이며,
23 만백성을 대할 때, 너희가 외형의 부
족함을 보지 말며, 마음이 병들어 있
고 썩어져 있는 너희 자신을 보도록
그리하라.

6,198 번째 하나님 말씀

2003년 5월 19일 08시 37분

1 사랑하는 나의 아들아!
2 "네, 아버님! 말씀하옵소서."
3 정녕 나의 아들이요, 만백성을 이끄는
목자요, 나로부터 만백성을 구원하기
위한 나의 성령을 직접 받는 나의 아
들 너는 한두 가지 네가 변하고자 또
변하는 그와 같은 모습으로써 너 자신
이 변했다 그리 말할 수 없음을 알아
야 할 것이니라.
4 나의 아들 예수가 먼저 세상에 나가
만백성이 지금까지도 그 룰을 따르며
그를 말하는 것은,
5 천 가지, 만 가지 그가 움직일 때마다
그게 질서요, 근본이었으며, 근본이
요, 기본이 되는 그와 같은 아름다운
삶을 살아왔기 때문임을 알아야 할
것이니라.
6 너는 나의 아들이니라.
7 네가 생각해서 변하고자 네가 생각해
서 아름답게 살고자 하는 것이 아니라,
8 네가 행하는 모든 게 나의 진리요, 나
의 뜻이요, 천 가지, 만 가지가 일정하
며,
9 정도에 어긋나는 것이 아니라, 그저
네가 말하며 움직이는 것은 정도요,
진리요, 어긋남이 없으며, 남의 모범
이 되는 그와 같은 너 자신으로 변화
되며,
10 스스로 개혁하여 변화되는 그것이 변
화된 것이며, 네가 변화된 삶을 사는
것임을 알아야 할 것이니라.
11 내가 너에게 말하지 않았더냐?
12 알은 알을 낳을 수 없다 내가 말하지
않았던가?
13 알이 병아리가 되는 그와 같은 과정의
변화가 네가 변화되는 것임을 알아야
할 것이며,
14 네가 나의 아들로서, 만백성을 이끄는
목자로서 나의 성령을 받아 나의 아들
로 만백성의 근본이요, 기본이 되는
것이 그와 같은 과정이니라.
15 모든 백성이 알이라 하면 너는 그 알
에서 깨어나는 병아리요, 네가 그 알
에서 깨어나는 병아리로서 서야만 모
든 알이 그 병아리가 되기를 원할 것
이며, 그 병아리를 보고 그들이 변하
고자 한다는 그 간단한 이치이니라.
16 그것이 너 스스로 행하고자 하는 것이
아니요, 너도 모르는 사이에 그리 그

와 같은 행위로써 가는 것이니라.
17 너도 모르는 사이에 어느 때 병아리로
변하여 병아리로서의 그 삶을 보여 줄
때,
18 모든 알은 병아리의 좋은 점과 병아리
의 아름다운 삶과 세상을 보고 사는
그 병아리의 차이점을 알지,
19 알로서 존재한다면 네가 아무리 해도
소용없느니라.
20 아무리 네가 큰 알이 되고 큰 알로서
네가 크게 보인다 하여도, 그것은 같
은 알이라 생각하기 때문에 절대로 많
은 알이 너를 따르지 아니하는 그 이
치가 거기에 있음이니라.
21 똑같은 백성이요, 똑같은 사람의 형태
를 가지고 네가 살아가는 모습으로써
는 누구는 저만 못하느냐는 말을 할
것이며, 너보다 좋은 점, 장점을 가지
고 있는 사람들이 더 있다 말할 것이
며,
22 그리하여 절대 네가 나의 아들이요,
나의 명을 받아 세상에 나가 만백성을
구하는 선택된 네 책무를 그들은 믿으
려 하지 아니함이니, 인정하지 않으려
하는 것이니라.
23 인간 세상의 삶을 벗어나는 그와 같은
너의 삶이되, 그것이 네가 계산해서
순간순간에 그와 같은 모습을 보이는
것은 깨달음이 아니요, 만백성의 가르
침이 되지 아니함이니,
24 너도 모르는 사이에 그와 같은 삶에
젖어 있어야 함을 알라.
25 그게 깨달음이고 네가 가야 하는 길이
니라.
26 내가 뭐라 말하였느냐?
27 너희가 네 아들과 남의 아들을 놓고
유사시에 위급한 상황에서 하나를 둘
러업고 나올 때, 계산 없이 남의 아들
을 둘러업고 나올 수 있는 그 마음, 그
게 내가 사랑하는 마음이요, 나를 따
르는 마음이요, 내가 역사하는 마음이
라 그리하지 아니하였던가?
28 그와 같은 길로 네가 가는 것이며, 그
와 같이 역사하는 것, 그게 바로 네가
가야 할 길임을 알라.
29 내가 극단적으로 너에게 말하노니, 똑
같이 알 속에서 알을 보고 따르라는
것은, 네가 아무리 큰 알로 변한다 하
여도 알은 알이라 그들이 생각하며 따
르지 아니하니,
30 알이 병아리로 변하는 그 과정을 거쳐
야만, 그 병아리로 변하는 삶을 살며
눈이 있고 코가 있고 숨을 쉬며 그저
움직일 수 있는 그와 같은, 도저히 알
로서는 따라갈 수 없는 그 병아리가
되었을 때,
31 그들은 그 병아리가 되고자 하며, 병
아리가 저희보다 위대하다는 것을 알
게 될 것이며,
32 병아리가 되지 아니하면 알을 낳는 어
미닭이 될 수 없다는 것을 그들이 알
것이니,
33 그것이 네가 가야 할 길이요, 그것이
네가 보여야 할 길이며, 네가 역사하
고 가는 삶이라는 것을 잊지 말라, 사
랑하는 나의 아들아!

6,199 번째 하나님 말씀

2003년 5월 19일 08시 55분

1 사랑하는 나의 아들아!
2 **"네, 아버님! 말씀하옵소서."**
3 나 여호와의 모든 백성이요, 그리고 준비된 그 백성이 모세와 더불어 광야의 길고도 긴 여정의 삶을 살아왔으며, 그 모든 시련과 어려운 그 삶에서 준비된 백성이 가나안 땅으로 들어가고자 그와 같은 그 역사의 한 틀을 이루고 그리 살아가지 아니하였던가?
4 그러니 준비된 가나안 땅으로 들어가기 위해 반드시 너희가 행하여야 할 것을 내가 내려보냈음이니, 그것이 무엇인 줄 알겠는가?
5 십계명을 지키지 아니하면 절대 가나안 땅으로 들어갈 수가 없으며, 반드시 십계명을 행하여야 하는 법이 바로 내가 너희에게 명하며 내가 너희에게 원했던 것이니라.
6 그리하니 가나안 땅, 준비된 그곳으로 가는 백성은 반드시 지키고 행하여야 할 법이 바로 십계명이라는 것을 너희는 알아야 할 것이니라.
7 나 여호와의 백성이 가나안 땅으로 들어가려면 누구를 막론하고 지켜야 할 계명이 무엇이라 말하였느냐?
8 내가 십계명이라 그리 말하였느니라.
9 나를 믿는 백성이 어느 시대에 믿음의 길을 가든, 몇천 년 전의 믿음을 가든, 지금의 믿음을 가든, 나 여호와의 뜻에 따르는 나의 백성은 십계명을 지키지 아니하면 절대 구원의 길조차 볼 수 없다는 그 엄연한 사실을 너희는 알아야 할 것이니라.
10 내가 불로써 내린 나의 친필인 그 십계명이 몇천 년 전에 믿었던 그 백성이요, 몇천 년 전에 살았던 그 백성은 십계명을 지켜야 하고,
11 몇천 년이 흐른 지금, 나를 믿는다며 나에게 오르고자 한다며 그러한 나를 찾는 백성 너희는 십계명을 지킬 필요가 없으며 인간이기 때문에 그것은 지킬 수 없다고 너희가 그리 말하고 그를 소홀히 하고 간다면,
12 십계명이 영혼의 양식이요, 구원의 길이라는 것으로 그리 생각하지 아니하면, 십계명을 지키지 아니하고 그를 행하지 아니하면, 준비된 백성도 절대로 가나안 땅에 갈 수 없는 것을,
13 지금에 와서는 그와 같은 역사는 관계없다고 착각하고 그 시대의 백성과 너희를 분리하여 십계명을 그리 생각한다면,
14 내가 직접 써 내린 십계명을, 그 친필인 십계명을 그때 사람은 지키며 지금의 사람은 별것이 아니라 그리 생각하니,
15 너희는 여기서 알아야 할 것이니라.
16 내가 나의 아들을 통하여 나의 법전에 수없이 기록하였느니라.
17 천국에 들어가는 것은, 너희 영혼의 양식인 십계명을 지키고 그를 따르지 아니하면 너희는 절대로 갈 수 없다 내가 그리 말하였음이니라.
18 그러니 너희는 나의 진리가 변화되며 때에 따라서 방향이 바뀌며 뜻이 바뀌며 그리고 역사하는 것이 바뀌며 그 근본의 뿌리가 흔들리는 것처럼 그리

가르치고 있으니, 그리 가르쳐서는 아
니 되느니라.
19 내가 천국에 들어가는 양식은 십계명
이라 그리 말했으면, 그것은 진리이니
라.
20 그러니 나의 진리는 진리인 것을, 너
희가 그를 지키고 행할 수 없다는 것
은 진리가 아니라 말하는 것이며, 너
희가 나 여호와를 능멸하는 그와 같은
행위를 하는 백성임을 알아야 할 것
이니라.
21 그것이 지금의 너희가 잘못됨이니라.
22 나의 진리는 변화되지 않으며, 나를
믿는 백성은 물론 과거나 현재나 율
법과 계명 이 모두를 지켜야만 너희가
나에게 올 수 있으며, 구원을 받는 기
초요, 근본이 이루어지며,
23 현재도 그러하거니와 미래에도 이를
지키지 아니하는 자는 결코 나에게 오
를 수 없으며, 내가 천 년에 걸쳐 이루
는 왕국의 세상에 들어와 나와 함께
존재해 살 수 없다는 것을 너희는 알
아야 할 것이니라.
24 십계명을 지키고 그대로 살지 않는다
면 누구도 절대 구원을 받을 수 없으
며 천국의 문에 들어설 수 없다는 이
무서운 사실을 나의 법전에 기록하여
전함이니,
25 이를 읽는 백성 너희는 깨우쳐야 할
것이니라.
26 이제 십계명을 지키지 아니하고도 너
희가 죄를 용서 빌며 너희의 손으로
지은 성전에 와 재물과 금화를 바치며
너희가 울고불고 애걸복걸하면, 그리
고 나의 아들 예수의 이름을 찾으면
구원을 받는다 그리 말하는 자들,
27 그들이 바로 거짓된 자들이며, 허울
좋은 양의 탈을 쓴 늑대이니라.
28 그러니 거짓 선지자요, 거짓 목자요,
거짓 목회자들에게 너희가 속아서는
아니 됨이니라.
29 절대 속지 말라.
30 내가 직접 친필로 쓴 십계명을 지키는
것은 과거요, 현재요, 미래의 백성도
이를 행하지 않고는 절대로 하늘에 오
를 수 없으며, 이건 나의 뜻이요, 진리
이기 때문이니라.
31 이를 소홀히 생각하며 이를 거부하며,
인간이기 때문에 이대로 살 수 없기
때문에 너희가 살다 죄를 짓고 용서를
빌며 구원을 원하면 이루어진다는 그
와 같은 거짓된 지도자들의 말에 현혹
되지 말라, 사랑하는 나의 아들딸들아!
32 이게 가장 중요한 대목이며, 이는 너
희가 꼭 깨우치고 알아야 할 대목이기
에 내가 다시 한 번 나의 아들을 통하
여 기록하여 너희에게 전하는 나 여호
와의 심정을 알라.

6,200 번째 하나님 말씀

2003년 5월 19일 08시 59분

1 사랑하는 나의 아들아!
2 "네, 아버님! 말씀하옵소서."
3 인간 세속에서 살아가는 나의 백성 너
희가 어떠한 일을 역사하며 그 결과를
이룸에 있어서 준비 과정이 있으며 시
작하는 과정이 있느니라.
4 그리하여 시작하여 결과를 얻기 위하
여 그 과정을 거치며, 그 어렵고 힘든

과정의 역경을 인내하는 자는 계획했
던 목표를 달성하며 결과를 이루며 얻
는 것이 아니더냐?
5 그러니라. 하늘에 오르는 그 믿음 또
한 그와 같이 되어 있음을 너희는 알
아야 할 것이니라.
6 믿음을 믿는 것, 또한 그와 같은 역사
의 과정을 거치지 아니하고는 결코 너
희가 이루어질 수 없다는 것을 알아야
할 것이니라.
7 그러나 많은 백성이 지금 가는 믿음
이 무엇인 줄 알겠느냐?
8 시작만 하면 그저 구원을 받는다고 그
리 생각하며, 그 과정의 역사는 노력
하지 아니하려 하며, 힘든 그것은 행
하지 아니하려는 것이 너희이니라.
9 그리하여 오죽하면 내가 직접 불로 쓴
나의 친필도 인간이기 때문에 그리 행
할 수 없다고 생각하여 너희가 그저
죄를 짓고 빌고 울고불고 매달리면 된
다는 그와 같은 안일한 방법으로써 낚
싯밥을 던지니, 이게 곧 독소임을 알
아야 할 것이니라.
10 너희가 믿음이라는 길을 오르는 것은
믿음의 시작함에 있음이 아니니라.
11 너희가 나의 아들 예수가 살아왔던 그
과정의 행했던 그 삶을 아무리 고통스
럽고 힘들고 어렵다 해도, 그와 같은
과정의 역사를 거치지 아니한다면 너
희는 결과를 얻을 수가 없는 것임을
알아야 할 것이니라.
12 나의 아들 예수가 세상에 와 역사했듯
이, 그 어렵고 힘든 길을 너희는 거쳐
야 하는 것이 너희가 반드시 이루어
지는 과정임을 잊지 말라.
13 너희가 이루어지고 역사하는 그 노력
하는 과정을 무시하고는 아무것도 얻
을 수 없음이니라.
14 그를 무시하고 결과만 얻으려는 것,
그와 같이 결과를 얻을 수 있다 가르
치는 것이 거짓된 목자요, 목회자요,
종교 지도자들이니라.
15 속지 말라, 사랑하는 나의 아들딸들아!
16 거짓된 사악한 사탄의 앞에서 일하는
자들, 그와 같은 자들에게 너희가 속
아 너희 자신을 버리는 그와 같은 삶
을 살지 말라.
17 너희가 살아가는 그 역사요, 너희의
믿음이 나에게 오르고자 한다면,
18 너희는 믿음을 시작하며 그 어렵고 힘
든 과정을 거쳐 나에게 구원을 받을
수 있는 것이니, 그 과정 후에 결과가
있음이니라.
19 너희가 어렵고 힘든 과정을 거쳐 나에
게 왔을 때, 내가 알곡식과 쭉정이를
고를 때 너희는 알곡식으로서 선택되
는 백성이요,
20 과정은 무시하며 그저 믿음만 가지면
구원을 받았다 받는다 생각하는 자들,
그들은 알곡식과 쭉정이를 고를 때 그
들의 자리가 없으며, 나로부터 선택될
수 없다는 그 무서운 사실을 그들에게
깨우쳐 주라, 사랑하는 나의 아들아!

6,201 번째 하나님 말씀

2003년 5월 19일 22시 36분

1 사랑하는 나의 아들아!
2 "네, 아버님! 말씀하옵소서."
3 만백성 그들에게 전하여야 할 것이며,

너를 따르는 제자들이요, 법전을 읽고
깨우친 백성 너희는 알아야 할 것이
니라.
4 나의 아들이 나의 성령을 받아 160권
이라는 너희를 구원하는 책인 '하늘에
오르는 길'이요, '하나님! 말씀하옵소
서'라는 이 새로운 법전을 세상에 만
들어 너희를 구원하고자 피나는 노력
을 하고 있음이니라.
5 내가 너희에게 이를 읽지 아니하고
이를 보지 아니하는 자, 정녕 구원을
받을 수 없다 그리 말하지 아니하였던
가?
6 너희는 이 말을 듣고 사탄이요, 사악
한 자라 그리 말할 것이며, 마지막 시
대에 거짓 선지자가 와 너희를 현혹
게 하는 것이며 나의 백성을 유혹하는
것이라 말할 것이니라.
7 그러나 너희는 나의 법전이 정녕 너
희를 심판하는 마지막 나의 성령임을
알아야 할 것이니라.
8 구약과 신약의 그 역사 속에 너희가
흘러왔으나 그중에 가장 중요한 것은
무엇이더냐?
9 내가 친필로 직접 써 내린 나의 십계
명을 지키는 것이 너희가 구원의 길이
요, 하늘에 오르는 길이요, 영혼의 양
식이라 내가 그리 말하였음이니,
10 그를 지키지 아니하고 그를 행하지 아
니하는 자는 정녕 구원을 받을 수 없
다 내가 그리 말하였느니라.
11 너희가 모세를 따라 광야 생활을 하고
고통의 시련을 겪었다 해도, 그 십계
명을 지키지 아니하며 그를 인정하지
아니하며 그대로 살고자 아니하는 자
는 가나안 땅에 절대 갈 수 없다 내가
말했음이니,
12 곧 십계명을 지키지 아니하는 자는 감
히 하늘에 오를 자격이 없다는 것을
너희는 알아야 할 것이니라.
13 그와 마찬가지로 구약과 신약의 시대
는 그 십계명이요, 지금 제3의 시대를
여는 것은 나의 법전이니라.
14 나의 법전을 읽지 않고 터득하지 아니
하며 이를 보고 공부하지 아니하는 자
는 하늘에 오를 자격이 없다 함이니
라.
15 이와 같이 너희를 구원하는 가장 소
중한 나의 법전, 나의 성령을 태워 내
려보내는 이 모두를 나의 아들의 가슴
에 전하여 너희를 구원하고자 이 어
렵고 힘든 길을 가고 있건만,
16 너희는 어찌하여 그 고맙고 감사한
은혜를 생각하기 전에, 사탄이요, 이
단이요, 사악한 자가 하는 행위라 그
리 말하며, 나의 법전을 찢어 버리며
태워 버리며 그리하는가?
17 너희를 구원하고자 하는 진정한 나의
성령을 세상에 내려보내거늘, 어찌하
여 너희는 이 은혜를 감사하지 못하는
가?
18 너희는 범사에 감사하며 모든 걸 감사
하는 마음으로 사는 것이 나에게 오르
는 길이요, 나의 사랑에 보답하는 길
이라 그리 말하였음이니라.
19 너희가 어떠한 역경에 처해 있는 것
도, 너희가 아무리 고통을 당한다 해
도, 그것도 다 나로부터 받을 수 있으
며 내 품에 있는 받은 은혜며 영광이
다 그리 말하며 그리 가야 한다 하느

니라.

20 그리고 이 세상의 모두는 다 나 여호와가 필요하여 역사했다 하며,

21 너희가 구원을 받는 그 자체도 나 여호와의 뜻이요, 나의 아들 예수를 너희가 찾는 그것만으로 내가 구원해 주며, 나의 아들이 구원해 주는 그것만이 너희가 구원을 받을 수 있는 것이라 그리 말하느니라.

22 그러면 너희는 이 세상의 모두는 나 여호와가 필요하여 세상에 존재하도록 했다 말하면서, 너희는 어찌하여 모두는 감사하는 마음으로 살아야 한다 하여 코피가 터지는 것도 감사하며, 쓰러지는 것도 감사하며, 역사하는 모든 것은 다 나의 은혜 속에서 이루어지니 감사하는 마음으로 살라 하며 그렇게 가르치고 그리 전하는 너희가,

23 어찌하여 내가 나의 아들을 통하여 밤과 낮을 가리지 아니하고 160권이라는 대장정의 법전을 써 세상에 내려보냄이니, 이를 보지도 아니하며 이 또한 너희가 감사한 것이라 생각지 아니하며 어찌하여 너희가 사탄이요, 이단이요, 사악한 자라 그리 말하는가?

24 너희는 여기서 알아야 할 것이니라.

25 이를 기록하고 전하는 나의 아들이 과연 그를 위하여, 제 욕심을 위하여, 제 부귀영화를 위하여, 제 영달을 위해서 역사한다고 생각하는가?

26 그가 제 부귀영화를 위하여 재물을 챙기고자 하며, 재산을 모으고자 하며, 남 앞에 권위를 세우고자 하여 큰 성전을 짓고자 하며 많은 백성 위에 군림하고자 하는가?

27 너희 종교 집단의 지도자들이 지금 가는 길은 어떠한 형태로 가는가?

28 너희는 나를 믿으며 나의 뜻을 역사한다는 자들이 그저 재산을 모아 제 이름으로 기록하며 제 재산을 깔고 앉으며, 그리고 남들을 속여 부를 축적하는 것이 종교 지도자라 하면,

29 과연 그와 같은 지도자가 나로부터 선택된 자인가, 그렇지 않으면 그 재산을 제 앞으로 하지 아니하는 자가 나의 아들이요, 나로부터 선택된 자인가?

30 너희처럼 그저 재물을 거둬들여 재물을 가져오라 하여, 바치라 하여 은혜를 준다고 바치라 하며, 영광을 준다고 바치라 하며, 구원을 해 준다고 바치라 하며, 그저 수단과 방법을 가리지 아니하고 그 재물을 거둬들여 호화로운 궁궐과 같은 성전을 지으며 거기서 권위적인 행위를 하는 그 길을 나의 아들이 선택하여 가는가?

31 너희 종교 집단이요, 지도자들이 가는 길과 나의 아들이 가는 그 길을 너희가 견주어 보고 깨우쳐 보라.

32 그리고 너희가 나의 법전을 읽고 깨우쳐 보라.

33 과연 거기에 내 법전에 너희를 탓하고 욕하는 것이 거기에 기록되어 있는가?

34 너희는 거기서 한번 찾아보도록 그리 할 것이니라.

35 나의 아들 예수가 오죽이나 답답하면 나를 따르는 자가 나의 아들 예수가 이야기하고 전하는 것을 듣지 않는 자는 나를 믿지 않는 자요, 나의 백성이

아닌 자라며 그가 그리 통탄하여 기
록하였겠는가?
36 지금 나의 아들이 너희에게 뭐라 말
하느냐?
37 나의 법전을 읽지 않는 자, 보지 않는
자는 구원을 받을 수 없다 그리 말하
며, 이는 진정한 나 여호와의 뜻이라
그리 말하며,
38 나의 법전을 읽고 깨우치는 자는 나의
백성이요, 나의 아들딸이요, 그렇지
않은 자는 나와 관계없다 그리 말함이
니,
39 2천 년 전 나의 아들 예수가 너희를
위하여 부르짖고 절규한 그 말과 가르
침이 무엇이 다르던가?
40 2천 년 전의 그 백성도 나의 아들 예
수를 믿지 아니하였으며, 그가 가르치
는 그 진리를 듣지 아니하였으며 그를
보지 아니한 것이니라.
41 그리하여 나의 아들 예수가 오죽하면
너희에게 그리 말하였는가?
42 너희가 진리를 듣지 아니하며 진리의
가르침을 듣지 아니하고 구원을 받는
다는 것, 그는 있을 수도 없으며 생각
지도 말라는 그와 같은 예수의 절규함
을 너희는 듣지 않았는가?
43 그리하여 예수는 죽음으로써 너희에
게 모든 것을 다 역사하며, 그래도 너
희를 구원하고 깨우쳐 주려 했던 것이
나의 아들 예수가 역사한 것이니라.
44 이제 너희는 어떤 것이 진실한 믿음
이요, 어떤 것이 진정한 길인가 알아
야 할 것이나, 너희가 구분할 수 없을
것이니라.
45 그렇다면 너희는 나의 법전을 읽고,
그 법전 속에 잘못된 것이 있으며 잘
못 가라는 구절이 있으면 너희가 찾아
이것이 진정한 나 여호와의 뜻이 아니
라 말해도 될 것이며,
46 나의 아들이 살아가는 모습이요, 나의
아들이 믿음의 길을 가는 그 길을 너
희가 이제 볼 것이며,
47 그 제자들이 행하는 것이요, 그 제자
들이 믿음의 길을 가는 것을 보고 너
희가 수천 년 동안 그 믿음을 왔던 백
성의 종교 지도자요, 종교 집단에서
배우고 들었으며 신도라 하여 가서 배
우고 들은 자들이 과연 그들과 차별화
가 있는지 없는지 그것으로써 구분하
여 너희 스스로 깨우쳐야 할 것이니라.
48 너희는 그저 사탄이요, 이단이요, 사
악한 자라 그리 밀어붙이고 끌고 감이
니, 그것이 너희의 그 형태이니라.
49 사탄과 사악한 자에게는 진정한 진리
를 가르치는 나의 아들이 사탄으로 보
일 것이며, 그 강론하는 것이 너희가
사탄이 하는 짓이라 보일 것이며,
50 마지막 시대에 거짓 선지자가 와 너희
를 현혹게 하는 것으로 들릴 것이니,
너희가 거짓 선지자요, 사탄이요, 사
악한 자라는 걸 잊지 말라.
51 너희는 나의 뜻을 따르는 것이 아니
요, 나의 뜻을 거역하고 가는 것이니
라.
52 이제 너희가 정녕 나의 법전을 읽어
정녕 그곳에서 잘못된 것이 있으며,
너희를 욕되게 가라 하는 것이 있으며
너희를 잘못되는 가르침이 거기에 있
으면 들어 보라.
53 나의 아들이 뭐라 말하였느냐?

54 너희가 얼마나 사악한 자이며, 종교
집단이 장사꾼이며 물건을 사고파는
자보다도 더 하다 하지 않았느냐?
55 무거운 짐을 지고 산꼭대기까지 가서
그 빈민촌에 가서 물건을 파는 사람보
다도 더 지독한 방법으로 장사를 하고
있는 것이 종교 집단 너희라 했음이
니라.
56 비탈길을 그저 차만 들어갈 수 있는
그 꼭대기까지도 너희는 차라는 기계
를 보내어 거기에 있는 백성까지 실
어 가니,
57 남의 종교요, 남의 교회에 너희가 똑
같이 성경을 가지고 가르치는 목사가
거기에 있으며, 너희가 말하는 같은
교육 과정을 마친 그 종교 지도자가
거기서 가르치는 걸,
58 저희끼리 한 성경을 가지고 배우는 종
교 집단이 그것은 잘못된 것이며 너희
에게 와야 한다며 그 산꼭대기까지
차라는 기계를 대 놓고 그 백성을 그
문전에서 실어 가는 그와 같이 사악하
고 더러운 짓을 하는 것이 너희라 하
였음이니라.
59 너희가 얼마나 잘못된 자들인가 알라.
60 너희는 이것을 알아야 할 것이니라.
61 맹수가 어렵게 사냥하여 놓은 것을 빼
어 먹는 하이에나와 같은 것이 너희의
그 사악한 존재며, 그보다 더한 것이
너희임을 알라.
62 그러면서 너희가 선택된 백성이 아니
요, 그를 잘못되었다 가르치는 나의
아들이 전하는 것이 사탄이요, 사악한
자요, 악마의 뜻이라 그리 말함이니,
63 그는 제 뜻대로 행하지 아니하며, 제
가 축적하는 것이 아니며, 제 앞에 쌓
아 놓고자 하는 것이 없으며, 제가 부
귀영화를 누리고자 하는 것이 없으며,
오로지 내가 전하는 것, 내가 명하는
것만 행하고 실천하는 나의 아들이라
는 것,
64 여기서 너희가 구분하여 구원의 길을
얻으라 하여 내가 이렇게 160권의 법
전을 밤과 낮을 가리지 아니하여 너희
의 손에 쥐여 주고자 하는 나의 역사
함을 너희가 안다면, 그 은혜를 안다
면, 그 감사함을 안다면,
65 이제 깨우쳐야 함을 잊지 말라.

6,202 번째 하나님 말씀

2003년 5월 19일 22시 50분

1 사랑하는 나의 아들아!
2 "네, 아버님! 말씀하옵소서."
3 너의 제자들과 나의 법전을 읽고 깨우
친 선택된 백성 너희는 이 세상의 하
나하나 그 모두가 소중하고 귀한 것임
을 알아야 할 것이니라.
4 이 세상에 내려져 있는 것이 하나도
귀중하지 않은 것이 없음을 알아야 할
것이니, 그게 바로 무엇인 줄 알겠느
냐?
5 나 여호와가 필요하기에 모두를 다 세
상에 내보냈음이니,
6 나의 주관이요, 나의 역사로 그리 이
루어지지 아니하는 것이 하나도 없기
때문에, 나의 주관이요, 나의 뜻에 의
하여 모두가 이루어졌음이니, 거기를
벗어난 것이 하나도 없음이니라.
7 그러니 세상의 모두가 다 소중하며 귀

하다 너희는 알아야 할 것이니라.
8 그러니 나 여호와가 주관하여 내가 그
것이 필요하여 이 세상에 만들었음이
니, 그 모두는 다 너희에게 필요하며
또한 이 우주가 운영되며 이 지상이
운영되는 데 그 모두는 자기 자리를
지키고 자기 몫이 있기에 이 세상에
나왔음을 너희는 알아야 할 것이니라.
9 너희가 글이라 하는 것도 마찬가지니,
글이 없었더라면 어떻게 되었겠는가?
10 너희가 말의 의사소통이 없으며 그 말
로써 전할 수 있는 그와 같은 능력이
없다면 너희는 과연 이 세상을 어찌
살아가겠느냐?
11 너희가 멀리 있는 사람에게 편지라는
것을 써서 의사를 전함이며, 시대가
변함으로 너희가 기계에 의해 직접
통화하고 역사하는 것, 그 모두가 다
제자리에 있는 것이 얼마나 소중하고
귀하던가?
12 그 모두가 다 나 여호와가 너희에게
필요하기에 변화시키며 역사하는 것
이니라.
13 물은 얼마나 소중한 것이더냐, 그리고
공기요, 산소는 또 얼마나 소중하던가?
14 너희가 물이 없으면 지탱할 수 없지
않더냐, 공기가 없으면 너희가 지탱할
수 없지 않더냐?
15 큰 것만이 어렵고 소중하다 생각하지
말라.
16 너희가 그저 아무나 주울 수 있는 돌
은 어떻던가?
17 그 돌로 하여금 너희가 사는 집의 기
초를 지으며 성곽을 지으며, 모두의
그 단단한 부분이 필요할 때 그 돌이
절대적으로 필요하며, 그 돌이 없어서
는 안 됨이니, 그 돌이 소중하고 귀함
을 너희는 알겠는가?
18 과연 흙이라는 것은 어떻더냐?
19 흙이라는 자체가 존재하지 못하면 모
든 동식물이 존재할 수 없음이니, 그
흙 하나를 놓고도 그가 얼마나 소중
하고 귀하며 너희가 없어서는 안 될
그 존재인지 아는가?
20 흙이라는 그 밭이 있기에 곡식을 가꾸
며 모든 동식물이 존재하니, 그 흙이
얼마나 소중하고 귀한 것이더냐?
21 너희는 모든 식물이요, 나무를 놓고
하나하나 따져 보도록 그리하라.
22 그 나무가 없으므로 그 식물이 없으
면 과연 어찌 되겠는가?
23 초식동물이 또 과연 어찌 살겠는가?
24 이와 같은 것을 놓고 따질 때, 이 세상
에 귀하고 소중하지 않은 것이 하나
도 없는 것이니라.
25 내가 모두를 다 만들어 세상에 내려보
냈기 때문임을 너희는 알아야 할 것
이니라.
26 꽃이 얼마나 소중한가?
27 너희가 걸치고 다니는 그 옷이 없다면
너희는 춥고 더울 때 과연 어찌하겠
는가?
28 그 옷의 감사함을 너희는 알겠는가?
29 눈에 보이지 아니하여 너희가 밝게
만드는 것, 들리지 않는 너희가 보청
기라 하여 음성을 크게 하여 들리게
하는 그 기계, 그것이 없다면 잘 듣지
못하는 사람은 얼마나 불행한 것인가?
30 그것이 얼마나 그에게는 소중하단 말
이던가?

31 듣지도 보지도 못하는 자에게 그 글
자를 뒷받침하는 방법이 세상에 없다
면 그들은 얼마나 답답하고 불안하겠
느냐?
32 세상에 어떤 것도 소중하지 않은 것이
없으며, 너희가 눈물을 흘릴 만큼 감
사하지 않을 것이 없음이니라.
33 이는 곧 나 여호와가 만든, 모든 너희
에게 내린 선물이기 때문에 그리 소중
하고 귀한 것이니라.
34 이 세상의 모든 소중한 것이 그리 귀
하고 귀하다 하였음이니, 독을 품은
모든 것도 다 귀하고 소중한 것이니라.
35 그 모두를 다 내가 너희를 위하여 내
린 선물이며, 이 지상에 있는 모두는
다 내가 너희를 위하여 내린 선물이
니, 너희가 하나하나를 따져 놓고 볼
때 귀하고 소중하지 않은 것이 없음이
니라.
36 너희가 취하고 먹는 모든 동식물까지
도 하나의 그 짐승의 이름을 놓고 너
희가 따져 보라.
37 그들이 없을 때 과연 어떠하겠는가?
38 닭이라는 것이요, 짐을 실어 나르는
그 목수의 기초의 역할을 하는 말이
라는 동물이요, 소라는 동물이요, 양
이라는 동물이요, 돼지라는 동물이요,
너희가 하나하나 그 모두를 놓고 분석
하고 연구해 보라.
39 그들이 얼마나 소중한 역할을 하고
있으며, 그들이 얼마나 소중하며 얼
마나 필요하기에 이 세상에 존재하지
아니하면 아니 되는 것인지를 너희는
알 것이니,
40 그 모두가 필요하고 중요한 것은 나
여호와가 필요하여 내가 관장하여 세
상에 너희에게 내린 선물이요, 귀한
것이기 때문이니라.
41 그러니 내가 너희를 구원하는 길이요,
나에게 오를 수 있는 나의 법전이요,
'하늘에 오르는 길'이요, '하나님! 말
씀하옵소서'라는 새로운 성경이요, 나
의 법전을 세상에 내려보내는 것이니,
42 이게 얼마나 귀하고 소중한 것인가
너희는 한번 생각해 보고 연구해 보도
록 하라.
43 내 가슴을 태워서 내가 나의 아들을
통하여 이 세상에 160권의 법전을 내
려 만백성을 구하는 그 역사를 하고
있음이니, 그것이 얼마나 소중한 것이
며,
44 나의 아들을 따르는 제자 너희는 그
길의 귀중함을 알아야 할 것이며, 나
의 법전을 접한 백성 너희는 너희 생
명보다 더 소중함을 알아야 할 것이
니라.
45 나의 법전이 무엇이더냐?
46 여호와 창조주 나의 뜻이요, 나의 성
령이라 그리 말하였음이니라.
47 내가 열여섯 권을 기초로 하여 160권
의 법전을 세상에 내보내며, 나의 아
들이 죽을 때까지, 천 년의 역사를 이
룬 다음에 천국이 이루어진 그 세상에
서 쓰고 배워야 할 그 법도까지, 거기
서 행하고 살아야 할 자들이 음미하고
느낄 수 있는 그것까지 다 나의 아들
을 통하여 세상에 내려보냄이니,
48 내가 이를 어찌하여 세상에 내려보낸
다 하였느냐?
49 너희를 사랑하기에 마지막 시대에 내

모두를 다 태워서 나의 아들을 통하여
너희를 위해 세상에 내려보내는 것이
라 하였음이니, 이보다 더 귀하고 소
중한 것이 어디 있단 말이던가?
50 내 모두를 태워서 내려보낸다 하였음
이니라.
51 그러면 이것이 무엇이더냐?
52 곧 나의 피이니라.
53 나의 피가 책으로 되어 내려감이요,
나의 피가 법전으로 되어 내려옴이니
라.
54 너희를 통하여 나의 피를 흘려보내며,
나의 피를 흘려보내고 흘려보내 많은
백성이 그를 접하며 구원을 받게 하기
위하여 내 피를 내려보내는 그 역사
를 하고 있는 것이 나의 아들에게 선
택된 제자들이요, 그 백성이 하고 있
음이니,
55 지금 이를 '하늘에 오르는 길'이요, '하
나님! 말씀하옵소서'라는 법전이요,
새로운 성경이요, 책이라 생각하지 말
라.
56 마지막 시대에 내 모두를 다 태워서
내려보내는, 이는 나의 피이니라.
57 너희가 나의 법전 한 권을 전함으로
인하여 나의 피로 된 나의 복음서를
전한다는, 이 무섭고 위대한 역사를
하고 있다는 것을 너희는 잊지 말라.
58 나를 태워 내려보냄이니라.
59 그 끝이 나의 법전이요, 새로운 성경
이니라.
60 나의 피를 내려보냄이니라.
61 너희는 나의 피를 전하는 것이니라.
62 이 복음서가 바로 나의 피이니라.
63 내 피로 된 복음서를 전하는 것이 너
희이니라.
64 그와 같은 복음서를 가지고 만백성을
구하는 길에 선택된 너희가 나의 법
전을 그저 한 권의 책이요, '하늘에 오
르는 길'이요, '하나님! 말씀하옵소서'
요, 그리하여 열여섯 권이요, 160권의
책이라 그리 보지 말라.
65 나의 법전 한 권 한 권이 나의 피로써
엮어진 것이며, 나의 법전 한 권의 복
음서를 전하는 것은 내가 피로 쓴 나
의 복음서를 너희가 만백성에게 전하
는 그와 같은 역사를 하고 있는 것이
며,
66 나의 피를 가지고 너희가 뛰고 있다
는 것은, 나의 피를 들고 그 만백성을
위하여 전하는 것을, 어려운 시기에
양의 피를 구하여 너희 백성을 구분하
여 구했듯이 너희는 그 피를 피로 보
지 말라.
67 내가 피의 표시를 하라면 나의 피니라.
68 내가 나의 법전이 나의 피라면 이것이
곧 피이니라.
69 너희는 나의 피를 발라서 내려보낸다
그리 생각하지 말라.
70 나의 모두를 태워서 내려보내는 나의
법전은 내 피로써 만드는 복음서이니
라.
71 내 빨간 너희가 보는 그 피를 피라 보
지 말라.
72 창조주요, 나의 뜻이요, 나의 성령의
피는 너희가 볼 수 없으며 만질 수 없
으며 그 색깔을 알 수 없음이니라.
73 나의 법전이 나의 피며, 피로써 만든
복음서요, 피로써 엮은 나의 법전이라
는 것을 잊지 말라, 사랑하는 나의 아

들딸들아!

6,203 번째 하나님 말씀

2003년 5월 19일 23시 02분

1 사랑하는 나의 아들아!
2 "네, 아버님! 말씀하옵소서."
3 너희가 인간사 세상에 살아가면서 많
이 쓰는 말이 있지 않으냐?
4 '콩 심은 데 콩 나고 팥 심은 데 팥 난
다'는 그와 같은 말을 너희는 많이 하
느니라.
5 너희가 행한 대로 모두가 거둬들임이
니, 너희가 선하게 한 것은 선한 것을
얻게 되며 악하게 한 것은 악함을 얻
는다는 행한 대로 거둬들인다는 그 말
의 뜻이 아니던가?
6 믿음이 그와 같다는 것을 너희는 알
아야 할 것이니라.
7 너희가 믿음을 어찌 갔느냐, 어찌 심
었느냐, 그리고 어찌 가꿨느냐, 그리
고 너희가 행동을 어찌 행하며 믿음
의 길을 갔느냐에 따라서 그 결과의
심판이 이루어지는 것이며, 그 결과에
따라서 너희가 어느 곳으로 가느냐
하는 것이 이루어진다는 것이니,
8 과연 믿음의 길을 어찌 가야 하는가
를 너희가 깊이 깨우쳐 알아야 할 것
이니라.
9 너희가 진정한 참진리요, 참진리의 믿
음을 알아 바로 간다 하면 구원을 받
을 수 있을 것이며 나에게 오를 수 있
음이니라.
10 그러니 너희가 그 길을 가지 아니한
다면 정녕 나에게 오를 수 없음이니,
11 너희는 어떤 것이 참진리인가를 깨달
아야 할 것이며, 그리하여 그 진리를
깨달았다면 그 진리를 어찌 심었느냐
에 따라서 너희는 거기에 대한 결과
를 얻게 됨이니라.
12 그리고 그 심은 믿음을 너희가 어찌
가꾸고 왔는가, 그리고 가꾼 그 믿음
에 대하여 너희가 어떤 행동을 어떤
자세로써 노력했는가, 그리하여 그 결
과는 얻어지게 됨이니, 그 결과가 곧
무엇이던가?
13 너희가 나에게 와 심판을 받는 것이라
는 것을 잊어서는 아니 됨이니라.
14 그러나 지금 수천 년 동안 오는 그 믿
음의 형국이 너무나도 잘못되었으며
나 여호와와 관계없는 길로 달려간다
내가 수십 번 나의 법전에 기록하여
전하였거늘,
15 너희는 이를 돌아보지 않으려 하며 생
각해 보지도 아니하려 하며 반성의 여
지도 가지려 하지 아니함이니라.
16 나의 법전에 기록하여 아무리 너희에
게 위대한 진리요, 아름다움을 내가
기록하여 전한다 해도, 그를 읽으면서
너희는 이미 마음속에 이것이 잘못된
것이며, 사탄의 것이요, 사악한 자의
것이라 하여 그리 보는 것을 거부하며
듣는 것까지도 몸서리를 치는 자들이
니,
17 얼마나 너희가 폐쇄된 자들이며 얼마
나 가슴이 닫혀 있는 자들이며 얼마나
잘못 세뇌된 백성이란 말이던가?
18 내가 조금 전에 너희에게 깨우쳐 주었
음이니라?
19 금방 내가 나의 아들의 입을 통하여

너희에게 전해 주었음이니라.
20 너희의 이 세상의 모두는, 이 세상에
존재하는 것은 나 여호와가 역사하기
에 하나도 귀하지 않은 것이 없다 하
였음이니라.
21 모래알, 백사장의 자갈 하나 모두가
쓰일 때는 소중한 역사를 이루는 것이
라 내가 하였거늘,
22 어찌하여 너희는 내가 참진리라 하여
내려보내는 이와 같은 뜻을 듣지 않으
려 하며 보지 않으려 하는가?
23 너희는 이를 보고 깨우쳐야 할 것이
며, 너희의 그 마음의 문을 열어야 할
것이니라.
24 무조건 너희 것이 아니면 아니 된다
는 그 생각을 버려야 할 것이니라.
25 내가 너희가 얼마나 어리석고 불쌍한
백성이라 말하였느냐?
26 하나의 검은 성경책을 가지고 공부하
면서, 그 수십 개, 수백 개의 종파로
갈라진 것이 큰 죄악이요,
27 그리고 갈라진 그 종파들이 저희 종교
지도자 앞에 와 저희와 같이 공부하
는 자만이 구원받으며 하늘에 오르는
자들이라 그리 말함이니,
28 거기에서 어떤 진리를 찾는 길이 있으
며, 진리를 연구하는 것이 있으며, 진
리의 믿음을 너희 가슴에 어찌 심는
것이 있으며, 그를 심은 것을 어찌 가
꾸며 그 가꾸는 과정이 어찌 노력하고
행하여 가는가?
29 그와 같은 것을 너희는 찾아볼 수도
없음이니라.
30 그저 결과만 가지고 소리 지르는 자들
이며, 결과만 가지고 역사한다는 자들
이니,
31 그 불쌍한 나의 피조물 만백성을 구하
기 위해 내가 나의 아들을 통제하여
나의 아들을 이렇게 몰고 가며, 나의
아들에게 고통의 시간을 주어 나의 법
전을 기록하여 전하며,
32 그 제자들 또한 어렵고 힘든 그 과정
에서 나의 법전을 만들어 이를 만백성
에게 전하고 있음이니,
33 어찌하여 너희는 이를 보지도 아니하
며 들으려 하지도 아니하며, 그저 너
희가 뜨거운 물에 손을 대는 것같이
그와 같이 나의 법전을 사탄이요, 사
악한 자요, 악한 자가 한다고 하는가?
34 너희는 들으면서도 옳은 말이라 할
것이며 너희는 읽으면서도 옳다 생각
하면서도, 이건 아니다 고개 흔들어
거부하는 자들이니, 아무리 아름다운
진리요, 참진리를 가르쳐도 들으면서
도 그렇다 생각하지 아니하며, 그렇다
인정하지 아니하며,
35 그것은 다 잘못되었으며, 현혹하기 위
한 달콤한 말이며, 너희를 넘어트리기
위한 사탄의 장난이며, 이것은 사탄의
말이지 나 여호와의 뜻이 아니라 그리
말함이니, 어찌 너희를 깨우치고 가르
치겠는가?
36 이 불쌍하고 가련한 백성들아!
37 나의 뜻을 바로 보도록 하며, 나의 법
전이 필요하여 세상에 나온 것이니라.
38 나의 법전이 필요하여 세상에 나왔으
면 그것 또한 귀중하고 소중하다는 것
을 알라.
39 그 이치를 못 깨닫는 자는 영원히, 영
원히 사는 그 나의 나라에 와 지옥으

로 간다는 것을 잊지 말라.

6,204 번째 하나님 말씀

2003년 5월 19일 23시 12분

1 사랑하는 나의 아들아!
2 "네, 아버님! 말씀하옵소서."
3 어찌하여 백성이 그리도 어리석으며 우매한 자란 말이던가?
4 내가 내려다보는 너희의 삶이 어떤지 알겠는가?
5 내가 나의 아들을 통하여 '하늘에 오르는 길'이요, '하나님 말씀'이라 하여 법전을 세상에 내려보내 너희의 가슴에 전해 줘, 이를 읽고 깨우쳐 행하면 하늘에 오르는 길이라 하여 깃발을 높이 들고 흔들어 주고 있건만,
6 어찌하여 너희는 그를 보지 아니하며 그 길로 가는 것은 죽음의 길이요, 지옥의 길이라 그리 말하는가?
7 나의 아들 예수가 세상에 와 너희를 깨우치고자 하여 그가 죽음으로써 너희에게 무엇인가를 깨우치고 간 그 역사가 2천 년이 흐른 지금에 모든 종교 집단이요, 종파 너희가 어떠한 형국으로 가는 것인지 아는가?
8 나 여호와가 하늘에서 내려다보는 너희는 종교 지도자의 그 신도라 하여, 그 성도라 하여 재물과 금화와 은화를 갖다 바치며,
9 너희가 구원의 표를 얻고자 울고불고 몸부림치며 찬송하며 손뼉 치며 설교라는 말을 들으면서 '옳소, 아멘!' 찾으며, 그저 붕어 뛰듯이 뛰어오르는 그와 같은 형국으로 지금 그 믿음의 길을 가고 있는 것이니,
10 가고 있는 그와 같은 형국이 어떠한 모습인지 너희는 알겠는가?
11 저 자신을 모르며 제 분수를 모르며, 제가 무엇인지를 모르며,
12 제가 하고 있는 짓이 무엇이며, 제가 역사하고 있는 것이 무엇이며 제가 지금 어느 자리에서 어떠한 길을 가고 있는지 그 아무것도 구분하지 못하는 세 살 먹은 아이만도 못한 것이 너희이니라.
13 세 살 먹은 아이는 부모를 알며, 저를 사랑하는 사람을 알며,
14 제가 먹을 수 있는 밥그릇을 알며, 제가 잠잘 때를 알며, 제가 쉴 때를 알며, 제 부모의 얼굴을 볼 수 있는 것이 세 살 먹은 아이들이니라.
15 그러니 모든 종교 집단이요, 그 신도라는 자들이 그 세 살 먹은 아이만도 못함이니,
16 너희가 세 살 먹은 아이만도 못하다면 내가 차라리 너희를 불쌍하다 여기지 아니할 것이니라.
17 그러나 모든 종교 집단이요, 지도자요, 성도라 하여 믿음이요, 구원을 받았다는 자들, 나의 아들 예수의 보혈로써 구원을 받았다 말하는 너희가 어떤지 알겠는가?
18 인간이 짐승을 잡기 위해서 올무를 놓은 그 올무에 걸려 있는 멧돼지요, 토끼요, 노루요, 올무에 걸려 있는 모든 짐승같이 보이는 것이 지금 너희며,
19 사실 너희가 올무에 걸려 있는 짐승과 같으니라.
20 그 쇠줄의 올무에 걸려 있는 짐승이

살고자 앞으로 나가려 해도 그 목은
조일 것이며,
21 뒤로 나가고자 발버둥쳐도 그 올무는
목을 졸라 그 짐승은 결국 지치고 쓰
러져 죽게 되어 있음이니라.
22 그러니 앞으로 달려가려 해도 죽으며,
뒤로 나가려 해도 죽음이니, 결국 몸
부림치는 만큼 그 살결을 올무가 파
고들어 가 그 숨통을 끊는 것이 그 짐
승이 올무에 걸려 있는 형국이니,
23 지금 모든 믿음의 길을 가는 백성, 신
도라는 너희가 바로 사냥꾼이 놓은 그
쇠줄의 올무에 걸려 있는 그와 같은
백성이 바로 너희임을 알아야 할 것
이니라.
24 짐승은 올무에 걸렸으면 그 푸는 길을
모르며, 앞으로 가도 목이 졸리고 뒤
로 가도 졸려 결국 목이 졸려 죽으나,
25 너희는 그 올무를 풀 수 있는 재능이
있으며 지능이 있으니,
26 인간은 아무리 올무가 걸렸다 해도 두
려울 것이 없으며 겁날 것이 없음이니
라.
27 너희가 손으로써 그것을 풀고 나오면
되는 것이기 때문이니라.
28 그러니 지금 모든 종교 집단이요, 지
도자요, 백성이 바로 올무에 걸린 백
성이요, 짐승과 똑같은 형국이라 함이
니,
29 그 올무를 너희 스스로 지금 풀지 못
하고 있음이니라.
30 올무에 걸려 있는 짐승은 가만히 있
는 것이 가장 현명하거늘, 너희는 앞
으로 나가고 뒤로 나가고 갖은 몸부림
을 다 치고 있으며 거기서 풀려나고자
하는 것이니,
31 그게 바로 천국에 오르는 길이요, 나
에게 오는 길이라 하여 지금 발광을
하고 있음이니, 그 올무는 계속 조여
듦이니,
32 너희는 지옥으로 가고 있으며 죽어 가
고 있는 그것이 지금의 믿음을 가고
있는 백성의 형국이니라.
33 내가 이와 같이 무서운 뜻으로써 가
르쳐 주거늘, 그것을 깨닫지 못하며
보지 못한다면, 결국 쇠사슬에 목이
걸려 몸부림치다 죽는 짐승처럼, 그리
고 제 목숨을 단축하는 것처럼, 너희
가 지금 지옥으로 달려가기 위해 오
도방정을 다 떠는 것이며,
34 그 죄를 짓는 것이 올무에 걸린 짐승
이 발버둥치듯 너희가 손으로 지은
교회요, 성전에 돈을 바치며 재물을
바치며 구원을 받고자 하는 그 추한
행동, 그것이 바로 너희가 올무에 걸
린 짐승이 조이는 그 형국과 똑같음이
니,
35 종교 집단이요, 지도자의 올무에 걸려
살아나지 못하는 그와 같은 형국이니
라.
36 그리하여 너희를 가르쳐 깨우쳐 주고
자 하여 내가 '하늘에 오르는 길'이라
하는 책이요, 법전이요, '새로운 성경'
을 만들어 세상에 내려보냄이니라.
37 올무에 걸려 있는 너희 백성이 너무
나 불쌍하고 가련하니, 제가 살려고
몸부림치나 그 쇠줄은 목을 졸라 결국
쇠진하고 힘은 빠지며 목이 졸려 머지
않아 숨통이 막혀 죽게 되는 그 짐승
보다도 더 처참하고 불행한 것이 지금

너희가 죽어 가는 형국이며 종교 지도
자들의 올무에 걸려 발버둥치는 너희
이니라.
38 그 푸는 기술이요, 푸는 방법을 스스
로 알지 못하며 스스로 풀지 못함이
니, 손을 가진 사람이 올무를 풀 수 있
다 하였음이니라.
39 지혜를 가지고 있고 생각이 있으며 깨
달음을 가진 나의 백성 너희가 지금
종교 지도자들이 쳐 놓은 올무에 걸
려 스스로 헤어나지 못하며 헤어날 수
있는 능력이 없으며 헤어나지 못하는
불쌍한 너희에게,
40 내가 헤어나는 기술이요, 방법을 알려
주는 것이 내가 지금 내려보내는 160
권의 법전이니라.
41 이 법전이 올무에 걸려 있는 나의 사
랑하는 백성 너희가 살아 나오는 길
이며 거기서 너희가 구원의 길을 얻
는 것이니, 그를 위해 내가 내려보냄
이니라.
42 올무에 걸려 지금 죽을 짓을 하는 백
성, 숨통이 조여 가는 것, 지옥 문턱에
까지 가 있는 백성, 너희는 당연히 하
늘에 오르는 길이 아니요, 지옥의 천
길만길 낭떠러지로 가며 지금 지옥의
문전에 와 있음이니라.
43 올무에 걸린 짐승이 몇 시간이나 더
버티겠는가?
44 결국 스스로 쇠진하여 죽듯이, 너희는
잘못된 지도자들을 따라 지옥 문턱에
까지 와 있음이니, 너희는 그리 낭떠
러지로 떨어지는 것이 당연한 것이니
라.
45 그들을 구하고 그 올무를 풀어 줄 수
있는 것이 나의 법전이요,
46 그를 알기에 나의 아들은 이 고통과
시련을 즐거움으로 생각하며 인내하
며 이를 만들며,
47 그 제자들을 독려하여 지금 법전을 만
들어 세상을 덮고자 하는 것이 나의
아들이 지금 역사하고 있는 것임을 너
희는 알라.

6,205 번째 하나님 말씀

2003년 5월 19일 23시 29분

1 사랑하는 나의 아들아!
2 "네, 아버님! 말씀하옵소서."
3 집이라는 것을 지어 보지 않은 자요,
건축을 해 보지 아니한 자요, 그저 말
만 들었으며 남이 설명하는 것만 들은
자가 남의 집을 지을 수 있다고 대들
며 건축을 할 수 있다고 하여,
4 그에게 큰 건물을 짓게 임무를 주어
그가 그를 역사한다면, 과연 그는 그
건물을 바로 세울 수 있겠는가?
5 기초부터 잘못될 것이며, 그 건물은
바로 서지 못할 것이며, 그는 각도를
잡을 수 없으며 엉망이 되지 않겠는가?
6 지금 너희가 가는 종교 집단의 믿음
의 형태가 그와 같이 아무것도 모르는
자가 말만 듣고, 집을 짓는다는 것을
들으며 그저 남이 짓는 것을 어깨너머
로 본 자가 집을 짓는다고 대드는 것
과 같은 것이 지금의 종교 집단이요,
지도자요, 모든 구원을 받았다는 백성
그들이 지금 처한 형국이니라.
7 그 종교 지도자가 모르기 때문에 구원
의 길을 인도할 수 없으며 그 길을 알

수 없음이니라.
8 그러니 그들이 뭐라 말하는가?
9 저희가 집을 지어 보지 아니한 자가
그 집을 지을 수 없듯이,
10 지금 제대로 알지 못하는 종교 지도자
들이 나의 피조물 만백성을 하늘에 오
르는 길로 인도하는 방법을 모르기에
그들이 뭐라 말하는지 알겠느냐?
11 그저 저희가 손으로 지은 그 교회에
나오기만 하면 무조건 구원을 받는다,
그러니 교회에 나오라, 나오라, 그리
고 저희 설교를 들으라, 들으라 그리
말하느니라.
12 그리고 너희는 열심히 사랑하라, 사랑
하라, 사랑하고 살면 너희가 구원을
받는 것이니라.
13 그리고 교회라는 곳에 충성을 다하라,
목사에게 충성을 다하라, 종교 지도자
에게 너희는 무조건 복종하라.
14 그리고 너희가 헌금이요, 재물을 많이
바쳐라, 그리 많이 바치고 각종 헌금
에서 너희가 우등생이 되라.
15 제일 많이 바치는 자, 제일 많이 내는
사람이 하늘에 오를 수 있는 것이니라.
16 그리하여 너희는 심지어 하늘에 재물
을 많이 쌓아 놓는 자가 구원을 받는
것이다, 그리고 기도하라, 그리고 회
개하라, 그리고 죄지은 것을 눈물 콧
물 흘리면서 입으로 부르짖어 다 용서
를 빌어라 그저 가르치느니라.
17 그리고 너희는 회개하라, 잘 살라, 똑
바로 하라 그 소리밖에는 할 수 없는
것이 지금의 종교 집단, 지도자들이
가고 있는 길이니,
18 그것을 보고 구원의 길이라 하여 '아
멘!'이요, '할렐루야!' 하고 눈물 콧물
흘리는 것이 지금 신도들이니,
19 그들이 무엇을 어떻게 해야만 하늘에
오르는 길이며 나에게 오를 수 있는
것이요, 그리고 구원을 받는 것인지
그 자체를 구체적으로 알지 못함이니
라.
20 어떠한 것이 진정한 신앙이요, 어떠한
것이 진정한 믿음이요, 어떻게 가야만
너희가 하늘에 오를 수 있으며 나로부
터 구원을 받는 것인지,
21 그리고 너희가 그 지은 죄는 어찌 벌
을 받으며, 죄의 대가는 어찌 치르는
것인가, 또 죄를 어찌하여야 용서를
받으며 어찌하여야만 구원을 받는 것
인지 그 자체를 알지 못하기에,
22 나에게 오는 길을 알지 못하며, 내가
이루고자 하는 것을 모르며, 어찌하여
저희가 그리도 갈구하는 하늘의 천국
에 오르는 것인지 그 자체를 아무것도
모르기 때문이니라.
23 모르는 자가 어찌 가르치겠는가?
24 그러니 구체적으로 그들은 가르치지
못하며 구체적으로 너희에게 길을 인
도하지 못함이니라.
25 그리하여 제 스스로 모르기 때문에,
그저 많은 재물을 갖다 바치라, 그리
고 교회 와서 기도하라, 그리고 그저
목사에게 맛있는 것 먼저 바치며 좋은
것 갖다 바치며 충성을 다하라.
26 그리고 부모 형제보다도 하늘의 나 여
호와요, 나의 아들 예수를 그저 부르
짖고 찾기만 하면 모두는 다 용서를
받으니 그리 살라 그리 가르치며, 그
렇게밖에 끌고 갈 방법이 없으니 너

희가 지금 하고 있는 짓이 그와 같은
형국의 짓을 하고 있음이니라.
27 우주선을 만들어서 띄운 그 과학자요,
그 팀원 앞에서 우주선을 어떻게 만들
며 어찌 된다는 말만 들은 자가 그들
앞에서 아는 체를 하며 그들을 가르
친다고 떡 하니 강론을 하고 서 있다
고 하면, 그 우주선을 만들어서 띄운
그 팀원이 뭐라고 말하겠는가?
28 그들은 할 말이 없을 것이니라.
29 지금 바로 그와 같은 형국이 이루어진
것이 너희이니라.
30 진정한 믿음이요, 선하게 살아가며 아
름답게 살아가며 계명이 있음을 알며
선한 것이 하늘에 오르는 길이라 하여
살아가는 그 백성 앞에,
31 저 자신이 무엇인지도 모르며, 저 자
신이 십계명을 지킬 수 없다고 말하
는 자, 그리고 죄를 짓지 않고 인간은
살 수 없다 그리 말하는 자들이 지금
지도자라 하여 그들 앞에 설교하며 나
서고 있음이니라.
32 그러니 지금 나의 아들을 따르며 나의
아들로부터 강론을 듣는 백성, 그 제
자들이 얼마나 축복받고 영광 받은
자들인가?
33 우주선을 만들어서 하늘에 띄운 자가,
그와 같은 박사요, 그 팀의 책임자로
부터 우주선에 대한 강론을 듣는 그와
같은 것보다 더 위대한 영광을 지금
얻은 것이 너희가 아니던가?
34 나 여호와가 하늘의 뜻이요, 하늘에
내가 이루고자 하는 역사를 나의 아들
에게 내려보냄이니,
35 그 아들로 하여금 직접 강론을 듣고
하늘의 이치요, 하늘의 길을 아는 자,
36 내가 너희에게 밀폐된 그 상자 속을
투시하는 능력을 주었다 하였으니,
37 하늘의 문을 열며 하늘의 빛을 보며
하늘의 역사하는 길을 너희가 알고
있다 내가 그리 말하지 아니하였더냐?
38 그러니 너희가 얼마나 축복 되며 영
광된 자들이더냐?
39 너희가 쓰는 모든 기계를 만든 자 앞
에서 만들지 않은 자가 아는 체하는
것을,
40 만든 자가 아닌, 만들어 보지도 못한
자가 말로만 들은 자가 가르친다면 그
를 제대로 배우겠느냐?
41 모든 도자기를 만든 자 앞에, 그 도자
기를 연구한 자 앞에, 그를 스승으로
하여 그 강론을 받는다면 도자기에
대한 것을 그래도 깊이 깨우치고 정통
으로 갈 수 있으나,
42 만들어 보지도 않은 자가 그저 말로만
듣고 도자기에 대해 설명을 하는 그와
같은 자 앞에서 배운 자가 제대로 배
웠다 하며 도자기를 완벽히 만들 수
있다 하여 너희가 가서 만들어 보니
과연 흙이 어떤 흙이며 그 기초가 무
엇인지도 모르는 너희가 어찌 도자기
를 만들겠는가?
43 그건 모두를 망가트리는 것이니
44 지금의 종교 집단이요, 지도자가 그러
하며 신도들이 그러함이니라.
45 그러니 내가 오늘 너희에게 전하는 것
은, 나의 아들을 따르는 제자들이요,
그 강론을 듣는 제자들이요, 나의 법
전을 읽고 깨우친 백성은, 나 여호와
가 나의 아들에게 직접 내려보내니

나의 아들로부터 너희가 직접 들으니,
46 나로부터 인간을 통하여 강론을 직접
듣는 하늘의 천기를 아는, 하늘에 오
르는 길을 아는 그와 같은 영광이요,
축복이요, 은혜를 받은 너희가 얼마나
감사해야 하는가?
47 그렇다면 너희가 나의 법전을 세상에
전하는 그 일을 과연 소홀히 해도 되
겠는가?
48 너희가 모든 생활이요, 삶을 역사한
다음에, 그저 시간 날 때 법전을 전하
고 역사하는 것으로써 나로부터 받은
은혜에 보답할 수 있다고 생각하는가?
49 그 이치를 깊이 깨우치는 백성이 되도
록 그리하라, 사랑하는 나의 아들 딸
들아!

6,206 번째 하나님 말씀

2003년 5월 20일 0시 12분

1 사랑하는 나의 아들아!
2 "네, 아버님! 말씀하옵소서."
3 지금까지 흘러오는 모든 종교 집단의
지도자들이, 내가 뭐라 말하였느냐?
4 그들은 아무것도 알지 못하며 그 뜻을
모르기에 저희 신도들에게 어떻게 해
라, 무엇을 해라, 그저 말만 하고 지껄
여 대고 있는 것이 그들의 형국이라
내가 그리 말하였느니라.
5 하늘에 오르는 길이요, 참진리는 무엇
이며 구체적으로 어떻게 해야만 저희
가 구원을 받는지 그 자체를 그들이
모르고 있기 때문에, 그래서 구원의
길을 저희가 말하느니라.
6 인간이 스스로 그 구원의 길에 오르는
것이 아니요, 인간의 노력으로써는 구
원의 길에 도전할 수 없으며 인간의
노력으로써는 구원을 받을 수 없다 감
히 그리 말하느니라.
7 그리하여 인간의 노력이요, 인간이 아
름답게 살고자 하는 것은 아무 필요가
없으며 아무런 도움이 되지 않는다 그
리 말하느니라.
8 그리하여 인간의 능력으로써 노력하
는 것은 아무 관계도 없으며 구원과는
관계도 없기에,
9 그저 구원의 길이요, 구원을 받을 수
있는 것은 인간인 너희 개인이 노력하
는 것은 전혀 관계가 없다 그리 가르
치느니라.
10 그리하여 나의 아들 예수만이 구원할
수 있으며, 너희를 구원해 줄 수 있는
그와 같은 능력이 있기에,
11 모든 것은 나의 아들 예수에게 맡기고
그저 살아가는 것이라 그리 말하니,
12 이것이 너희가 얼마나 모순되며 지금
잘못된 길인지 알겠는가?
13 모르면 모르는 대로 모른다 하면 될
것을,
14 어떻게 해라, 무엇을 해라 그저 말로
만 하며 바치라, 또 바치라 그리 말하
며,
15 인간의 노력으로써 인간이 어찌 사느
냐 하는 것은 구원에 아무것도 상관이
없으며,
16 나의 아들 예수를 믿기만 하면, 그 구
원을 해 주고 아니하는 것은 나의 아
들에 의해서 이루어지는 것이며, 거기
에 맡기라 그리 가르치며,
17 나 여호와를 찾으며 나 여호와에게 모

든 걸 맡기고 가면 되는 것이지, 인간
의 노력은 필요 없다 그리 말하느니라.
18 사업이 실패하는 것도, 거지가 되는
것도, 또는 가정에 곤란하고 어려운
문제가 있는 그 모든 것도, 병들어서
신음하는 자, 또 병들어 죽어 가는 자,
그와 같은 문제도 그들은 다 관계없다
그리 말하느니라.
19 그것은 인간의 힘으로써는 되는 것이
아니며, 인간으로서는 이루어질 수 없
는 것이라 그리 말하니,
20 그리하여 너희는 나의 아들 예수요,
나 여호와의 손에 맡기기만 하면 된
다 그리 가르치느니라.
21 그러니 너희가 배우는 것, 그리고 착
실히 공부해서 무엇인가를 이루는 자,
그리고 하나의 목적을 위해서 노력하
는 자, 그가 열심히 하는 것만큼 그 대
가가 있으며 그 형국이 이루어지는 것
이거늘,
22 병든 자, 너희가 가족 문제 그 모두는
다 인간으로서는 이룰 수 없는 것이
기에 너희는 노력할 필요도 없으며
생각하지도 말라, 오로지 나의 아들
예수요, 나에게 그 손에 맡기며 너희
는 기도하고 울고불고 재물만 갖다
바치면 된다 그리 말하고 있음이니,
23 그러니 너희가 어찌 가르치고 있는
것이더냐?
24 그러니 모든 것은 금방 해결이 될 수
있다, 그저 나의 아들 예수를 믿으며,
그저 나에게 맡기면 모든 것이 해결
되며 다 역사가 되는 것이며 걱정하지
말라 그리 말하느니라.
25 그리고 죄지은 것도 너희는 아무나
그를 해결할 수 없으며 용서받을 수
없음이니,
26 그것을 용서받으려 할 것도 없으며,
그저 말로 울고불고 밤낮 기도나 하고
너희가 그저 소원만 빌면 된다 그리
말함이니라.
27 인간은 절대 해결할 수 없다, 인간의
노력으로써는 아무것도 이루어질 수
없다, 그저 나의 아들 예수요, 그에게
해결을 맡기면 되며, 그에게 모든 걸
다 바치면 되며 그는 모든 걸 해결해
주는 것이다,
28 그러니 행위요, 인간의 삶은 소중하지
아니하다 하는 것이 너희이니라.
29 그리하여 나 여호와를 찾으며 나의 아
들 이름을 부르기만 하면 모두를 해결
해 주며 이루어 준다 너희가 그리 가
르치고 부르짖는 것이 지금의 형국이
니,
30 그 모두는 너희의 노력의 대가요, 얼
마만큼 행하고 살았느냐에 따라서 너
희의 기준의 대가요, 거기에 따른 얻
고 잃음이 있다는 것을 잊지 말라.
31 어찌하여 너희의 그 모든 잘못된 것
을 나의 아들 예수가 다 해결해 주며,
32 그저 나의 아들 예수 이름만 부르기만
하면, 나를 찾기만 하면, 그리고 나의
아들 예수에게 맡기기만 하면, 나에게
맡기기만 하면 모든 게 다 된다 하는
가?
33 내가 너희에게 노력의 20퍼센트가 얼
마나 소중하며 귀한 것인가를 일찍 깨
우쳐 주었음이니,
34 그 20퍼센트를 내가 준 보석 여덟 개
에 너희가 두 개의 보석을 깎아 맞추

기 위해서 얼마만큼 노력하고 얼마만
큼 고통이요, 시련을 이기고 가야 하
는지를 내가 일찍이 나의 법전 1권에
기록하여 전하였음이니라.
35 1부의 법전에 다 기록하여 일찍이 내
가 전하였으니,
36 그 뜻을 정독하고 깨우쳐, 너희가 이
와 같은 것을 깨닫고 하늘에 오르는
진정한 길을 알도록 그리하라.
37 아무것도 모르는 자에게 속지 말라.
38 그저 무엇이 무엇인지도 모르며 저 자
신이 어찌하는지 모르는 자들이기에,
어떻게 해라, 무엇을 해라, 무엇을 바
치라, 무엇을 봉사하라, 그저 말로써
만 하는 자들,
39 구체적으로 어찌해야 하는가를 제시
하지 못하는 그 불쌍한 백성, 그 지도
자들 밑에서 구원을 받았다는 그 백
성에게,
40 내가 그들에게 귀를 열어 주며 눈을
뜨게 하며 참진리를 볼 수 있는 지혜
를 가르쳐 주고 깨우쳐 주는 것이니,
41 그리하여 나의 법전이 세상에 나가게
되었음을 너희는 알라.
42 그 은혜에 감사하는 마음으로써 최선
의 노력을 다하고 살아 구원을 받는
것이 내가 법전을 내려보낸 그 은혜
에 너희가 보답하는 길이라는 것을 만
백성에게 전하라, 사랑하는 나의 아들
딸들아!

6,207 번째 하나님 말씀

2003년 5월 20일 0시 23분

1 사랑하는 나의 아들아!
2 "네, 아버님! 말씀하옵소서."
3 나의 아들 너를 통하여 내가 지금 160
권의 법전을 세상에 내려보냄이니, 이
것이 내가 나의 피조물 만백성을 얼마
나 사랑하며 너희를 위한 그 역사라
하였던가?
4 너희는 이 감사함을 알며 이 은혜를
알아야 한다고 내가 수없이 너희에게
깨우쳐 주었음이니,
5 모든 백성이 이를 받아들여 저희 것
으로 만드는 것이 아니요, 사악한 자
의 장난이요, 악마의 장난이라 그리
말함이니, 이를 어찌 바로잡아야 한단
말이던가?
6 내가 160권을 세상에 내려보내 너희
를 구원하고자 하는 이 새로운 성경
이 나의 명에 의하여, 나의 뜻에 의하
여 너희를 마지막 심판하는 기준이기
에,
7 이를 보지 않은 자는 심판을 받을 자
격이 없으며 하늘에 오를 수 있는 그
대열에 끼지도 못한다 내가 그리 말하
였으며,
8 나 여호와의 뜻을 모르기에 너희는 내
가 원하는 천국의 문에 들어올 생각도
하지 말라 내가 너희에게 무섭게 깨
우쳐 전했음이니라.
9 그러니 너희가 나의 뜻을 거역하는 삶
을 사는 것이 나의 법전을 읽지 아니
하며 이게 진리가 아니라 그리 말하는
것이니라.
10 그래서 너희가 나의 뜻을 믿지 않으며
이 진리를 전해도 듣지 못하며 들으려
하지 아니하며, 그와 같은 마음을 열
지 못하는 것이 아니던가?

11 너희는 나의 법전을 정독해 봐야 할
것이니라.
12 그리고 나의 법전을 읽고 또 읽어야
할 것이며, 나의 아들에게 강론을 들
어 그 뜻을 깨우쳐 하늘에 오르는 길
을 보지 아니하면 정녕 너희는 구원
을 받을 수 없다는 그 엄청난 사실을
깊이 새겨들어야 할 것이니라.
13 너희는 나의 법전을 읽어 내가 원하는
뜻이 무엇이며 내가 깨우쳐 주고자 하
는 것이 무엇인가,
14 너희가 나의 법전을 읽고 정독해 보면
그 속에서 어떤 것이 진리며 어떤 것
이 잘못된 것인가, 그리고 내 뜻이 무
엇인가,
15 그리고 내가 너희에게 역사하는 것인
가, 아닌가,
16 심판의 기준이요, 마지막 새로 내리는
성경인가 아닌가를 다 알 수 있는 것
을 내가 여기에 기록하여 전하거늘,
17 이를 보지 아니하고 너희가 갑론을박
을 그리 함이니라
18 2천 년 전에 나의 아들 예수가 너희를
깨우치며 인도하고자 할 때, 아무리
나의 아들 예수가 나의 뜻이요, 참진
리의 말씀, 나의 성령을 가지고 깨우
치고 또 가르쳐도 너희가 오죽이나
듣지 아니하며 그를 믿으려 하지 아니
하면, 나의 아들이 너희에게 뭐라 말
하였는가?
19 내가 전하는 것은 참진리요, 나 여호
와 보낸 이의 뜻이라 그리 말하며, 너
희가 이를 믿지 아니하려는 것은 구원
의 길을 볼 수도 없으며 구원을 받지
도 못하는 것이라 그리 말하지 아니하
였는가?
20 그리하여 나의 아들이 너희를 깨우치
고자 전하는 것을 너희가 그리 듣지
아니하였음이니라.
21 그리고 나의 아들 예수를 너희가 믿지
아니하지 않았던가?
22 그리하여 나의 아들은 한탄하여 너희
에게 성경에 기록하여 뭐라 말하였느
냐?
23 나의 아들 예수가 전하는 그 가르침을
너희는 그를 들으려 하지도 아니하며,
배우려 하지 아니하며, 이는 잘못된
것이라 그리 전하는 자는 귀가 닫힌
자요, 눈이 먼 자라 나의 아들 예수가
그리 말하였느니라.
24 그리하여 나의 아들이 뭐라 말하였느
냐?
25 '너희가 내가 전하는 그 모든 진리의
가르침을 가지고 책잡을 수 있으면 책
잡으며 내가 잘못한 것이 있으면 찾아
그를 가지고 나에게 공박하라.
26 그렇지 못하면 이것이 아버지께서 직
접 내리는 진리이니, 이를 보고 깨우
쳐 하늘에 오르는 길을 선택하도록 하
라.' 그리 나의 아들 예수가 기록하여
가르쳤으니,
27 그때 너희 백성이라는 자들이 한 생각
이요, 너희의 형태가 얼마나 사악한
것이었던가?
28 지금이나 그때나 하나도 다른 것이 없
음이니 지금의 너희 형국이 그러하니
라.
29 예수는 2천 년 전에 그리 말하지 아니
하였는가?
30 진정한 하늘에 오르는 길이요, 하나님

의 자식이요, 하나님의 역사하는 것을
공부하고자 하며 깨우치고자 하는 자
는 나의 아들 예수가 가르치는 그 진
리를 바로 듣고 깨우칠 수 있다 그리
하였음이니라.
31 그리하여 예수가 가르치는 것을 책잡
아 잘못되었다는 것을 찾아낼 수 있
다면 그것은 나 여호와의 뜻이 아니요,
32 예수가 가르친 것에 너희가 책잡을
수 없다면 창조주 나 여호와가 보내는
직접 내리는 성령이라 나의 아들 예수
가 그를 보고 깨우치라 그리했음이니,
33 오늘 나의 아들이 너희에게 뭐라 말
하느냐?
34 잘못하고 잘된 것을 시시비비하지 말
며 나의 법전을 읽어 보고 스스로 그
를 찾으라 하지 아니하였던가?
35 '하나님! 말씀하옵소서', '하늘에 오르
는 길'이라 내리는 나의 법전이요, 이
책을 너희가 읽고서 잘못된 것을 찾
아서 그를 말하며 탓한다면, 나의 법
전을 너희가 찢어 버리며 불태워도 관
계없다 하는 것이 나의 아들이 너희에
게 전하는 말이 아니던가?
36 2천 년 전에 나의 아들 예수가 그 답
답하고 괴로웠던 만큼 지금의 나의 아
들도 오죽 답답하면 너희에게 이 책
을 읽어서 이 책 속에서 찾아보라고
그리 말하겠는가?
37 2천 년 전의 나의 백성이나 지금의 너
희가 똑같은 형국으로 그와 같은 형태
를 하고 있는 것이, 그게 바로 무엇이
던가?
38 사탄이요, 사악한 거짓 선지자들의 피
를 물려받은 너희이기 때문에, 2천 년
전에 나의 아들이 알아듣지 못하며 깨
우치지 않으려는 너희가 하도 답답하
여 그가 한탄하여 말했듯이,
39 지금 나의 아들도 지금 나의 법전을
너희가 읽고 깨우쳐 거기서 잘못된 것
을 찾으면 나 여호와의 뜻이 아니라
그리 말하니,
40 2천 년 전에 죽어 가면서 말했던 나의
아들의 그 답답함과 지금 나의 아들이
답답하여 너희에게 그 뚜껑을 열고 보
라는 그 가르침이 똑같은 역사가 흐르
고 있는 것이 아니던가?
41 너희는 2천 년 전에 나의 아들 예수의
심정을 안다면, 오늘의 나의 아들이
너희에게 법전을 읽어 보고 깨우쳐 스
스로 판단하라는 그 내용을 너희가
접한다면 그 심정을 알게 될 것이니
그리 알라.
42 나 여호와가 너희에게 뭐라 전하였더
냐?
43 지금 내가 너희에게 전하고자 하는
나의 뜻, 내가 너희에게 법전을 전하
고자 하는 것을 믿지 않는 자는 나를
따르는 백성이 아니며 나로부터 선택
된 백성이 아님이니라.
44 나의 법전을 읽고 깨우치며 나의 법전
을 정독해서 깨우치는 자는 나 여호와
가 내리는 것을 너희가 나 여호와의
뜻이라 믿는 자들이요, 그리고 내 품
에 있는 자들이니라.
45 내가 직접 나의 아들을 통하여 내리는
'하늘에 오르는 길'이요, '하나님! 말
씀하옵소서'라는 이 법전을 믿지 아니
하며 이를 읽지 않는 자는 나의 백성
으로 선택된 자들이 아니니라, 그리고

너희는 나의 백성이 아니니라.
46 나와는 아무런 관계가 없다 내가 단
호히 말하는 이 무서운 말뜻을 너희는
알아야 할 것이니라.
47 나의 아들 예수도 2천 년 전에 그리
말하였느니라.
48 너희가 나 여호와를 믿고 나 여호와의
존재함을 믿는다면, 너희는 예수가 전
하는 그 뜻을 바로 받아들여야 하며
그대로 행해야 할 것이며 너희 생활
의 지침으로 그대로 살아야 한다 하
였음이니라.
49 예수가 가르치는 것을 듣지 않는 자,
그를 따르지 않는 자, 그를 믿지 못하
는 자는 나의 백성이 아니며 나로부터
선택된 백성이 될 수 없다고 2천 년
전에 나의 아들 예수가 그리 전했듯이,
50 오늘 나의 법전에 기록하여 전하는 나
의 아들이 너희에게 전함이니라.
51 이 법전이 나 여호와의 뜻이요, 마지
막 내가 만백성을 구하기 위해 내리는
나의 뜻이 아니라 믿는 자는 나를 거
부하는 자요, 내 품에 있기를 거부하
는 자이니, 나의 백성이 아니라 전하
는 그 뜻을 알라.
52 나의 백성이라 한다면, 나의 백성으로
선택된 자라면 나의 법전을 읽을 것이
며,
53 읽고 그 내용을 알 것이며, 그대로 행
하고 지키는 것이 하늘에 오르는 길이
며 나를 만날 수 있다는 것을 가슴 깊
이 느끼고 깨닫는 백성이며,
54 그가 나로부터 선택된 백성이요, 나의
아들 딸이라는 것을 잊지 말라.
55 그렇지 않은 자는 나와 관계없는 자이
니라.

부 록

【하나님께서 가르쳐 주신 운동】

천재지변이 일어날 때, 동물이나 미물들은 미리 알고 대피하지만, 인간은 알지 못하고 큰 화를 당합니다. 하나님께서 인간에게 가장 높은 지혜를 주시고 완벽하게 창조해 주셨기에 동물들보다 더 잘 알 수 있지만, 욕심으로 마음이 혼탁해져서 한 치 앞을 보지 못하는 것입니다.

마찬가지로, 인간은 누구나 스스로 필요한 운동을 해서 건강을 지킬 수 있도록 하나님께서 만들어 주셨습니다. 우리의 머리에서 우리 몸에 필요한 동작을 해 달라고 끊임없이 신호를 보내지만, 인간이 혼탁하게 살아서 그 신호를 알아채지 못합니다. 그러니 자연스럽게 자기 몸이 원하는 그 신호를 따라서 운동하는 것이 하나님께서 가르쳐 주신 운동 방법입니다. 바로, 우리의 영이 육을 이끄는 운동입니다.

▶ 하나님 운동법

1. 눈을 감고, 발을 어깨너비로 벌리고 바르게 선다.
2. 몸에 힘을 풀고, 허리를 숙이면서 손과 머리를 아래로 내린다.
3. 허리를 펴고 싶을 때, 천천히 펴면서 하고 싶은 동작을 하면 운동이 시작된다. (사람마다 다르다.)
4. 멈추지 말고, 어떤 동작이든지 자기 몸의 느낌대로 계속 이어서 한다.

▶ 참고 사항

① 눈을 감은 상태로 아무 생각 하지 않고, 자기 몸의 느낌대로 움직입니다.
② 마음을 비우고, 욕심을 버리고, 지난날의 잘못을 반성하면서 몇 차례 시도하다 보면, 자기도 모르게 하고 싶은 동작이 끊임없이 생깁니다.
③ 운동 장소는 방 안이든 운동장이든 관계없으며, 걷거나 달리고 싶을 때는 눈을 떠도 됩니다.
④ 매일 40분 이상, 주 4회 이상, 3개월 이상 하면 음식 조절에 들어갑니다.
- 음식으로 생긴 병은 음식으로 치료하게 되며, 어떤 음식을 먹어야 하는지 스스로 알게 됩니다.
(자기 몸에 필요한 음식만 먹고 싶어집니다.)
⑤ 사랑하는 사람과 함께 운동하면 서로 치료해 주기도 합니다.
⑥ 운동을 하다가 몸의 어느 한 부분을 계속 손으로 자극한다면 그쪽에 이상이 있는 것이니, 의사에게 상담을 받고 적절한 치료를 받으면 됩니다.
⑦ 다이어트 및 기타 건강관리에 효과적입니다.
⑧ 꾸준히 운동하여 영이 맑아지면, 자신의 과거와 미래를 스스로 보게 됩니다.

누구나 스스로 하실 수 있습니다.

간 행 사

《새로운 성경》은:

· 새로운 성경은, 하나님께서 선량하고 선한 자를 선택하여 십계명을 암송하도록 하시고, 십계명을 암송한 다음에 음성으로써 들려주시는 말씀을 듣고 그대로 카세트테이프에 녹음해서 받아쓴 책입니다.

· 90분짜리 녹음테이프 700여 개에 달하는 말씀으로, 1999년 8월부터 2004년 7월까지 총 160권(권당 288쪽)을 완성하였으며, 그 이후에도 현재까지 계속 말씀을 내려 주고 계십니다.

· 새로운 성경은 "하늘을 두루마리 삼고 바닷물을 먹물 삼아 쓰고 써도 다 못 쓴다"는, 끝없이 방대한 하나님의 말씀이 두루마리로 직접 내려오는 것입니다. 이러한 새로운 성경은 구약과 신약을 폐하려는 것이 아니라 "인봉된 성서의 비유의 뜻"을 상세히 설명하여 완성하고자 하나님께서 직접 내려 주신 말씀입니다.

《새로운 성경》의 구성:

· 제 목: 2013년, 160권 모음집을 발간하면서, 본 도서의 제목을 "하나님! 말씀하옵소서"에서 《새로운 성경》 으로 명해 주셨습니다.

· 단행본: 각 권당 288쪽(신국판) 책이 160권까지 시리즈로 출판됩니다.
(모음집은 단행본을 16권씩 묶어서, 총 10부로 구성됩니다.)

《새로운 성경》의 성경적 근거:

· 신약 성경 [요한복음] 16장 13절에 "진리의 성령이 오시면 그가 너희를 모든 진리 가운데로 인도하시리니 그가 자의로 말하지 않고, 오직 듣는 것만을 말하며" 하신 말씀처럼 하나님의 음성을 들은 것만 기록하였으며,

· "장래 일을 너희에게 알리시리라" 하신 말씀과 같이 개인, 나라, 인류의 "장래"일을 하나님께서 알려 주시는 것만 기록하여 책으로 만들었습니다.

《새로운 성경》의 기록 방법:

· 1999년 8월부터 하나님께서 저에게 들려주시는 음성을 기록하였습니다. 처음에는 제가 들은 말씀을 불러 주면 저의 아내가 기록하여, 2000년 1월 29일에 1권 초판이 세상에 나왔습니다. 2000년 4월부터는 주시는 말씀을 받아 녹음기에 기록하여 시리즈로 출간하기 시작하였습니다.

· 녹음을 시작하면서 하나님의 말씀을 받는 데 가속도가 붙었고, 2001년 5월 3일에 1부(1~16권까지)를 인쇄하여 출판하였으며, 2004년 7월까지 총160권 분량의 말씀을 받아 기록하였습니다.

하나님께서 저에게 주신 것은:

· 첫째, 만백성을 상대로 내려 주시는 "기도", 둘째, 수시로 내려 주시는 "묵상", 셋째, 개인의 과거, 현재, 미래를 알려 주시는 "개인 기도", 넷째, 개인의 건강을 위해서 내려 주시는 "음식 처방", 다섯째, 하나님께서 가르쳐 주신 "운동"등이 있습니다. 이 중에 첫 번째, "기도"를 책으로 편찬하였습니다. 사람의 생사, 개인의 미래에 관한 천기는 수록하지 말라 하셨습니다.

강론 안내:

· 하나님께서는 지금도 매일 저에게 새로운 하늘의 비밀의 말씀을 내려 주고 계십니다. 수시로 내려 주시는 말씀을 정리해서 제자를 육성하라는 말씀에 따라 매주 강론을 하고 있습니다. 누구나 무료로 들으실 수 있습니다. (book160.com)

《새로운 성경》을 읽는 분들에게 드리는 선물:

· 개인 기도: 개인의 과거, 현재, 미래에 관하여 말씀을 내려 주십니다.

· 음식 처방: 사람은 음식을 먹고살다가 건강을 잃으니, 음식과 운동으로 건강을 되찾는 방법을 알려 드립니다. 단, 하나님이 계심을 믿고, 십계명을 지키겠다고 진실로 서약하는 분들께 알려드립니다.

《새로운 성경》의 은혜와 기적:

· 새로운 성경 전160권은 16권씩 묶어서 총 10부의 모음집으로 구성됩니다. 모음집 한 부를 읽고 깨우치는 자에게 하나님께서 다음과 같은 기적이 있다고 하셨습니다.

· "첫째, 그가 죽어 하늘에 갔을 때 그의 죄를 묻지 아니하며, 구원을 받는 위대한 은혜가 있으며, 둘째, 그의 소원과 소망이 이루어지고, 셋째, 죽은 자(부모, 형제, 자식, 사랑하고 은혜 입은 분)의 이름으로 구입한 책을 읽고 누군가 한 사람이 깨우칠 때, 그 죽은 자가 지옥에서 천국으로 구원을 받게 되며, 넷째, 유산, 중절 수술 등으로 태어나지 못한 아이를 위하여 구입한 책을 보고 한 명이 깨우쳤을 대, 그 아이가 사람으로 다시 한 번 태어나는 은혜를 받는다."

· "새로운 성경"을 3회 이상 정성을 다해 정독하는 자, 성서의 비밀을 알게 되고, 세상의 이치를 알게 되며, 세상을 지배하고 통제할 수 있는 지혜를 다 얻게 된다고 하셨습니다. 이 책은 만백성이 정독하고 이웃에게 전하여, 평생 가슴에 묻은 슬픔과 고통의 짐을 벗고 미래를 위한 힘찬 삶을 살아가도록 하는 책입니다.

끝으로

· 하나님께서는 흰 눈이 세상을 덮듯이 새로운 성경을 온 세상에 전하라고 하셨습니다. 《새로운 성경》을 각국어로 번역해서 온 인류에게 구원의 길을 깨우쳐 주고, 그 수익으로 가난하고 어려운 백성을 구제하여, 만백성의 영과 육을 함께 구원하는 선지자의 임무를 수행하라고 저에게 명하셨습니다.

· 하늘에서 내려 주신 말씀의 보화를 만백성에게 나누어 주는 것이 선지자의 임무라고 하셨습니다. 새로운 성경을 통해서 얻는 재물을 사용할 곳도 하나님께서 일일이 명해 주십니다. 모든 재물은 저의 자의로 쓸 수 없고, 하나님께서 명하시는 대로만 쓰여집니다.

· 어떤 명분으로든 십일조나 각종 헌금을 거두어들이지 말라 하셨으며, 국내뿐 아니라 각국에 성전과 단독 서점을 운영하며, 한국의 많은 젊은이들을 전 세계에 지도자로 내보내라고 하셨습니다.

· 우리는 세계적으로 새로운 성경을 보급하며 어려운 이들을 돕는 역사를 해 나갈 것입니다. 지금까지 비록 몇 명 안 되는 제자들과 함께 이러한 일을 역사했지만, 앞으로도 계속 하나님께서 기뻐하시는 일들을 해 나갈 것입니다. 부족한 저희에게 여러분들의 지혜와 성원을 보내 주시기를 바랍니다. 많은 분들의 참여와 도움을 간절히 기다립니다. 감사합니다.

한국어로 내려온 《새로운 성경》 단행본을 출간하며
2016년 4월 10일

발행인 **김 용 철**

한국어로 내려온

새로운 **성 경** · 6부 · 제84권

지은이 하나님 말씀
대역자 김용철

초판인쇄 1쇄 2017년 4월 3일

펴낸 곳 도서출판 하얀마음
등록번호 제 10-2107호 (2001년 2월 14일)
주소 서울시 노원구 덕릉로86길5, 2층
전화번호 02) 313-1114
팩스 02) 393-5554
전자우편 book160@hanmail.net
편집위원 조나영 김미향 이석교
제작지원 김홍숙 이미숙 이미란

도서상담 1600-7527
ISBN 978-89-5875-184-7 (04230)
978-89-5875-100-7 (세 트)

값 10,000원
잘못된 책은 구입하신 곳에서 바꾸어 드립니다.

※이 책은 10부로 제작되며, 각 부 16권씩 총160권으로 구성됩니다.※

1부	2부	3부	4부	5부	**6부**	7부	8부	9부	10부
1권	17권	33권	49권	65권	81권	97권	113권	129권	145권
2권	18권	34권	50권	66권	82권	98권	114권	130권	146권
3권	19권	35권	51권	67권	83권	99권	115권	131권	147권
4권	20권	36권	52권	68권	84권	100권	116권	132권	148권
5권	21권	37권	53권	69권	85권	101권	117권	133권	149권
6권	22권	38권	54권	70권	86권	102권	118권	134권	150권
7권	23권	39권	55권	71권	87권	103권	119권	135권	151권
8권	24권	40권	56권	72권	88권	104권	120권	136권	152권
9권	25권	41권	57권	73권	89권	105권	121권	137권	153권
10권	26권	42권	58권	74권	90권	106권	122권	138권	154권
11권	27권	43권	59권	75권	91권	107권	123권	139권	155권
12권	28권	44권	60권	76권	92권	108권	124권	140권	156권
13권	29권	45권	61권	77권	93권	109권	125권	141권	157권
14권	30권	46권	62권	78권	94권	110권	126권	142권	158권
15권	31권	47권	63권	79권	95권	111권	127권	143권	159권
16권	32권	48권	64권	80권	96권	112권	128권	144권	160권